本书得到国家自然科学基金（项目批准号：71562020、719
在此致以衷心的感谢

U0461691

# 移动社会化网络中
## 消费者圈子意识与
## 信息搜寻行为研究

金　虹◎著

经济管理出版社
ECONOMY & MANAGEMENT PUBLISHING HOUSE

**图书在版编目（CIP）数据**

移动社会化网络中消费者圈子意识与信息搜寻行为研究/金虹著．—北京：经济管理出版社，2022.11

ISBN 978-7-5096-8812-0

Ⅰ.①移…　Ⅱ.①金…　Ⅲ.①网上购物—消费者行为论—研究　Ⅳ.①F713.365.2

中国版本图书馆 CIP 数据核字（2022）第 216420 号

组稿编辑：王格格
责任编辑：王格格　康国华
责任印制：黄章平
责任校对：蔡晓臻

出版发行：经济管理出版社
　　　　　（北京市海淀区北蜂窝 8 号中雅大厦 A 座 11 层　100038）
网　　　址：www. E-mp. com. cn
电　　　话：（010）51915602
印　　　刷：唐山玺诚印务有限公司
经　　　销：新华书店
开　　　本：720mm×1000mm/16
印　　　张：13.75
字　　　数：239 千字
版　　　次：2022 年 11 月第 1 版　　2022 年 11 月第 1 次印刷
书　　　号：ISBN 978-7-5096-8812-0
定　　　价：88.00 元

# 前　　言

　　移动社会化网络具有不同于传统 PC 网络的特殊性，消费者可以随时进入不同的网络圈子来搜寻各种信息。现今，关于移动社会化网络中的圈子意识与信息搜寻行为两个问题及其整合方面的研究非常缺乏。本书基于社会影响理论，通过质化和量化研究的方法探究了消费者圈子的产生路径及圈子意识的结构维度，对移动社会化网络中的圈子意识和消费者信息搜寻行为进行了系统研究。

　　本书对中国情境下圈子的概念与特征进行了探讨，然后通过访谈对移动社会化网络中消费者圈子意识的结构内涵、测量维度与量表及其影响因素进行了探索性开发，为后续研究奠定了基础。本书对消费者信息搜寻行为（需求阶段）的影响因素进行了实证分析；构建了移动社会化网络圈子中消费者特征的角色定位意识影响信息搜寻行为的研究框架，探索了消费者在信息需求和搜索阶段搜寻信息的规律；运用实验法分析了网络圈子中的内部信息不一致对消费者信息搜寻行为（搜索阶段）所产生的影响与作用机制；实证分析了移动网络圈子内部关系强度对信息搜寻行为的影响及其内部解释机制；基于数据挖掘技术，构建了信息有用性与互动影响信息搜寻行为的需求、搜索和利用三个阶段的概念模型；实证分析了消费者参与信息搜寻行为（利用阶段）的影响因素和形成口碑传播的作用机制；基于社会影响理论，运用实验法检验了网络圈子的内部类型对消费者信息采纳行为的影响机制；基于共享信念的圈子意识，构建了用户参与信息"晒"行为的动机模型，解释了消费者在多媒体页面中参与信息利用的动机。本书有助于更全面地识别移动社会化网络中消费者圈子意识的内涵与结构，揭示移动网络中消费者搜寻信息的规律，使企业有针对性地制定经营战略与策略，开展移动网络营销活动。

# 目　　录

# 第一章　绪论

## 第一节　研究背景

    社交网络环境下的虚拟社交网络具有公众参与的开放性特征（Weiss et al.，2008），这使企业可以介入虚拟社会化网络并通过其来展开各种营销活动。虚拟社交网络在从根本上改变人际交往和社区活动等社会生活方式方面也具有很大的潜力（Ellison et al.，2007）。中国互联网络信息中心发布的《第 35 次中国互联网络发展状况统计报告》显示，截至 2014 年 12 月，中国手机网民规模已达到 5.57 亿人，手机上网的移动网民比例达到 85.8%，超越传统 PC 上网比例，移动社会化网络的服务用户数量已占中国总人口的 46%（CNNIC，2015）。互联网无线宽带技术的不断完善与 4G 的全面启动，使基于移动互联网的移动社会化网络服务成为一种趋势。移动社会化网络服务（也称作移动社交网络服务）与传统的基于 PC 互联网的社会化网络服务相比具有不同的特点，它的特征表现为用户可以随时随地、无限制地查找所需的信息，人际沟通、生活工作等都在一个移动的通信平台上完成，它使互联网更加开放、便捷，更为迅速、精准。在这里，消费者可以根据自己的兴趣、爱好、生活等随时寻找并加入各种相关的移动虚拟网络圈子（Circle）。《2014 年中国社交类应用用户行为研究报告》显示，近九成的用户会在网上寻找兴趣圈子，用户对相同的兴趣圈子有着非常强烈的需求（央广网，2014）。另外，截至 2015 年 12 月，作为基础互联网应用之一的搜索引擎，其用户规模已达到 5.66 亿，使用率高达 82.3%；手机搜索用户规模达 4.78 亿，使用率为 77.1%。网络信任成为社会信任的重要组成部分，也成为电子商务、互联网金融等深层网络应用发展的重要社会基础。移动互联网带动整体互联网的发展，同时也成为消费者搜寻并获取信息的重要来源（CNNIC，2016）。

　　移动社会化网络应用主要包括社交网站（如 Facebook 移动版、YouTube、In-stagram、百度贴吧、天涯论坛、人人网等）、微博客（如 Twitter、微博等）和即时通信（如北美地区的 WhatsApp 和 Kik、日本的 Line、韩国的 KakaoTalk 和中国的微信等）等。截至 2014 年 12 月底，国内手机即时通信应用的用户规模达到5.08 亿，使用率高达 91.2%，成为中国第一大移动社会化网络应用（CNNIC，2015）。而微信作为国内最具代表性的即时通信应用，注册用户量已经突破 6 亿人次，其中，海外用户超过 1 亿，国内用户超过 4 亿，成为继谷歌地图、移动版Facebook、YouTube 和 Google+移动应用之后全球最受欢迎的第五大手机应用（人民网，2013）。

　　微信、微博等应用具有随身、随时、拥有社交属性和可以提供用户位置的特点，其将整个生态链条打通，游戏、电子商务、O2O 等服务都可通过通信入口到达用户端。而这巨大的潜在商业价值，使移动社会化网络成为整个业界关注的焦点，企业、电商、O2O 等互联网巨头也都开始积极进行移动社会化网络布局（CNNIC，2015）。例如，中国南方航空股份有限公司称其国内微博账号拥有 230万粉丝，微信公众号拥有 350 万关注者，消费者可以通过微信预订机票并享受折扣。星巴克中国公司在其微信互动活动推出的四周内，便吸引了 27 万微信用户。此外，消费者可在招商银行的"微信银行"进行转账，可在携程的微信公众号进行机票预订；央视官方微信"央视新闻"的关注用户已超过 60 万，成为最具影响力的微信公众号之一。近日，腾讯公司在微信朋友圈植入广告的行为更是引起了社会与企业的广泛关注。

　　现实生活中的广告宣传方式及信息输送是由企业控制的，而微信、微博等移动社会化网络中的信息传播主体则是用户，较之传统的 PC 网络，移动社会化网络的信息扩散迅速、上传及时，与传统的广告形式相比，企业无需大量的广告投入，顾客积极参与和信息共享的特点很容易加深其对品牌和产品的认知，从而形成良好的广告传播效果。另外，随着移动互联网覆盖率的大幅提升和智能手机的普及，人们可以随时随地上网交流，与传统的网络信息相比，移动社会化网络中的信息内容具有精练多样、更新及时和传送准确的特点，使用户能够更加方便地与自身网络圈进行沟通、交流，并且更容易搜寻、获取信息。虚拟社会网络中的圈子与现实生活中的社会网络不同，它具有顾客黏性和参与度高的特征，使网络上的信息呈现出多元化，而移动虚拟社会网络能够使消费者可随时随地利用碎片化的时间来发表自己的看法，寻找自己想要的信息。网络中人与人的关系更为紧密，朋友推荐的视频、参与的活动等都可以让人第一时间了解并分享自己的感受。相对于基于PC的虚拟网络而言，移动社会化网络"多对多""点对点"的信息传递模式具有更强的互动性，用户更乐于主动搜寻、获取和分享信息，虚拟社区也显示出高度的顾客参与性、分享性。

放眼全球，影响力较强的移动社会化网络服务应用主要有Facebook移动版、WhatsApp、Twitter、Line、Kakao Talk和我国的微信（WeChat）等，其中，日本的Line于2014年在Google Play商店中创下最高营收，韩国的Kakao Talk位列第三，微信的表现也非常抢眼，占据了第六名的位置。亚洲移动社交应用迅速崛起的很重要原因在于亚洲特殊的社会关系文化，微信的朋友圈功能便是典型代表，它主要以一对一的方式在朋友圈传播，并通过手机通讯录和"附近的人"等渠道，以强连接为主、弱连接为辅，使虚拟社交圈与现实社交圈相融合。而在北美地区影响较大的WhatsApp等应用则不具备此种朋友圈功能。网络圈子紧密的连接性使亚太地区的信息应用成为社交应用商业化的先驱，并受到西方同类服务企业的关注。

移动社会化网络中的宣传信息在熟人圈里进行传播，显著增强了信息本身的可信赖程度。同时，近几年的企业信任危机也使消费者相对于企业的宣传广告，更相信自己朋友圈内的信息。由于移动社会化网络中的朋友圈是基于一传一的关系网络，往往具有很高的真实度和信任度，圈子网络建立的速度也非常快。随着Web2.0技术的发展，移动网络中建立起了用户快速访问搜索记录引擎，加之网络平台信息定位的可记录性工具的应用，使企业可以观察到移动社会网络中的用户使用记录与信息条，从而有可能介入并引导营销信息的扩散。另外，现实社会中的圈子是基于差序格局形成的平行社会网络结构（费孝通，1998；罗家德，2012），而移动虚拟网络中的圈子则更为多样、松散，消费者可以随时进入或退出不同的兴趣圈子、朋友圈子，并通过加强个体与所属群体间的联系来增加现实生活中的社会认同（Zhao et al.，2008）。

然而，手机社交圈的广泛使用也呈现出了一幅现实中常见的画面：亲朋好友聚餐时，人人拿着手机忙着给圈子里的朋友发送照片、上传信息，忽略了与面对面的现实朋友的交流。那么，网络圈子是真的缩短了人与人的距离，还是在缩短空间距离的同时减少了现实人们之间的交流？消费者的网络圈子意识究竟与现实圈子有哪些不同？是否圈子越大，人们的距离感就越强？信任度越高，圈子意识越强，信息交流就越多？虚拟网络圈子与现实生活圈子是否对消费者的圈子意识有着不同的影响？这些不同之处是如何形成的？另外，网络评论的多元化、圈子的相对界限化也会给信息的搜寻带来负面作用。那么，如何合理引导移动互联网环境下消费者的圈子意识？如何有效利用信息搜寻模式来为企业营销活动提供服务呢？显然，这些问题需要置于管理学和消费者行为学等学科环境下来进行深入探讨，但是现在关于圈子现象与圈子文化的研究主要集中在社会学与公共管理学领域，且多从现实生活的视角进行解读和探讨，这也为本书留下了研究空间。

Web2.0 技术与智能手机的发展与应用，使现实社会中的交往逐渐映射到虚拟网络中，这引起了很多学者的关注，但是关于社会网络的研究还很欠缺，它作为营销平台的作用也未受到学者们足够的重视（Ellison et al.，2007；Lampe et al.，2006）。本书对这方面内容进行了研究，剖析了移动社会化网络，有助于指导企业更好地利用其进行营销活动。在研究视角上，本书从消费者个体角度探究圈子意识产生的路径与作用，比较分析现实与虚拟圈子对圈子意识形成所产生的影响，以及圈子意识在不同信息搜寻阶段所产生的不同作用机制。已有文献在研究圈子时，主要从社会学、传播学和公共管理学角度来分析中国传统的圈子文化与圈子现象（罗家德等，2014；周南和曾宪聚，2012；徐钝，2014；梁钧平，1998），也有少量研究从企业角度对组织内部的圈子现象进行分析（张桂平和廖建桥，2009；高翔等，2014；黄敏学和王殿文，2010；罗家德，2012），而从市场营销学角度对网络中消费者圈子意识进行分析的研究则非常缺乏，且各网络圈子内部个体之间的相互影响以及对消费者信息搜寻行为的作用也不明确，这是本书需要进一步探讨的问题。根据 Wilson（1999）和 Choo（1999）的代表性信息行为模型，消费者的信息搜寻行为分为三个阶段：需求阶段、搜索阶段和利用阶段。因此，本书试图从微观个体角度来探究消费者的圈子意识及不同网络圈子类型（强关系与弱关系）相互间的影响，比较分析消费者的圈子意识是如何影响需求、搜索及利用三个信息搜寻阶段的，这些影响存在哪些差异，导致这些差异的调节因素有哪些（如社会影响、自我意识、归属感等）。上述问题的研究可能会丰富社会网络和移动网络信息搜寻行为方面的文献。在研究对象上，本书主要探究消费者在多个网络圈子中是如何比较和接受不同的圈子及圈外海量信息所带来的信息差异的。在现实生活中，消费者会基于远近亲疏关系而形成内外有别的不同的社会关系网络（费孝通，1998；弗思，2012），以往的研究通常关注的是在单一的现实社会网络中，消费者是如何通过社会关系强弱的调节而受到影响的

（Brown and Reingen，1987；Reingen and Kernan，1986）。在移动社会网络环境下，社会信息的传播方式从传统的"单向渗透"向"双向互动"转变，人们可以随时利用碎片化时间搜寻各种信息，除了亲人、同学或朋友所组成的圈子，还可以根据自己的兴趣爱好，选择参加不同的网络圈子，并搜索和发布相似的信息资源。在移动社会网络环境下，消费者面临的是一个个多方位、多元化的圈子，信息具有高度的及时性和精准性。在这些信息的传递过程中，拥有共同兴趣、目标和愿景的成员更容易理解他人分享的信息的含义（左文明等，2014）。顾客通过社交网络上的朋友圈可以相互分享商品体验，比较商品和价格等信息（Chen et al.，2011），因为共同的价值观，人们会更愿意选择相信彼此发布的这些信息的真实性（Lin and Lu，2011），这些来自移动网络朋友圈的信息，影响力更强，更值得信赖，可以提高口碑与信息传播的程度和水平。因此，本书试图探究消费者在社会和网络圈子的不同情况下如何选择这些圈子所带来的信息，比较分析消费者如何在不同信息搜寻阶段对圈子影响做出选择和调整。该问题的研究可能会丰富社会影响理论方面的文献。

因此，本书力图解决这些问题，拟基于社会影响理论，通过研究移动社会网络中的消费者圈子意识和信息搜寻行为模式，帮助企业更好地认识虚拟网络圈子的内部机制，从而有效地展开移动社会网络营销活动，同时希望为治理、引导消费者的圈子现象提供理论和实证基础。无论是研究视角还是研究内容，本书均具有一定的创新性与开拓性，其理论价值和现实意义是明显的。

## 第二节　研究问题

本书拟解决的关键问题有两个：

（1）探究移动社会化网络中的消费者圈子意识及其影响因素。该问题的解决可以从实证与理论方面检验并回答现实与虚拟社会网络是否会给消费者的圈子意识带来不同影响，即移动网络环境下的圈子是否真的拉近了人与人的距离，以及其有哪些影响因素，从而分析圈子意识为何会对消费者既产生正面影响又存在负面影响，这有助于企业合理利用移动社会化网络，减少负面效应。

（2）探究消费者的圈子意识通过何种路径如何影响信息搜寻行为，其作用机制是什么？具体来说，就是要研究移动社会化网络中的消费者在信息搜寻行为的不同阶段是如何受到圈子意识的影响的。该问题的解决可以从实证与理论方面检验并论证网络中的消费者圈子意识对其信息搜寻行为产生的影响，有助于企业实施移动社会化营销活动，并通过有效引导消费者的信息搜寻行为以及数据的收集、整理和监控，使企业能够及时调整营销策略，正确制订品牌宣传计划，并准确认识消费者的心理与行为。

# 第三节　研究框架

本书的研究框架见图 1-1。

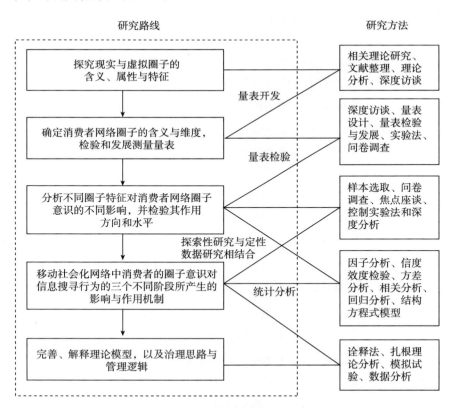

图 1-1　研究框架

## 第四节 研究目的与方法

本书的研究目的是从企业的角度探究如何正确利用移动社会化网络中的圈子及消费者的信息搜寻行为来促进营销活动，研究的对象是移动互联网网民，也就是使用移动社会化网络工具的消费者。因此，本书的样本选取和数据收集等研究方法都是基于消费者微观个体的。

### 一、调查对象

样本的选取。本书探究的是移动社会化网络应用中的圈子意识及其对信息搜寻行为所带来的影响，圈子意识的形成会涉及现实圈子与虚拟圈子两种不同的作用来源，借鉴已有的研究经验，本书的样本对象初步定为在校大学生，这样便于样本的管理和跟踪控制，并且大学生一般都是手机移动网民，大多有自己的兴趣群、朋友圈、学习群等各种网络圈子，更符合对研究对象的要求。在质化研究中，为避免不同地区的文化差异与观念差异所带来的影响，本书将采取多样本来源的方法，尽可能选取不同地区的大学生作为样本进行研究。

移动社会化网络的选择。移动社会化网络应用主要包括移动社交网站（如Facebook移动版、YouTube、人人网等）、微博客（如Twitter等）和即时通信（如微信、米聊、飞信等）等。相较于传统PC应用，移动社会化网络应用具有使用便利、信息传送及时、互动性与信息分享性更强等特点，可以使消费者充分地将碎片化时间利用起来，进行信息的搜寻、分享等活动，使用人数迅速超越传统PC应用。社交网站和微博客主要采用多对多、一对多的交流模式；即时通信属于相对较为私密的、点对点的交流模式，是当今使用人数最多的移动社会化网络应用。本书将选择这三种移动社会化网络应用作为研究对象。

### 二、调查研究方法

本书将采用质化研究与量化研究相结合的方式展开。首先进行探索性研究和定性数据研究，通过消费者访谈（包括深度访谈与焦点小组座谈），以及网络数据记录和跟踪软件，跟踪和获取本研究相关的数据资料，建立数据库以收集海量数据；其次通过网上问卷调查进行探索性研究，并对数据进行实证分析；最后利用移动社会化网络应用建立虚拟圈子平台，组织自愿实验者（以大学生为主）进行实验，通过跟踪分析实验者的反应以获取数据。在研究过程中，通过问卷调查方式来设计相关变量的测量工具，并实证检验变量之间的关系，然后使用SPSS、AMOS 等统计软件进行实证分析。

## 第五节　　研究内容

本书旨在探讨移动社会化网络中消费者的圈子意识受何种影响并经由何种路径，以及如何影响信息搜寻行为这一问题，据此挖掘消费者圈子现象以及消费者的圈子意识在信息搜寻行为的不同阶段所产生的作用机制与影响，进而使企业有效利用消费者信息搜寻行为数据，从而为市场定位、品牌策划等营销策略做出合理决策，并正确引导与利用网络中消费者的圈子意识来提高信息搜寻行为的效率，从而提高企业营销绩效与监管效果。本书需要重点解决四个具体的研究问题：消费者圈子意识的形成机制及其具体有哪些特殊形态和属性，如何进行测量？消费者在信息搜寻的需求阶段如何受到圈子意识的刺激从而关注移动社会化网络圈子的信息？消费者在信息搜寻的搜索阶段如何受到圈子意识的影响从而进行信息搜寻？消费者在信息搜寻的利用阶段如何受到圈子意识的影响从而选择并利用网络信息？

针对上述研究目标，本书按照原定计划完成了既定的全部研究任务，并开展了相关拓展研究，取得了一定的研究成果，初步形成了消费者圈子意识与信息搜寻行为的理论体系。

第一，对中国情境下圈子的内涵与特征进行了探究，本书分别从组织研究视角、网络研究视角、行业研究视角和消费研究视角四个角度对其概念、特征进行了探讨与分析，并初步探索了圈子的影响作用，为后续研究奠定了基础。然后通过访谈对移动社会化网络中消费者圈子意识的结构内涵、测量维度及其影响因素进行了探索性开发和实证检验，完善了课题研究模型，形成了测量量表，为后续数据收集、量表提纯、模型检验奠定了研究基础。

第二，从移动网络的角度和消费者特征的角色定位意识方面对消费者信息搜寻行为（信息需求阶段）的影响因素进行了探索，并对信息搜寻动机与信息搜寻能力两大中介变量对信息搜寻努力程度的作用进行了实证分析，提出了移动网络圈中的信任、感知风险、涉入度、知觉易用性对消费者的信息搜寻行为（需求阶段）的影响机制。

第三，从移动社交网络环境出发，使用实验法检验网络圈子中的内部信息不一致对消费者信息搜寻行为（搜索阶段）的作用机制，即矛盾态度的中介作用，并深入挖掘可能存在的边界条件，即不同圈子类型（强关系型圈子、弱关系型圈子）的调节作用。基于社会影响理论，运用实证分析方法解释移动互联网圈子内部关系强度对用户信息搜寻行为的影响及其内部机制，检验圈子内部关系强度对个体的面子需求倾向和参照组影响，及其对用户信息搜寻行为所产生的作用。此外，本书还构建了移动社会化网络中基于数据挖掘技术的信息搜寻行为模型，并用实证的方法检验信息有用性在信息易用性影响信息搜寻行为过程的中介作用；通过数据挖掘技术挖掘用户的需要，搜索和挖掘信息利用等方面的相关数据，提高用户的信息搜寻效果和效率，为用户和网站决策提供依据与支持。

第四，立足于微信营销圈子，对企业使用微信宣传时影响顾客信息利用的因素进行探索，通过实证分析顾客参与信息利用概念模型，揭示移动互联网环境下微信宣传平台的顾客参与行为的内涵结构与测量维度。基于社会影响理论，采用实验法探究移动社交网络中网络圈子的关系强度对消费者信息采纳行为的影响，即消费者进行信息采纳时会选择并信任何种关系强度的圈子。本书还构建了用户利用信息参与"晒"行为的动机模型，并采用实证的研究方法分析动机对用户参与"晒"行为的影响，以及隐私关注在其中所起的调节作用。

# 第六节　研究意义

（1）移动社会化网络中消费者圈子意识的结构维度及其量表开发的研究成果及科学意义。本书构建了圈子意识结构内涵的概念化模型，将圈子意识概念化为共享信念、互惠交换、角色定位和社会结构四维度位阶结构，这四个维度代表了构建圈子意识的四类核心要素（见图1-2），对圈子意识构成的维度整体模型进行结构方程分析，得出圈子意识结构内涵概念化模型的检验结果，结果表明，本书所构建的圈子意识结构内涵概念化模型具有较高的拟合优度。这说明将圈子意识分为共享信念、互惠交换、角色定位、社会结构四个维度具有统计学意义。

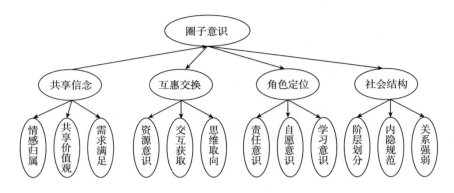

**图1-2　圈子意识结构内涵的概念化模型**

其科学意义在于，研究为企业移动社交媒体的应用提供了建议，丰富了网络圈子意识理论。消费者通过移动社交平台加入自己感兴趣的圈子，根据圈子内的企业或公众号发布的信息，社交网络的用户能够迅速有效地搜寻自己感兴趣的信息。因此，企业或公众号可以适当地在消费者感兴趣的领域利用圈子内部的核心人物传播信息。

（2）网络圈子意识对信息搜寻的需求阶段的消费者影响的研究成果及科学意义。研究结果表明，消费者对移动互联网的信任对其信息搜寻努力程度有正向影响。移动互联网信息来源的真实性、可靠性是影响消费者信息搜寻行为的重要因素。当消费者对移动互联网信息来源的信任程度越高时，越愿意在信息搜寻上付出更多的努力。消费者对移动互联网的涉入程度对其信息搜寻能力有正向影响。移动互联网的便携性使人们可以随时随地上网查阅自己缺乏的任何产品信息。消费者对移动互联网的涉入越深其对移动互联网相关知识的了解、认知程度越深，越容易发现移动互联网信息搜寻的便利性，从而推动其搜寻能力的提高。

消费者特征对信息搜寻行为的作用机制的研究结果表明，消费者特征中的归属感、感知风险、价格敏感性因素影响着消费者在移动社交网络中的信息搜寻行为，归属感特征通过参与行为对信息搜寻行为产生积极影响，归属感和感知风险对信息搜寻行为产生的影响力相对大于价格敏感性。

其科学意义在于，结合中国本土元素对消费者信息搜寻行为展开深入探讨，将为中国企业营销活动的开展提供一定的参考。本书通过实证研究发现，移动互联网信任和感知风险会对消费者信息搜寻行为产生积极影响，企业为消费者提供一个良好的网络环境是消费者消费行为发生的前提，为消费者提供真实、可靠的网络信息来源可以吸引更多的消费者，为企业后期拓宽市场份额奠定基础。

同时，企业在通过移动圈子开展营销活动时应充分注意消费者的不同特征对其参与行为和信息搜寻行为的不同影响，有针对性地推送企业相关信息，促使顾客更多地参与其中，提高消费者的信息搜寻意识，提升企业营销绩效。在移动社交网络中，企业应该通过及时的沟通交流等方式加强与消费者的互动，强化对消费者的关心与帮助，从而形成良好的网络氛围，以此提高消费者的归属感和参与度，进而使顾客在移动社交网络平台中更多地搜寻企业信息，从而达到企业宣传效果。

（3）网络圈子意识对信息搜寻的搜寻阶段的消费者影响的研究成果及科学意义。从移动社交网络出发，对圈子内部信息不一致与消费者信息搜寻行为之间的关系进行研究，结果表明，圈子内部信息不一致性程度越高，消费者信息搜寻行为越积极，并且矛盾态度在信息不一致对消费者信息搜寻的影响中发挥了中介作用；网络圈子类型会负向调节信息不一致与消费者信息搜寻行为之间的关系；网络圈子类型还会负向调节信息不一致与消费者矛盾态度之间的关系，进而影响个体信息搜寻行为（见图1-3）。

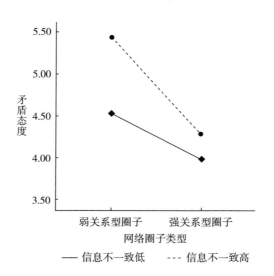

图1-3　圈子内部信息不一致性和网络圈子类型的交互作用

圈子内部关系强度对用户信息搜寻行为影响的研究结果表明，在移动社会化网络中，圈子内部关系强度会对用户信息搜寻行为产生影响，圈子内部关系强度越强，用户在圈子里的信息搜寻行为就越强；信息性影响在移动社交网络圈子内部关系强度对信息搜寻行为的影响中发挥了中介作用；信息性影响、护面子需求倾向和争面子需求倾向在移动社交网络圈子内部关系强度对信息搜寻行为的影响中共同发挥了完全中介作用，在移动社会化网络圈子的强关系中，用户为了赢得面子会在圈中进行更多的信息搜寻，护面子需求倾向也很显著，用户会出于防止丢面子的动机进一步进行信息搜寻；规范性影响在其中没有发挥中介作用。

基于数据挖掘的信息搜寻行为模型构建的研究结果表明，信息有用性在信息易用性对信息搜寻行为的影响路径中发挥了中介作用；产品互动和人机互动会显著影响信息搜寻行为，信任在虚拟社区互动（产品互动、人际互动、人机互动）对信息搜寻行为的影响中发挥了中介作用。

其科学意义在于，研究结果有助于帮助企业认识到保持营销信息一致的重要性，全面了解消费者信息搜寻行为，认识并利用移动社交网络中的消费者圈子。强关系圈子会弱化不一致信息引发的消费者矛盾态度。因此，企业应该注意强弱关系圈子的差异，更多地利用强关系型圈子来传递营销信息。

圈子作为用户信息搜寻行为的信息源，其内部关系强度发挥了至关重要的作用。用户不仅仅依靠移动社会化网络圈子的强关系来进行信息搜寻，其信息搜寻行为还会受到参照组影响和面子需求倾向的综合影响。企业在制定信息传播策略时，可以从参照组影响的角度出发，通过加强信息的信息性影响来使圈中成员接受企业传播的信息，这也是增强圈子用户黏性的不二选择。从面子视角出发激发用户面子需求的动机，具体而言，针对具有争面子需求倾向的用户，用鼓舞其成功的语句或表达方式激励其依靠强关系进行信息传播；针对具有护面子需求倾向的用户，用可能威胁到用户面子的语句或者表达方式刺激其在移动社交网络圈子中依靠强关系进行信息传播。

运用数据挖掘技术挖掘移动社会化网络中用户信息搜寻行为的相关数据，在信息需求阶段，企业深入挖掘消费者信息搜寻所需的信息，发现消费者需求，在市场竞争中赢得先机；在信息搜寻阶段，挖掘消费者信息搜寻的使用平台、使用时间等相关数据，为技术的改进和升级提供指导；在信息利用阶段，挖掘更易被消费者采纳和分享的信息所具有的特征和所需要具备的条件，建立积极的反馈机制。通过对信息搜寻行为的三个阶段进行数据挖掘，可以描绘出精准的用户画像，为企业实施精准营销提供事实支持，同时可以提升用户信息搜寻的效率和效果。

（4）网络圈子意识对信息搜寻的利用阶段的消费者影响的研究成果及科学意义。移动社交网络中口碑传播影响因素的研究结果表明，信息的娱乐性因素、信息的即时性因素和与顾客的互动性因素影响顾客信息利用行为（包括顾客的信息共享行为、信息搜寻行为），并通过顾客信息利用行为形成大众的口碑传播，验证了微信宣传平台中由顾客的信息共享行为和信息搜寻行为组成的顾客参与行为的二维位阶结构。

研究结果表明，网络圈子的关系强度越强，信息越容易被采纳，即强关系圈子中的信息采纳行为比弱关系圈子中的信息采纳行为更强；感知风险在网络圈子对消费信息采纳行为的影响中不起中介作用，归属感是网络圈子影响消费信息采纳行为的中介变量。

多媒体页面中用户参与信息"晒"行为的动机机制的研究结果表明，信息动机、社交动机和娱乐动机对用户参与"晒"行为有显著影响。娱乐动机对用户参与"晒"行为的影响最大，信息动机次之，社交动机对用户参与"晒"行为的影响最小。隐私关注在用户参与动机（信息动机、社交动机和娱乐动机）与"晒"行为之间不具有调节作用。

其科学意义在于，微信宣传时顾客参与信息利用进而影响大众口碑传播的战略表明，顾客的信息共享行为对大众口碑传播的相对影响力大于信息搜寻行为，这说明消费者在参与企业的微信营销时，相对于信息搜寻行为而言，基于信息共享的参与行为更容易形成参与者口碑的传播效应。企业应加强顾客关系管理，通过信息来适当激发消费者的归属感，以促进消费者对信息的采纳。信息发布时，从消费者归属感的心理机制出发，制定更易被强关系圈子中的消费者所接受的信息，不仅可以加强现有顾客的黏性，还可帮助企业扩大其信息的影响力和传播范围。

从用户体验出发，多媒体页面设计必须通过充分调动用户参与信息利用的动机（信息动机、社交动机、娱乐动机），来增加内容的有趣性、界面的交互性以及页面信息的沉浸性。这样才能使更多的用户参与到信息利用活动中来，增强与企业的互动和联系。

# 第七节　研究总体设计

（1）通过文献研究、深度访谈、专家访问和定性分析的方法，探索本书的理论研究框架和圈子意识及其影响因素。本书的初步设计思路是首先通过文献研究、深度访谈和专家访问等方法进行探索性研究，尽可能广泛地收集数据；其次对数据进行分析整理，并借鉴定性分析方法继续完善研究内容中提出的研究框架；最后重点探索影响消费者圈子意识的潜在因素及其对信息搜寻行为的影响机制与调节因素。

（2）通过深度访谈，实验问卷调查和探索性、验证性因子分析方法，开发出圈子意识的测量量表。圈子研究主要集中于公共管理学和社会学研究领域，且大都是现实生活中的圈子现象。与圈子文化研究相比，针对消费者网络圈子的研究很少，移动社会化网络中的圈子与现实社会中的圈子相比具有特殊属性，需要重新探索。因此，这部分是研究的保证，消费者的态度和意识等主观问题的测量是检验理论框架的重点。具体思路是：第一，通过深度访谈和实验问卷探讨并概括出网络圈子意识的基本属性，提炼出移动社会化网络中消费者圈子意识的含义和特殊属性；第二，结合文献，在此基础上对圈子意识进行测量研究，开发出移动网络环境下的新的测量量表；第三，针对现有的理论框架，通过问卷调查获得初步探索性研究数据，通过 SPSS 软件的探索性因子分析和量表信度分析，进一步完善测量量表；第四，通过 AMOS 软件对初步完善的量表进行验证性因子分析，以保证量表的结构效度；第五，结合实验数据，使用 SPSS 软件进行方差分析、相关分析和回归分析检验模型的合理性，并发现潜在问题，从而进行完善和补充。

（3）通过现场调查、问卷调查、扎根理论和结构方程模型，探索圈子意识由何种路径受到影响及其对信息搜寻行为的影响机制模型。本部分是研究的重点，即探究圈子特征对消费者圈子意识的影响，检验现实圈子与虚拟圈子的不同特征对消费者圈子意识的不同影响，并构建出圈子意识在信息搜寻行为的三个不同阶段的影响路径与影响机制模型。本书在对后进行检验时，会把信息搜寻行为的三个不同阶段作为子模型进行独立分析，然后再进行结合交叉的探索性研究。

具体思路是：第一，根据研究需要设计选择具有代表性的移动社会化网络圈子，将其作为数据收集对象，然后利用网络数据的可记录性，使用记录软件获取消费者信息搜寻数据；第二，将这些数据导入数据库并进行整理；第三，设计调查问卷，通过网络向这些消费者发送问卷进行调查，从而获取消费者的主观回答数据；第四，使用 SPSS 软件进行方差分析、相关分析和回归分析，对取得的数据进行初步分析，检验和修正前面提出的理论模型；第五，使用 AMOS 软件的结构方程模型方法，综合检验并探索理论模型；第六，利用相关理论对模型进行进一步解释，并进行后续完善和补充研究。此外，扎根理论（Grounded Theory）将用于对作用机制的提炼和影响模型的构建。对于已提出的中介变量，本书将通过深度访谈和扎根理论等质化研究方法进行补充或修正，并通过网上问卷调查的方法进行检验。

（4）通过模拟试验和结构方程式模型，进一步检验、完善理论模型。本书运用网络数据记录软件，并结合网上问卷调查进行数据搜集，可能会受限于问卷回收率的影响，尤其是在圈子特征对圈子意识产生影响的部分模型中，需要将现实圈子和虚拟圈子的影响结合起来进行研究。因此，本书将使用移动社会化网络应用工具建立模拟圈子平台，对企业使用微信宣传时影响顾客信息利用的因素进行探索，通过实证分析顾客参与信息利用概念模型，揭示了移动互联网环境下微信宣传平台的顾客参与行为的内涵结构与测量维度。基于社会影响理论，采用实验法探究了移动社交网络中网络圈子的关系强度对消费者信息采纳行为的影响，即消费者进行信息采纳时会选择并信任何种关系强度的圈子。

# 第八节　研究创新

如前文所述，消费者信息搜寻行为可以分为需求阶段、搜索阶段和利用阶段。在信息搜寻的每个阶段，消费者都会对信息的来源与信任程度进行比较，而在移动社交网络中，圈子平台会提供聊天、发布更新信息和通知群内成员等功能，成员彼此间的默契和责任感使人们的沟通更为便捷，因此，这种基于消费者爱好、兴趣等聚合而成的网络圈子更是信息来源和比较的重要对象。

需求（Demand）阶段：需求启动阶段是信息搜寻的第一阶段。信息需求是信息搜寻行为的引发点，Wilson（2002）认为，信息是由基本需要引起的，信息需要与认知或情感因素有关。Fishbein 理性行为模型也指出，消费者在购买决策过程中一旦产生需求，就会为解决这些消费的认识问题而搜寻各种相关信息（李东进，2000、2001）。另外，基于风险回报理论，人们往往希望通过解决问题获得回报，即使这种回报仅仅是消除不确定性而带来的舒适感，那么在这种情况下，人们会产生信息搜寻需要（甘利人等，2007）。但是，信息需求不一定会立即引起信息搜寻行为，因为信息源的便利性、可靠性及搜寻成本会对信息搜寻的启动产生影响。Kim 和 Lee（2011）、Lin 和 Lu（2011）等学者指出，任务的复杂程度、独立程度、主题等会对网络搜索行为产生显著影响。Kim（2008）发现，网络信息搜寻行为受到情感控制因素的影响。对于不同情感的圈子，消费者的圈子意识会影响信息需求的产生吗？其中的时间成本等中介因素的调节作用有多大呢？圈子成员的责任感使成员愿意主动分享信息，分享者贡献信息的回报之一即其分享的信息通过信息的利用体现出价值，而信息利用的前提便是通过搜寻行为获得信息。网络圈子中的消费者的情感信任度越高，目标价值便越大，对信息搜寻行为的刺激就会越大。同时，圈子信息传递的分享性、互动性增加了信息的可获得性，降低了信息搜寻的成本（王海燕，2019）。在需求阶段，消费者的圈子意识会有多大作用？信息需求受圈子意识的刺激程度有多大？出现信息需求时，消费者一定会偏向于从圈子中搜寻信息吗？其中的调节因素有哪些？如果圈子内的信息与其他渠道的信息出现差异时，不同消费者会如何认知？这些都是本书提出的创新性问题。

搜索（Search）阶段：搜索阶段主要是指搜索策略的实施。社会化网络是能够互动的应用媒体（Berthon et al.，2012），受众感知角色的类社会互动越强，越倾向于从角色处获取更多的信息（Baliantine，2005）。Marchionini（1995）指出，由于认知方式不同，选择的信息源会有一些差异。比如，有些人喜欢交互方式，所以会采用问答等交互性的搜寻方法；而有些人则喜欢个人搜索，所以会自己在各个网络圈子中寻找已有的信息。Pan 和 Chiou（2011）认为，对于经验产品，无论是积极的还是消极的信息，只要是由有很近的社会关系的人发布的，就会被视为可信的。自我意识强的人更热衷于"面子管理"（Kim，2008），这类消费者在搜寻信息过程中更倾向于通过周围人搜寻信息（李东进，2002）。同时，消费者的认知容量以及搜寻信息的时间、精力、能力都是有限的，面对网络的海量信息，快速有效的信息搜寻是消费者追求的目标。因此，基于最省力法则，为了节省心理与时间成本，消费者更倾向于借鉴亲友及意见领袖的建议。但是，消费者在购买之前会搜寻不同信息源提供的信息，其中一个很重要的原因就是，消费者对信息源提供的信息具有强烈的利益欲望（李东进，2000、2001）。按照参照群体理论，参照信息的不一致性会导致消费者产生模糊态度（Newby-Clark et al.，2002）。在移动社交网络中，消费者非常容易加入各种朋友圈、兴趣圈，这些圈子的信息会出现不一致的情况，这就需要进一步拓展社会影响理论和参照群体理论，来分析消费者在这种情况下是如何受到圈子的影响并进行比较，从而开展搜寻行为的。

利用（Use）阶段：经过搜索策略的实施，便进入到信息的获得与利用阶段。如果信息来自社会化网络圈子中的朋友，那么便更易于接受（卢云帆等，2014）。Karakaya 和 Barnes（2010）认为，消费者在社交网站上发表的信息会影响消费者的看法与涉入。Bichart 和 Schindler（2001）的研究指出，相比于从营销产生源获得信息的消费者，从网络讨论中获得信息的消费者对产品表现出了更加浓厚的兴趣。Smith 等（2005）发现，高信誉度同伴推荐的信息不仅会使消费者在决策过程中采纳推荐，而且还会降低他们在整个搜寻过程中的努力程度。Karmarkar 和 Toemala（2010）的研究也表明信息来源的确定性对消费者的涉入度与劝说效果会产生影响。独特性、真实性与实时性增加了信息的使用价值，从而提升了消费者信息搜寻的满意度。在移动社会化网络的圈子中，连接性强的关系链使信息的推送准确、及时，因此会对消费者形成极高的信息采纳与利用价值。然而，大量的信息不一定会促进消费者的决策，信息超载也会产生消极的负面影响（Chen et al.，2009）。Varnali 和 Toker（2010）认为，消费者对移动信息的采纳与否受到信息的传递时间与频率的影响。Wilson（1999）指出，搜寻者若在使用中对搜寻到的信息不满意，往往会重复搜寻过程。在这一阶段，如果消费者对搜寻结果的评价较高，那么就会实施采纳行为。如果对所获信息不满意，那么就会对所在圈子的信息产生怀疑，并重新进入第二阶段，重新搜索信息。另外，移动社会化网络的分享性使消费者接受获取的信息后，还能够按照自己的信息组织及处理方式对信息进行再加工，并实时快速地推送到各个圈子中。这种社会化分享促进了消费者信息搜寻的有效性，从而加快了消费者从信息搜寻到比较再到利用决策的一系列行动进程。那么，移动社会化网络圈子中的消费者在信息利用阶段的满意与后悔在多大程度上受到圈子意识的潜在影响？不同的圈子意识对消费者的信息获得与利用行为到底有什么影响？这些是本书需要进一步探究的问题。

综上所述，在圈子意识研究方面，现有的少量研究主要集中在"传统文化如何评价"是什么（What）等问题上，但关于移动社会化网络环境中消费者的圈子意识的影响因素（How）以及圈子的具体测量维度的研究则非常缺乏。同时，在信息搜寻行为方面，现有的研究主要从信息学与传播学的视角来探讨信息搜寻行为的影响因素等问题，虽然有少量文献研究了网购消费者的信息搜寻行为，但是这些研究主要集中于对网络信息搜寻行为的理解上，对信息搜寻行为和处理过程则没有深入的研究（Hoffman，2004；Kuman et al.，2005；郑春东和邹孟，2014）。此外，在网络圈子与信息搜寻行为两个问题的整合中缺少一些有深度的研究，这在移动互联网信息传播飞速发展的今天，显然是不合常理的。

　　本书为了更好地理解处于不同移动社会化网络圈子中的消费者的信息搜寻行为，将圈子意识与信息搜寻行为这两个研究领域的问题结合在一起进行研究。在网络环境下，如何理解消费者的圈子意识，使其有效分析消费者的信息搜寻行为，从而加强企业对消费数据的利用，提高营销绩效。为此，本书拟基于社会影响理论来进行探究：移动社会化网络中消费者圈子的产生路径是什么，消费者是如何受到圈子意识的影响的，以及探究这种影响会给消费者的信息搜寻行为带来什么样的变化？在移动互联网环境下，消费者的圈子是多样的、平行的，信息也呈现出多元化的特征，这为消费者的信息搜寻带来便利的同时，也带来了海量信息的困扰。本书通过对这一环境下的圈子的探讨，探究消费者的圈子意识是如何影响整个信息搜寻过程的，期望通过对圈子意识的分析，为促进当今社会圈子现象副作用的治理提供一定的理论依据。

# 第二章 文献回顾

## 第一节 移动社会化网络

### 一、移动社会化网络综述

网络是人类发展史中一项重大的发明，尤其是近些年来互联网技术日新月异，互联网已经渗透到我们生活的方方面面，与我们的生活密不可分，极大地促进了人类科学技术的发展和人类社会文明的进步。在网络基础上发展起来的应用软件能够为用户提供服务，实现资源共享。网络时代由以传统门户网站为主导的Web1.0时代进入以网络用户为主导的更加文明开放的 Web2.0 时代。科技进步带来的信息技术的更新与进步构成了社会化网络的基础，也是网络通信技术发展到 Web2.0 时代的重要原因。

社会化网络（Social Network）指的是人与人之间的关系网络。有学者认为，社会化网络是一种互联网应用，这种应用是在互联网技术之上产生的。社会化网络一般被看作是由特定的有规律的一系列"节点"相互联系构成的一种社会组织结构（Laumann et al.，1978），是方便个体或组织间相互联系与沟通的社会结构（Kilduff and Tsai，2003），它可以代表各种社会关系。美国心理学家 Stanley Milgram 提出的六度分隔理论是社会化网络理论的发展基础，该心理学家提出的六度分隔理论认为，每个人可以通过最多不超过 6 个人来达到认识世界上每一个人的目的，换句话说，只需要通过 6 个人，我们就可以认识世界上任何一个陌生人。根据该理论我们可以得出这样的结论，我们每个人都会有自己的一个圈子，在每个个体的社交圈子里相互交流、相互摩擦碰撞，圈子会逐渐变大，最后发展成一个大型的社会化网。

移动通信技术取得的长足进步和移动电子终端设备的更新换代为社会化网络注入了新的活力。近年来，一种名为移动社会化网络的新兴移动互联网服务模式应运而生。在移动互联网中，时间与时空不再受到限制，人们在虚拟的网络空间里聚合，形成移动社会化网络（Lai and Turban，2008）。移动社会化网络是以移动终端设备为载体的移动互联网应用，它结合了移动终端应用的特征和移动互联网的使用特性，能够在计算机上提供社会化网络服务无法满足的功能。与传统的社会化网络服务相比，移动社会化网络与基于 PC 端互联网的社会化网络的本质区别在于，其对移动性的支持。移动社会化网络使互联网更加开放、更具有社会性，也使关系更为密切和复杂。一些学者通过建立模型提出并解释了用户使用信息技术的影响因素。Fishbein 和 Ajzen（1977）提出了理性行为理论（Theory of Reasoned Action，TRA），该理论认为，行为的态度和主观准则决定了分体的行为意向，个体的行为意向在某种程度上可以推断出个体的行为。Davis（1989）提出了技术接受模型（Technology Acceptance Model，TAM），该模型指出，态度和感知有用性共同决定了行为意向，行为意向决定了用户对系统的使用。

移动社会化网络已崛起为一股势不可当的全球性网络浪潮。移动社会化网络的兴起改变了人类社会的连接方式，成为当今世界具有重大影响力的信息传递渠道。人们可以在移动互联网上进行语音聊天和视频聊天、播放电影或电视剧、和家人朋友线上游戏等各种新型娱乐活动，同时，人们也可以在互联网上进行线上面试、租房、预定出行安排和订票等各种活动。移动社会化网络的广泛流行已受到传播学、信息学、社会学、心理学、营销学等多个学科领域学者的关注，在各领域学者的刻苦钻研下也发表了大量的研究成果。对这些理论成果的系统性分析，能够帮助我们进一步把握当前移动互联网用户信息行为背后的原因，同时也有助于把握移动互联网行业发展脉络，对移动互联网运营商的具体生产经营具有指导和管理意义。

## 二、社会化网络发展的三次浪潮

随着互联网技术的发展，进入 21 世纪以来，移动社会化网络也迎来了一个高速发展的阶段。随着世界性 Web2.0 时代的到来，我国乃至世界范围内互联网的发展迈向了一个新高度，各种新兴互联网技术和发展模式如雨后春笋般涌现，互联网行业迎来了百花齐放的繁荣景象。移动社会化网络的出现和发展进一步加快了互联网渗透人类生产、生活等方面的进程。移动社会化网络也扮演着更加重要的角色，成为主流媒体。虽然移动社会化网络的发展速度如此之迅猛，但现今如此庞大的规模和影响力并不是与生俱来的。移动社会化网络的发展历程与互联网发展历程一样，经历了三次发展浪潮。

在绝大多数人看来，移动社会化网络是当代信息技术发展下的产物，也是近几年才开始流行起来，成为大家所熟知的技术。但事实上，类似于社会化网络的雏形从 20 世纪末就已经出现了。一个名为"六度"（Six Degrees）的网站，被大多数人认为是第一个社交网站。新用户需要先在该网站注册自己的个人账号，填写一些个人信息，同时也可以通过该网站添加一些已在这个网站注册的用户为自己的网络好友，建立起属于自己的互联网圈子，用户之间可以互相发送邮件，好友可以相互在对方的网络空间进行留言，更重要的是这个网站能够允许用户邀请新的好友加入，不断扩充自己的交际圈子。Six Degrees 的小试牛刀让其他互联网创业者开始将目光转移到社会化网络这个领域，此后，大大小小的很多互联网公司开始尝试创办类似的交友网站。2002 年，Friendster 的诞生在互联网界掀起了第一波社会化网络浪潮，Firendster 成为第一个主流的社会化网站，受到了高度重视。在该网站上，用户的个性化诉求得到了进一步的满足，用户有权限设定具有个人风格的个人主页，也可以展示自己近期的活动、兴趣爱好等，这刺激了更多人加入该网站，成为其注册用户。

2003 年，MySpace 的创立和流行宣告了社会化网络第二波浪潮的到来，MySpace 平台以其创新性的交友模式、信息共享模式、即时通信等新兴功能，迅速抢占了社会化网络市场，并成为当时全球第二大社交网站。MySpace 允许其用户设计更具有个性化的主页，高度赋予了用户表达自我的权利。

如今，社会化网络进入移动时代，伴随着移动电子通信技术的飞速发展和各国经济水平的提高，在各类先进的移动设备更新换代速度加快的同时，消费者对电子移动设备的价格不再望而却步，移动电子产品的种类也呈现出多元化。手机、笔记本电脑、平板电脑等移动终端设备成了人们网络社交圈子的主要载体。同时，随着 4G 乃至 5G 网络覆盖面的迅速扩大发展，无线网络的不断完善和智能手机应用的逐渐创新，以手机为主导的移动终端成了人们处理信息的综合平台，移动化、社会化的新兴移动互联网服务模式应运而生，推动着社会化网络的发展进入第三次发展浪潮。

### 三、移动社会化网络发展的特点

鲜明的娱乐性。移动社交网络服务具有很强的娱乐性，这一点与传统网页的社交网络服务有一定的相似性。当前，移动社会化网络服务主要通过游戏互动的形式来达到促进各主体进行协商和沟通的目的，如微博、微信、抖音等平台。以抖音平台为例，其绝大多数用户是年轻人，抖音平台上的年轻人经常会以游戏形式拍摄一些吸引大家竞相模仿的有趣视频，因而在移动社会化网络中时不时会刮起一阵"抖音风"。2013 年，国外媒体发布了一项针对智能手机用户使用习惯的调查报告，最新的调查结果显示，人们的手机活动可被划分为自我表达、发现、准备、完成、购物、社交和自我休闲七大类，46%的手机使用时间主要用来满足休闲娱乐的需求，如追星、看电影等；19%的时间用于个人社交，12%的时间用来购物，只有4%的时间用来学习、找资料（1992T，2013）。我们不难看出，移动社交网络服务具有很强的娱乐性特征。

庞大的用户群体。以我国为例，根据国家统计局发布的《2020 年国民经济和社会发展统计公报》，我国全年移动互联网用户接入流量达到 1656 亿 GB，相比上年增长了 35.7%。2020 年末互联网上网人数 9.89 亿，其中，手机上网人数9.86 亿。由此不难看出，巨大的手机网民数量成为拉动中国移动社会化网络圈子不断扩大的重要力量，移动互联网展现出巨大的发展潜力，为移动社会化网络提供了庞大的潜在客户群体。

移动性。移动社会化网络是依托移动终端设备的技术进步而发展的，由于当前的移动终端设备在轻量化、可携带、无线化方面取得了显著的进步，所以，移动社会化网络摆脱了以往固定终端的束缚，移动社会化网络不再受限于时间和地点，充分发挥了移动终端的可携带性特征。

## 第二节　社会影响理论

### 一、社会影响理论概述

社会影响听起来像是一个抽象的概念，但在我们的生活中却是经常能够用到的，每个人或多或少受其影响。为了对社会影响进行系统的概述和应用，学者 Kelman（1985）提出了社会影响理论。社会影响是一种非常普遍的社会心理现象，个人的行为、态度、思想不仅决定于自身，还会受到社会压力的影响，导致个人的行为和态度朝着占社会优势的方向发展，通俗理解就是与社会趋同。古人说的"人云亦云"也是社会影响理论的一种表现，具体现象包括从众、服从、社会助长与社会惰化、群体极化与群体思维等。一般情况下，如果受到了他人的影响，个体的行为和态度或多或少都会发生改变。由于社会影响的作用，他人会对个体产生抑制作用。例如，在面对帮助者的时候，被帮助的人当时或许很想对施助者表达感激之情，但是由于有第三方在场，会难以对帮助者表达感激之情。这种抑制会让感激之情变得难以启齿，我们一般将其笼统地概括为"羞涩"。在生活中，社会影响还有一个比较常见的现象，就是受他人影响之后的从众行为，在表达感激之情时，由于没有人率先开口，于是所有的受助者都保持沉默，与群体保持一致永远是最有安全感的，这也是个体在群体中的去个性化现象。但是，如果有一个人率先表达感激之情，这一现象很快就会感染其他受助人。这可以被视为从众心理。

社会影响理论的作用机制是简单直接的，通过他人或环境的外界作用引起个体的态度、思想和行为发生改变，主要通过个体主观规范的三种机制——顺从、认同和内化来实现。顺从机制是指行为个体为了得到肯定、获得认可而接受外界的影响，行为个体内心的想法是获得某种想要的东西或避免某种不好的结果。认同机制的本质就是渴望得到认同和认可，毕竟大家都希望能和他人愉快相处，具体表现为，个体为建立或维持与他人或某一环境的良好关系而采取某种态度或行为，采取的态度和行为与认同机制是因果关系。内化机制是指个体认为行为本身与自身价值取向相符，从而接受影响。三种机制的过程难以量化表达，不能用直观的数据反映，故学者们在研究时常将其抽象为可测量的潜变量进行研究。肖璇等（2017）利用社会影响理论研究了网络购物节期间的"羊群效应"及冲动购物行为，从社会影响理论的视角研究了用户登录在线社交网站的影响因素。黄京华等（2016）在研究社会影响理论对微博粉丝忠诚度影响的过程中发现了社会影响理论的认同机制和内化机制。田沛霖等（2021）在研究大学生炫耀性消费行为时发现了诸多因素，综合数据和各因素之后得出结论，认同机制和内化机制是大学生产生炫耀性消费行为的直接原因。

## 二、社会影响理论的影响要素

在与人交往过程当中，人们自然而然会受到来自他人的影响，也就是来自社会的"压力"，将其比喻成压力是比较恰当的，因为这种影响力确实会在无形中压迫你去完成一件事情。那如何看待这个压力呢？他人的社会影响取决于三个方面的因素：他人的数量、重要性和接近性。这三个概念可能说起来会比较抽象，用光照来进行类比会更加通俗易懂。把光源发出的光照打到平面板上，平面板接受的光量不仅取决于开了多少灯，还与灯泡的功率有关，因为光在传播过程中还会损耗和发散，所以接受到的光量还与灯泡和平面板的距离有关。所以类比一下，我们个人受到的社会影响与他人的数量、他人的重要性以及他人与个体的接近性有关。简单来说，周围的他人越多，影响越大。不过，这里有个矛盾，有学者曾经发现，随着人数的增加，个体从众水平会出现下降的现象（时蓉华，2002）。而在这里，随着人数的增加，社会影响却增大了。拉塔纳认为，随着影响人数的增加，每个人的影响力实际上在下降，第二个人的影响比第一个小，第N个人的影响小于第（N-1）个人的影响。因此，个人影响越来越小，而总体影响却越来越大。在经济学中，我们也可以用边际效用递减这一原理来理解。

以音量为例，安静的教室开始有人说话，我们会很明显感觉到，但是如果一个教室很嘈杂，很多人在说话，那么这个时候如果有一两个人再说话我们也感觉不出来。也就是说，随着后面说话人数的增加，增加的效果没有与增加的数量成正比。因此，从这个观点来看，面对200人的演讲和面对300人的演讲具有相似的压力，因为人数增加到一定量时，它所带来的压力变化并不明显。比如，老师在讲课时，如果面对的是上百人的大课，学员变多了，总的来说压力就变大了，但是可能一开始几十个听讲者和上百个听讲者带来的压力是差不多的，由于边际效益递减，所以，数量并不是绝对主导社会影响的因素，当数量达到一定程度时，持续增加的数量会让受影响者"无感"。

他人的重要性指的是他人的地位、权力影响以及是否是权威专家。例如，学生在一个很重要的演讲时出现了一些错误，而指出错误的人有以下三种：第一种是演讲者的同学，第二种是自己的授课老师，第三种是一位不怎么交流，但是行业内资深的专家学者。作为演讲者，面对这三类人的发言，谁对其演讲的影响程度最深，答案可想而知。面对同学，演讲者可以轻松应答。面对自己老师指出的问题可能会比较紧张，但是由于平时比较熟悉，也会有自己的一套应对方式，毕竟两人关系还是比较亲密的。面对陌生的专家学者，当他指出你的问题时，你几乎可以肯定是自己出现了错误，而且你很可能不知道如何应答，既不敢自信满满，又不敢草率作答。或许有的人会很珍惜这样的交流机会，毕竟和资深专家面对面交流的机会不常有。这是很典型的例子，即使三类人问的问题都一样，演讲者也会做出不同的反应，表现出不同等级的重视程度。我们知道自己会更容易听信身边亲近人的意见或者建议，这是我们身边人的重要性所带来的社会影响，也就是说，他人的重要性对于社会影响的发挥起到了至关重要的作用。如果一个人的重要性足够大，那么不需要数量加持，单凭一个人的社会影响力就可以左右他人的决定。

他人与被影响者的接近性可以通俗地理解为他人在时间与空间上与个体的接近程度。在交谈中，相比于一个与我们距离十几米的交流者，一个与我们面对面相处的人对我们的影响更大。一个很常见又很有代表性的现象是，在课堂上，老师离你越近，通常你就会越紧张。很多人会觉得网络上的影响和现实中的影响会使与我们交流的对方呈现出不一样的性格特征，这正好可以用他人的逼近性来解释。在虚拟世界里，彼此相隔甚远，但是在现实生活中却恰恰相反，因此，带来的社会影响力也更加强大。以上三个要素并不是独立存在的，影响机制的发生是复杂而综合的，是难以量化的，所以，在研究社会影响理论对人的思想、态度、行为产生作用的过程中要从多方面进行考虑。但毫无疑问，社会影响会对人的态度、行为乃至长期的思想产生深远而重大的影响。

# 第三节  圈子意识

## 一、圈子概述

人的社会存在形式就是相互之间的关系，人与人之间的相互关系组成了一个个圈子。圈子从封建社会一直延续到现代社会，已经成为人们的交往和生存方式，并在各个不同的层面发挥了作用。中国是一个人际关系氛围比较浓厚的国家，研究中国情境下的圈子现象无论是对个体还是对企业组织都具有比较大的现实意义。

近年来，互联网技术的不断发展拓宽了圈子内涵的范围。在社交网络下，圈子对消费者的购买行为、模式等产生了较大的影响，学者们对圈子的研究有助于企业组织了解消费者，取得更好的营销效果。

　　考虑到西方国家社会属性与中国社会属性的差异，因此，本节仅结合中国本土的社会结构探讨中国的圈子现象，进一步挖掘其内在含义及影响作用。

　　"圈子"一词最早的含义是指具有相同利益或相同成分的群落聚集在某一片区域而形成的圈子。《说文解字》将"圈子"解释为"一伙人为了混口饭吃而蜷缩在一起"。《汉语大词典》对"圈子"的解释是"集体的范围或生活的范围"。圈子产生的经济基础是自然经济，产生的文化条件是田园意识，人们以谋利为目的结为圈子，圈子是人们为了最终能够获取个人利益而形成的关系网（王如鹏，2009）。从社会学意义上来说，圈子就是具有利益和相同成分的部落。20世纪初，费孝通（1998）在差序格局理论中形象生动地将中国社会关系圈子比喻为丢石头击水面时所产生的一圈圈波纹，这种以自己为中心的向外扩散呈现出圈层特征。圈子具有儒家伦理思想与道家阴阳之道，具有它本身的特殊之处。它不同于西方社会体系中所形成的"团体格局"，西方文化强调个体的独立性，他们因相同的宗教信仰、地域、阶级、身份、性别等形成社会团体（费孝通，1998），具有鲜明的界限。中国文化强调群体性，社会人际关系错综复杂，圈子是一个以自我为中心的强连带的社会关系网，没有清晰的界限，可大可小，富有弹性（罗家德，2012），同时。圈子也被认为是借助公共权力谋取私人利益的特殊集团（彭心安，2002）。当组织呈现出多圈子并存的现象时，如果没有过多的竞争与对立，圈子与圈子之间就会存在沟通的"桥"；当多圈对立且严重冲突时，圈子会演变为派系，"桥"也随之消失不见（罗家德等，2013；张田和罗家德，2015）。

　　"圈子"这一概念最早是由费孝通基于差序格局理论提出的，他形象生动地将圈子比作水面上一层层泛起的涟漪，认为中国传统的社会结构是一种以自我为中心、由近及远、由亲及疏的关系体系。在此基础上，许惠龙、梁钧平（2007）基于组织行为学的领导—部属交换理论，将圈子进一步划分为自己人圈子、熟人圈子和外人圈子三大类。每一类圈子都有圈内和圈外之分，且对圈外人具有一定的排他性。移动互联网的快速发展打破了传统圈子这种完全封闭的状态，消费者可以随时进入或退出不同的兴趣圈、朋友圈，并通过加强个体与所属群体间的联系，来增加现实生活中的社会认同（Zhao et al.，2008）。随着加入圈子数量的逐渐增多，个体不断扩大自己的社交网络圈子。从本质上来说，网络圈子就是对现实社交圈子的延伸，不仅仅局限于传统的圈子范围。有学者根据西方社会网络理论框架，结合中国本土特色社会结构，将网络圈子定义为社会成员基于不同的缘由，以社会关系的远近亲疏为衡量标准，通过互联网媒介平台聚集与互动，从而建立并维系的一个社会关系网络（朱天和张诚，2014）。

网络圈子，顾名思义，即在网络中因为某种原因联系在一起的人群，如共同的爱好、价值观、目的等。根据用户间关系的强弱，网络圈子可分为强关系型和弱关系型两种。由同学、同事、家人、邻居等现实中关系比较近的人组成的网络圈子，是高度信任的强关系型圈子。这个圈子内的朋友可以获得较多互惠，沟通互动更频繁。弱关系型则是相对于强关系型来说的，是指沟通互动较少、关系较松散，但信息更加流动的圈子。移动社会化网络与传统网络圈子的不同之处在于：传统网络中的在线沟通主要是与陌生人的沟通（Liang et al.，2014），而移动社会化网络圈子中的沟通则结合了强弱两种沟通方式。

## 二、圈子理论研究的多元视角

圈子是中国的一个本土化概念，作为研究中国社会的一个重要维度，国内早有学者从不同的学科领域对这一维度进行探索研究。从现有文献来看，国内外关于圈子的研究视角及内容具有明显的差异。国外关于圈子的研究大部分基于实证视角，主要关注个人心理状态以及人际关系的变化（Tracey and Rohlfing，2010；Li et al.，2017）；而国内关于圈子的研究大多停留在理论层面，仅有少数研究把圈子作为研究对象，且只是从社会学、传播学、公共管理学角度来研究现实生活中的圈子文化（罗家德等，2014；周南和曾宪聚，2012；徐钝，2014；梁钧平，1998）。近年来，国内学者已经开始关注行政组织与企业组织内的圈子现象。王如鹏（2009）提出，现代社会应当以新的理念、新的组织及行为方式对圈子进行改造，健康积极地引导人们加入各种社会团体。罗家德等（2014）对中国风险投资领域企业间的关系结构特征及其生成机制进行了梳理。还有学者实证检验了企业内部圈子结构对组织承诺的影响，研究发现，圈外人比组织内其他人的组织承诺更低（高翔等，2014）。

随着互联网的发展，圈子现象变得更加普遍。已有少数学者开始将圈子引入消费者行为领域进行探索。叶生洪等（2015）在探索品牌形象与成员群体形象的一致性及自我—品牌联结之间的关系中发现，消费者所处的社会圈子类型对两者的关系具有显著的调节作用。同时，在共同消费阶段，圈子成员之间会相互影响，并且有意识或无意识地影响他人的偏好，从而使圈子成员对某品牌或服务形成一致性偏好（张迪等，2015），品牌偏好一致性会受到社会关系类型的影响（Reingen and Kernan，1986）。

综合国内目前已有的研究发现，圈子相关研究还处于起步阶段，鲜有研究从移动社会化网络中的消费者角度去深入探讨与分析网络圈子这一特殊问题，且国内的研究大多数停留在理论层面，缺乏有力的实际证据。

本节从不同的研究视角对国内所有关于圈子的文献研究进行了整理分类，圈子相关理论的研究分析如下（见表2-1）：

（一）组织研究视角

组织内部的圈子是影响组织表现和组织行为的重要因素，尽管历经了现代化改革，但组织中的圈子现象仍层出不穷，并在不同层面对组织产生影响。张田、罗家德（2015）采用问卷调查的方法，系统地考察了整个圈子与圈子角色规范对组织公民行为的影响，研究结果发现，在一定的条件限制下，不同的圈子角色对员工的组织公民行为有积极的影响。罗家德等（2013）通过整合社会学田野调查、社会网络分析和案例研究的方法来分析组织中的圈子，他们对圈子的界定是在认知心理学的归类理论基础上，融合华人的关系取向以及差序格局特征演化而成的，其上下关系更多融合了工作关系、情感关系和身份关系。吕力（2015）指出，中国的关系网和圈子可以视为一种松散型泛家族式组织，按照圈子的关系网将关系划分为朋友关系、尊长关系、兄弟关系。松散型泛家族式组织中与身份地位相伴的权利义务随着关系亲疏的改变而随之调整。王吉鹏（2013）认为，圈子也存在于企业当中且具有等级之分，为企业未来发展寻求规划的被称为高层圈子；负责顺利开展各项具体业务的被称为中层圈子；执行各项基础业务的被称为低层圈子。裴孟东（2003）则着眼于探索单位圈子的影响，从而揭露其危害性。高翔等（2014）通过实证研究的方法检验了企业内部圈子对组织承诺的影响，并得出结论，圈外人比组织内其他成员的组织承诺低。

关于圈子的界定，即使只从组织研究的视角来分析，学者的观点也不一致，主要有两种倾向：一类认为，组织中的圈子既不属于正式组织，也不属于非正式组织，它是介于其两者之间的一种组织现象；还有一类则认为，圈子属于非正式组织的范畴。

梁钧平（1998）研究中国企业组织发现，在领导身边可能存在一个圈子，他认为，圈子是介于正式组织与非正式组织间的一种中性组织，它既依赖于正式组织的力量，也脱离不了非正式组织的力量。蔡宁伟（2008）从人力资源和组织视角，借助领导者—成员交换理论聚焦于组织内部圈子定义的研究，他也赞同圈子是介于正式组织和非正式组织之间的一种组织现象这一观点。

与上述观点不太一致，王维奎（2003）通过研究现代行政组织中的圈子现象发现，圈子是一种存在于行政组织内部，基于组织内部成员公共利益与目的，在交往过程中自发形成的一种组织，没有明确的规章制度，因此应该归于非正式组织中。在探索中国人的平衡耦合和脱耦问题时，罗家德（2012）从中国人关系的角度出发，认为工作场域中的圈子实际上就是一个边界没有封闭的、规模较小的行动集，行动集内部成员进行着强烈的情感交换和工具交换，它是一个以自我为中心的非正式团体。随着领导—部属交换关系的发展，交换质量的不断提高，许惠龙（2006）提出，交换内容已经不再是以往的经济交换，而是情感交换。根据组织行为学的领导—部属交换理论，可以把部属分为自己人圈子、熟人圈子和外人圈子这三类，三类圈子分别适用不同的交往法则。华人企业领导人对部属的归类偏向于客观的社会连带，也同样遵循差序格局，将部属与领导人关系的亲疏归类为家人、准家人和非家人的关系（郑伯埙，1995）。在此基础上，许惠龙、梁钧平（2007）按照郑伯埙对领导与部属的归类，进一步将同一圈子内的部属细分为三类：处于圈子核心区域的部属；处于圈子中间区域的部属；处于圈子边缘区域的部属。

（二）网络研究视角

随着互联网媒介的技术革新及社交网络的开发应用，圈子关系打破了时间、空间的阻碍，线下圈子转移到线上已经不是不可能了。截至2016年6月，我国网民规模达到7.10亿，上半年共计新增网民2132万，半年增长率为3.1%，较2015年下半年增长率有所提升。互联网普及率为51.7%，较2015年底提升1.3个百分点。我国手机网民规模达6.56亿，较2015年底增加3656万。网民中使用手机上网的比例由2015年底的90.1%提升至92.5%，手机在上网设备中占据主导地位。同时，仅通过手机上网的网民达到1.73亿，占整体网民规模的24.4%（CNNIC，2016）。

从互联网观点出发，赵立兵、杨宝珠（2013）运用差序格局理论对圈子与传播之间的关系进行解读，在传播的视角下研究圈子现象，他们认为，圈子存在的基础及其意义就是为了传播，圈子在某种程度上也是一种传播介质，失去了传播功能，圈子也便失去了它的价值。孟伟（2012）研究了新媒体化的"广播圈子"，这些圈子以新媒体技术为依托，通过建立熟人之间的信任，以共同的爱好或共同的需求建立起来。在"互联网+"的思维下，闫薇（2015）认为，由于技术手段的高超，用户上网的痕迹被互联网追踪并记忆，在这样反复的条件下，用户将被互联网划入由与其某些方面类似的人所组成的圈子中去，这是一种被迫、被动进入圈子的方式。刘阳（2015）在圈子这一核心概念的基础上侧重研究其私人信息传播的特性，他指出，私人信息的相对不可见是针对圈外人而言的，对圈内人来说可以共享彼此相互的隐私。朱天、张诚（2014）通过引入分析西方有关圈子社会网络的理论框架，结合中国本土特色社会结构，将互联网圈子定义为社会成员基于不同的缘由，以社会关系的远近亲疏为衡量标准，通过互联网媒介平台聚集与互动，所建立并维系的一个社会关系网络。

2009年，微博作为第一个全开放式的社交软件问世，为了在激烈的竞争中争夺一席之地，腾讯公司紧跟其后，于2011年开发了微信社交软件。社交软件的出现随即便吸引了众多人的眼球。学者们前赴后继对微博、微信的相关领域进行研究。张佰明（2010）站在微博视角，主要探索了微博圈子的形成，他发现，每一个微博用户都会形成一个基于信息以自我为中心的社会网络，并直接或间接与该网络圈子的用户进行互动。换句话说，微博平台的每一个用户既可以主动也可以被动嵌入某一社会网络圈子，并随着加入圈子的逐渐增多而不断扩大自己的社会网络圈子。熊茵、赵振宇（2016）和赵战花、李永凤（2014）则是从微信的角度研究圈子的相关问题。熊茵、赵振宇（2016）偏向于圈子格局下的微信舆情的传播特征及风险探析，研究结果发现，微信独有的圈子结构特征（与微博全开放式的社交网状关系圈子相比，微信具有半闭合的社交圈子特色）可自组织调和圈内舆情，缓解圈子舆情压力，但可能存在风险。赵战花、李永凤（2014）在诸多学者认为微信将成为网络营销的利器时提出了不同的观点，他们从微信的本质、圈子中的熟人关系网络及圈子规则方面，深度揭示了圈子、微信圈子的本质。就其自身而言，微信圈子其实就是将现实生活中的人际关系网复制过来，在短时间内就可以形成一个以自己为核心的较稳定的社交圈子。微信熟人圈的建立其实质就是现实熟人关系的移植，当然，因共同爱好、价值观等趋同也会形成相应的圈子，但是通过对微信使用者的调查发现，用户在网络上频繁交往的核心人群依然是与自己最亲近的家人、朋友。这种强关系仍在微信圈占主导地位，因此，不论是线上线下，网络最基本的关系依旧是现实生活中的亲人、朋友。与上述两位学者的观点一致，钱元、马庆玲（2015）基于对校园社交媒体的思考，提出校园社交网络的实质就是现实社交圈子的延伸。

从社会网观点出发，最早认识到圈子这一现象的就是费孝通。他提出的差序格局理论首次解释了圈子的内涵，同时也指明圈子有内外之分，中国人在家庭之内是一个集体主义的社会圈子。李智超、罗家德（2012）在社会网理论构架下提出，个人在差序格局人脉网中总是把自己当作中心，使得能人现象总在圈子出现。换言之，圈子通过一个能人动员其熟人关系，然后这些熟人再动员他们的熟人，从而使圈子逐步扩大。

（三）行业研究视角

有人的地方就有圈子，各行各业都是如此，但不同行业所形成的圈子千差万别。

雷世文（2012）在考察完中国文艺副刊与文人圈子的构成关系后表明，在每一种文艺副刊的周围，都存在着一个特定的作家群，也可以说是文人圈子。影响报纸文艺副刊文人圈子的因素主要有文艺副刊的特约用稿规则、副刊分布地域、副刊趣味及副刊编辑的人事关系。罗家德等（2013）在认真梳理了中国社会的特殊结构后，将中国风险投资产业的关系网络划分为两类圈子：第一类圈子以数个巨头为核心，它们周围跟随一群风投者，主要负责一些受政策影响的项目；第二类圈子主要以民间的企业为风投对象，特别是一些高科技企业，还有一些外资知名投资机构，两类圈子之间互有交集。当政策波动导致风险投资面临的不确定性增加时，风险投资者利用关系网络抱团形成的圈子和具有官方背景的机构合作，以降低不确定性。

（四）消费研究视角

现有研究已表明，圈子化将成为未来营销的一种趋势，在具有特殊元素的中国本土，在日常生活中，结伴消费的现象屡见不鲜。为了更好地探索中国人的消费行为及模式，更加深入地了解圈子文化，张迪等（2015）以消费圈子为研究对象，从范围、关系的结合体、行动集三个层面提出，营销领域的消费圈子是由某种相似的、关系较密切的、发生了消费行为活动的人群构成的。他们把消费过程划分为四个阶段：准备阶段、决策阶段、共同消费阶段和评价阶段。在消费过程中，圈子成员为维系和加强与圈子内部其他成员的社会关系，会实施一定的消费行为，从而获得稳定的情感资源和工具资源。国内有关圈子理论研究的文献分类概括如表 2-1 所示。

移动社会化网络中消费者圈子意识与信息搜寻行为研究

表 2-1 关于国内圈子理论研究的概括

| 角度 | 论文题目 | 作者 | 研究关注点 |
|---|---|---|---|
| 组织视角 | 组织中的圈子分析——组织内部关系结构比较研究 | 罗家德等（2013） | 组织内部关系结构 |
| | 企业内部圈子对组织承诺的影响 | 高翔等（2014） | 企业内部圈子与组织承诺的关系 |
| | 圈子中的组织公民行为 | 张田、罗家德（2015） | 圈子中的组织公民行为 |
| | 泛家族式组织的身份行为和身份结构 | 吕力（2015） | 泛家族式组织 |
| | 透视现代行政组织中的圈子现象 | 王维奎（2003） | 政府部门中的圈子 |
| | 跳出地勘单位圈子谋发展 | 裴孟东（2003） | 单位圈子 |
| | 公司政治与企业生态 | 王吉鹏（2013） | 公司政治 |
| | 关系与圈子——中国人工作场域中的圈子现象 | 罗家德（2012） | 工作场域下的领导与员工关系 |
| | 探析组织内的圈子现象 | 许惠龙、梁钧平（2007） | 工作场域下的领导与员工关系 |
| | "圈子"研究——一个聚焦正式组织内部的文献综述和案例分析 | 蔡宁伟（2008） | 工作场域下的领导与员工关系 |
| 网络视角 | 生成的空间——论互联网私人信息的传播系统 | 刘阳（2015） | 互联网信息 |
| | "互联网+"思维下的传媒机制分工 | 闫薇（2015） | 互联网下的新媒体 |
| | 传播学视域下的"圈子"——基于"差序格局"理论的思考 | 赵立兵、杨宝珠（2013） | 网络信息技术下的圈子 |
| | 新媒体语境下广播传受互动理念的建构 | 孟伟（2012） | 广播平台 |
| | 概念、形态、影响：当下中国互联网媒介平台上的圈子传播现象解析 | 朱天、张诚（2014） | 互联网平台 |
| | 嵌套性：网络微博发展的根本逻辑 | 张佰明（2010） | 社交媒体——微博 |
| | 微信舆情的传播特征及风险探析 | 熊茵、赵振宇（2016） | 社交媒体——微信 |
| | 透过社会网观点看本土管理理论 | 李智超、罗家（2011） | 社会网络下的中国本土管理 |
| | 中国人的社会行为与关系网络特质——一个社会网的观点 | 李智超、罗家（2012） | 社会网络 |
| | 利器还是钝器：圈子视域下的微信营销 | 赵战花、李永凤（2014） | 社交媒体——微信 |
| | 圈子与话题的"聚变"效能——校园社交媒体融入学风建设的思考 | 钱元、马庆玲（2015） | 社交媒体 |

续表

| 角度 | 论文题目 | 作者 | 研究关注点 |
|---|---|---|---|
| 行业视角 | 中国风险投资产业的圈子现象 | 罗家德等（2014） | 中国风险投资产业 |
| | 中国现代报纸副刊的文人圈子 | 雷世文（2012） | 传统媒体行业 |
| 消费视角 | 圈子消费过程探析 | 张迪等（2015） | 圈子的消费活动 |

### 三、圈子的特征

通过学者们对圈子特征的研究，本节把圈子特征归纳为以下几点：

圈子的同质性。俗话说："物以类聚，人以群分。"圈子就是指个体在某方面具有相同的特性，如爱好、价值观、职业、利益、目的等。

圈子的自发性。每个人一出生就处于一个特定的家族圈子中，即使是后天形成的圈子，也是基于某个公共的目的，在社会活动中约定俗成或自发形成的一种非正式组织。

圈子的动态性。由于圈子的形成是自发的，且没有很严密的组织机构，圈子外的成员可以加入圈子成为圈内人，圈子内部成员也可以退出圈子成为圈外人。因此，圈子富有较大的弹性，不具备较强的稳定性。

圈子的多样性。圈子通常具有某一特定的性质和功能，人们因不同的需求而加入不同的圈子。比如，商场是以经济利益为基础形成的圈子；老乡会是由相同区域的人员形成的圈子等。

圈子的封闭性。圈子是一个以自我为中心，基于个体的不同目的而形成的带有差异格局特征的半封闭式的关系网。圈子有圈内圈外之分，圈内人对圈外人具有一定的排他性，大多数的圈子有着自己的一些不成文的"圈规"。圈内人必须遵循圈内的法则，圈外人则不受圈内法则的约束。只要你想进入这个圈子，就必须服从圈内相关规则。

### 四、圈子的影响作用

目前，学者对圈子影响作用的观点呈现出两种趋势：一是圈子导致社会出现很多弊端，无论是对社会还是对个人来说危害性都很大；二是圈子虽有其危害性，但是只要合理利用，还是有益于个体发展的。

从国内有关文献来看，大多数学者都偏向于圈子具有较大危害性这一观点。无论是在个人层面还是上升到国家层面，圈子的影响作用机制都是一样的，只是程度上会有所区别。因此，本节以王维奎（2003）对圈子危害性的研究为代表，他主要从宏观层面对圈子的危害性进行了分析，他认为，圈子的存在百害而无一利，在干部选拔中容易造成"近亲繁殖"的恶性循环现象；圈子的形成容易滋生集体贪污腐败，导致官官相护的恶风盛行；为维护个人圈子利益，影响国家政策决策与执行，阻碍行政改革的顺利进行。袁许娜（2010）认为，个人的发展离不开圈子，一个人的成功很大程度上取决于你所在圈子的能力及规模，人们应该合理利用圈子，促进自身的发展。从"合理"这一词显然可以看出，圈子对于人类的发展利弊均有，关键在于如何把握。

综上所述，大多数学者提出的观点都是在差序格局理论基础上发展的，因此，本节把圈子定义为以自我为中心，基于个体的不同目的而形成的带有差异格局特征的社会关系圈子，是一种自我认同的心理感知。

目前，国内学者对圈子领域的内容展开广泛研究，相关话题在社会学、心理学、管理学、传播学、经济学等各个不同的学科领域也已兴起，但从总体上来看，国内关于圈子的研究仍然偏少，尤其是涉及消费圈子的研究。另外，众多学者关于圈子的研究大多停留在其概念表层，未对圈子形成的机制进行深入探究，而且少有文献对圈子相关的现象进行实证分析，大量文献资料仅从理论层面进行说明，缺乏可靠的结论和有力的实际证据。因此，本节认为，在当前研究的基础上，未来的研究方向可以考虑从以下几方面继续深入：第一，对消费圈子与消费者行为之间的关系进行探究，由表及里，深入思考消费圈子是如何通过发挥其作用机制影响消费者行为的，第二，学者对圈子的界定各执一词，明确统一其基本概念并建构相应的理论显得尤为迫切。

## 第四节　社会化信息搜寻行为研究

社会化媒体的广泛应用使社会化信息搜寻行为逐渐成为人们满足信息需求的主要搜寻方式之一，这种"人人交互"式的信息搜寻模式正在深刻影响着人们的生活方式。关于信息搜寻行为的研究迄今已有百年历史，对信息搜寻行为的研究最早可以追溯到 1916 年 Ayres 和 McKinnie 对图书文献信息搜寻与使用的研究（Wilson，2002）。1948 年举行的英国皇家社会科学情报会议让人们理解了自身如何利用信息来处理他们的工作，特别是如何利用科学和技术使用信息，这标志着人类现代信息搜寻行为研究的开始。但是，信息搜寻行为的研究总是随着搜寻环境的发展变化而发展变化。互联网技术的不断进步，Web2.0 时代的到来，社会化媒体以及虚拟社区的广泛应用，使得用户生成内容快速增长，各种网络社区平台如雨后春笋般迅猛发展，人们通过在这些网络平台上不断生成、发布、共享内容，使信息在用户与用户之间高效自由流动，一种新的信息搜寻模式——社会化信息搜寻应运而生。社会化信息搜寻是一种"人人交互"的信息搜寻模式，人们利用自身的社会网络资源来获取所需的信息。这种带有娱乐性与社会性的信息搜寻方式从一开始就获得了人们的青睐，大量用户在社会化网络平台上进行信息搜寻，引起了众多学者的关注。从现有的关于社会化信息搜寻的研究来看，相关研究主要有两大类：一类是以计算机科学为主的，聚焦于社会化信息搜寻技术层面的研究，如对社会化搜索引擎与社会化搜索算法的研究；另一类是以信息管理为主的，聚焦于社会化信息搜寻行为层面的研究，旨在探究用户社会化信息搜寻行为的特征规律。社会化信息搜寻理论是在传统的信息搜寻理论基础上发展而来的，势必会对原有的信息搜寻理论有所继承，有所发展。针对这一新的信息搜寻模式，学者们的研究并没有传统"人机交互"式的网络信息搜寻模式那样系统、全面，诸多问题亟须解决。基于此，本节聚焦于社会化信息搜寻的行为层面，对现有行为层面的社会化信息搜寻行为文献进行学习梳理，首先对社会化信息搜寻的内涵以及社会化信息搜寻平台进行归纳，其次对用户社会化信息搜寻的模式、动机、过程以及影响因素进行系统述评，最后对未来社会化信息搜寻的研究热点进行展望，以期为未来社会化信息搜寻研究提供借鉴与参考。

## 一、社会化信息搜寻和社会化信息搜寻平台

信息搜寻行为是指用户产生对某种信息需要的认知，为了达到目标需求而进行的有目的的获取信息的过程（Wilson，2002）。黄黎光（1990）认为，信息搜寻行为指个体为了达到某些目的而主动在周围环境中搜寻各种信息以满足所需信息要求的行为。Krikelas（1983）则认为，信息搜寻行为包括个体想确认某一信息以满足其感受到的需要时所从事的任何活动。在消费者行为学领域，Engel 等（1995）提出，信息搜寻即当信息无法满足消费者自身需求时，消费者主动激活

存储在记忆中的知识或者在周围的环境中去获取信息的过程。Solomon（2014）指出，信息搜寻（Information Search）是消费者在社会环境中进行调查，获取适当数据，以制定合理决策的过程。根据消费者信息搜寻的来源，可以将信息搜寻行为分为：内部搜寻（即消费者从记忆中提取所需信息的过程）与外部搜寻（即消费者从周围环境获取所需信息的过程）（Blackwell et al.，1986）。其中，消费者外部信息搜寻是学者们主要研究的重点，这可能是因为随着年青一代成为消费主力，他们的消费意识变得更加理性，意识到面对商品纷杂的市场，仅靠记忆中的信息容量是难以满足自身信息需求的。为了降低购买决策的不确定性及风险，消费者购买决策的制定在很大程度上取决于外部环境搜寻的产品或服务信息，由此可见，消费者外部信息搜寻行为直接影响了其购买决策的制定。在以往的研究中，外部信息搜寻行为主要通过信息搜寻努力程度加以衡量，即消费者从外部环境中获取信息时所付出的努力、关注、理解与所投入心力的程度，可以用来直接反映信息搜寻行为（Beatty and Smith，1987；Schmidt and Spreng，1996；李东进，2000）。学者普遍认为，信息搜寻是消费者做出购买决策前的重要环节（Moorthy et al.，1997；Guo，2001），对消费者购买决策起着至关重要的作用。

社会化信息搜寻（Social Search）的概念最早由 Freyne 和 Smyth（2004）在 *"An Experiment in Social Search"* 一文中提出，他们注意到拥有共同兴趣爱好的网络社区成员可以轻松高效地利用搜索引擎从其他社区成员分享的内容中获取所需信息，并将这种信息搜寻方式定义为社会化信息搜寻。它会根据具有相似性用户的搜索行为，将来自网络和拥有个性化想法的用户聚集在一起，尝试为该群体提供更有针对性的搜索服务。随后，许多学者相继对社会化信息搜寻展开了研究，并对社会化信息搜寻进行了定义，但迄今为止，学者们对社会化信息搜寻的定义还未统一。本节对社会化信息搜寻的定义进行了归纳，具体如表2-2所示。虽然学者的定义不同，但仍可以看出社会化信息搜寻的本质：利用在线社会资源获取信息。在线社会资源是指用户的在线社会关系网络及其在网络社区平台上生成的内容，这里的社会关系网络定义是宽松的，它既包括网络中的朋友、熟人，也包括陌生的网友（Evans and Chi，2010；Morris et al.，2010）。

表 2-2　不同学者对社会化信息搜寻的定义

| 定义 | 来源 |
|---|---|
| 社会化信息搜寻是一种网络搜索的方法，它会根据拥有相似性的用户的搜索行为，将来自网络和拥有个性化想法的用户聚集在一起，尝试为该群体提供更有针对性的搜索服务 | Freyne 和 Smyth（2004） |
| 任何包含可以促进信息搜寻和意义构建的社会化交互与合作的信息搜寻都可以被称为社会化信息搜寻 | Evans 和 Chi（2010） |
| 社会化信息搜寻是在社会资源的帮助下在线搜寻信息的过程 | Morris 等（2010） |
| 社会化信息搜寻是利用社会化媒体来寻找信息 | McDonnell 和 Shiri（2011） |
| 在信息搜寻系统中，在一定程度上依赖于用户的网络社会资源而使效率得到提升的信息搜寻过程 | Burghardt 等（2012） |
| 社会化搜索是指在 Web2.0 环境中用户彼此之间的相互联系与沟通，通过社会化交互与协作对搜索过程进行主动控制，最终获得所需知识或信息的一种在线社会网络搜索方式 | 孙晓宁等（2014） |
| 个体为满足信息需求而利用在线社交技术与网络社会资源进行交互的信息搜寻过程 | Jeon 等（2016） |

　　社会化信息搜寻与社会化信息搜寻平台密不可分，社会化信息搜寻是建立在社会化信息搜寻平台基础上的（Croft et al.，2010），没有这些平台的技术支持，用户就无法生成、发布、共享内容，社会化信息搜寻也就无从谈起。相关文献中经常出现"虚拟社区"（Virtual Community）、"社会化媒体"（Social Media）、"移动社交网络"（SNS）等概念，本节将这些能够进行社会化信息搜寻的网络平台统一概括为社会化信息搜寻平台。Web2.0 时代的到来，使用户可以在这些网络平台上生成、发布、共享内容，这些平台成了知识和信息的宝库，而且Web2.0 技术让同一平台上的用户得以建立联系，用户可以向另一用户直接提问，以咨询其所需信息。不同的社会化信息搜寻平台有其不同的功能与特征，这些在很大程度上决定了用户的信息搜寻形式、特点。Chi（2008）将社会化信息搜寻平台划分为社会化问答平台与社会化反馈平台。国内学者孙晓宁等（2014）根据这些平台的使用功能特征，将社会化信息搜寻平台划分为四类：社会化媒体平台（微博、微信、Facebook、Twitter 等）、社会化问答系统（知乎、百度知道等）、社会化标注系统（豆瓣、Delicious 等）、社会化搜索引擎（Social Searcher 等）。

## 二、社会化信息搜寻的模式

社会化信息搜寻模式是对用户搜寻特征与规律的本质概括。通过对现有文献的学习梳理，根据用户使用的在线社会资源类型，可将社会化信息搜寻模式划分为两类，一类是用户直接在社会化信息搜寻平台上搜索其他用户分享过的内容或回答过且被系统保存下来的答案，这时，社会化信息搜寻平台像信息库一样充当着信息搜寻系统的功能；另一类是用户直接与平台上的其他用户进行交流互动，以获取自身所需信息，社会化信息搜寻平台充当着"人人交互"的纽带，使平台中的用户得以联系在一起，这是社会化信息搜寻与传统"人机交互"式的信息搜寻最大的区别，也最能体现社会化信息搜寻的社会性本质（Evans and Chi，2010）。Evans 和 Chi（2010）进一步识别了三种最主要的社会化信息搜寻模式，第一种是针对性搜寻，即在网络社区中向特定的朋友或同事一对一寻求所需信息；第二种是网络寻求，即在网络社区（如社交网站、问答社区）发布问题，以寻求所需信息；第三种是搜索，即直接在网络社区中搜寻他人已经生成的内容，从而获取所需信息。根据用户对信息的要求，Jeon 和 Rieh（2016）将用户在社会化问答社区中的信息搜寻模式划分为数量导向型模式与质量导向型模式，用户会根据自己的搜寻目标在这两种模式中切换。就某个社会化信息搜寻平台而言，由于社会化信息搜寻平台的功能特性和用户信息需求不同，且有其独特的搜寻模式，Efron（2011）认为，用户在微博中获取信息的方式主要是向粉丝询问或在已有的微博数据中进行搜索。盛宇（2012）将用户在微博上的学术信息搜寻模式划分为浏览、查找和求助三种。Burghardt 等（2012）认为，社会化标签系统主要存在标签内查询、标签云浏览以及偶遇三种模式。姜婷婷等（2013）将社会化标签系统中的信息搜寻模式划分为搜索、标签代理浏览、偶遇和追踪，其中，标签代理浏览模式是主流模式。袁红、王丽君（2015）将用户社会化媒体环境下的旅游信息搜寻模式划为策略选择型搜寻模式和快速扫描型搜寻模式。加强对社会化信息搜寻模式的归纳探究有助于我们更好地理解社会化信息搜寻的特征、规律。随着互联网技术的进一步发展，不同社会化信息搜寻平台的搜寻模式势必会发展改进，新的社会化信息搜寻模式有待进一步归纳。

## 三、社会化信息搜寻的动机

用户之所以选择在社会化信息搜寻平台上进行信息搜寻，本质上是因为在社会化信息搜寻平台上进行信息搜寻能够更好地满足其需求。人们进行社会化信息搜寻的动机多种多样，根据相关研究文献，可以将用户进行社会化信息搜寻的动机归为以下两类：

第一，问题解决、意义构建动机。问题解决是信息搜寻最主要的动机之一，人们在问题情境中需要通过搜寻信息来解决问题（Derwin，1998）。在 Web2.0 环境下，通过社会化信息搜寻平台，用户可以轻易地与其他用户交流互动，获取有用信息。游客从社会化信息搜寻平台上搜寻旅游路线以及景点信息（Xiang and Gretzel，2010；Chung and Koo，2015）；消费者在社会化信息搜寻平台上搜寻产品与品牌信息以做出更好的消费决策（黄敏学等，2017；Erkan and Evans，2016）；学术人员在社会化信息搜寻平台上搜寻信息以进行学术交流（Kim and Sin，2016）；IT 人员在社会化信息搜寻平台上搜寻问题解决方案（Li 等，2014），社会化信息搜寻平台能够为各类人群解决问题、提高自我，提供丰富的信息、知识（邓胜利等，2017）。

第二，享受乐趣、自我娱乐动机。享乐是用户登录社交网络、虚拟社区等社会化信息搜寻平台的主要动机之一（Lin and Lu，2011）。信息搜寻被认为是用户社区参与行为的重要维度（Park et al.，2014），信息体验是用户社区体验的重要组成部分（Nambisan and Watt，2011）。用户在社会化信息搜寻平台搜寻信息并不总是为了解决问题，有时只是单纯的享乐。已有研究发现，社交网络信息的娱乐性因素能够促进用户的社交网络信息搜寻行为（金虹和 Park，2016），社会化信息搜寻比传统网页搜寻更具有娱乐性（Wise et al.，2010）。Raza（2011）也发现，乐趣性与好奇性是驱动用户进行社会化信息搜寻的重要因素。

从现有文献的梳理情况来看，问题解决与享乐是用户进行社会化信息搜寻最主要的动机，但用户进行社会化信息搜寻更深层的动机仍有待挖掘。社会化信息搜寻与传统信息搜寻最主要的区别就在于其社会性，用户在利用其在线社会资源进行信息搜寻的同时实际上也在与其互动，这种互动对用户提升社群地位、获取在线社会资源具有重要作用。已有研究发现，关系维持是用户参与社会性网络服务的重要影响因素（殷国鹏和崔金红，2013），人们会通过社会化信息搜寻来维持与他人的联系；也有研究发现，社会资本能够提升虚拟社区用户信息搜寻动机（周涛和鲁耀斌，2008），用户进行社会化信息搜寻的深层次的社会性动机有待进一步探究。

## 四、社会化信息搜寻的过程

信息搜寻过程是一个动态持续的过程，这当中包含着许多复杂的认知、心理、情感变化（Kuhlthau，1991；Wilson，1999），作为信息搜寻行为在 Web2.0 环境下的特殊模式，社会化信息搜寻也不例外。

Choo（1999）提出了信息搜寻行为的三阶段模型，并将信息搜寻行为划分为信息需求、信息搜寻与信息利用三个阶段。

### （一）信息需求阶段

需求阶段是信息搜寻的第一阶段。信息需求是用户搜寻信息的最直接动力。Belkin（1978）认为，信息需求在最初是一种模糊状态，用户并不能十分明确地解释具体的信息需求，仅仅能意识到自己的需求，随着信息行为的发生，用户能够逐渐明确并表达出自己的信息需求，从而将信息需求转换为信息系统来满足需求。胡昌平、张晓唯（2008）认为，信息需求是指用户对信息内容所持有的心理期待，它能够推动用户展开信息活动，是用户不断发生信息行为的动机来源。移动社交网络用户的信息需求主要有新闻资讯、消遣娱乐、社交沟通、消费交易、情感等信息需求。

用户的信息需求会随着用户对所需信息的认知的不断加深，从模糊逐渐向清晰转变，用户的信息需求具有动态性、多重性、非线性、嵌套性、多线程性的特征，信息需求的测度无疑是信息搜寻行为中十分重要且有意义的课题。目前，比较典型的方法包括基于信息线索的网络用户操作预测方法和基于信息线索的用户信息需求推断方法。在 Web2.0 环境下，用户与信息渠道之间的交互作用不仅可以挖掘用户信息需求，而且还能够使用户的信息需求快速实现清晰化和系统化，从而明确地表达出来，为用户的信息搜寻指明方向。信息搜寻行为模型中的 Krikelas 模型突出了信息需求这一阶段（Krikelas，1983）。该模型描述的是一种通用的日常生活的信息行为，信息收集和信息产生两种途径都会刺激用户产生信息需求。信息需求可以分为即时性信息需求和延时性信息需求。其中，即时性信息需求会促使信息产生，或者根据资源偏好产生不同的行为。在社会化网络中，该模型的内涵和外延都得到了一定程度的补充。

在用户信息搜寻行为的需求阶段，数据挖掘技术正在起着导向作用。以用户信息需求为中心的挖掘技术包含三个内容：用户研究、需求信息、数据化的需求管理。用户需求的挖掘技术有点击流数据（直接访问数量、访客地理位置、点击流跟踪）、结果型数据（访客、页面浏览、时间、关键行为、转化率）、研究性数据（用户研究、用户体验测试、用户属性、用户期望分析）和竞争性数据（"面"数据测量、网络服务数据测量、搜索引擎测量）。数据挖掘工具和方法的综合利用，可以深入了解社会化网络中用户的信息需求，在为用户决策提供支持的同时使企业获利。

（二）信息搜寻阶段

信息搜寻是消费者网上决策过程中一个非常重要的阶段。已有学者证实，挖掘移动社会化网络中的信息搜寻数据可以预测销量（Kulkarni et al.，2009；Pam et al.，2012）。有学者研究发现，挖掘的网络搜寻数据可以作为消费者信心的量化指标（Lachowska，2013），还可利用网络搜寻数据构建消费意向指数（Penna and Haifang，2009）。Bergman 和 Yanai（2018）比较了 57 名用户的检索，结果表明，用户使用搜索工具发送的电子邮件数量是文件的 7 倍，说明供应商在改进电子邮件搜索引擎方面应投入更多精力，寻求更多可能。有学者研究通过日志数据来识别用户在电视环境中的信息搜寻行为。Amela 和 Jan 在定性数据中确定了目标导向搜索、目标导向的元数据搜索、目标导向的元数据和视频搜索以及用户的探索这四种主要行为。同时，他们还将日志事件文件、反馈和自我报告数据进行比较，通过数据来描述用户的信息搜寻行为。在信息搜寻阶段，品牌可以带给供应商三个好处：降低搜寻成本，建立信心和保证沟通质量（Gallaugher，1999）。

（三）信息利用阶段

信息利用的本质是搜寻者使用自身搜寻到的或者通过信息交流共享的信息来解决问题的过程，它是检验信息效用性和可信性的关键实践行为。学者研究指出，高信誉度同伴推荐的信息会对消费者形成极高的信息采纳与利用价值（Smith et al.，2005）。Taylor 研究发现，找出不同群体信息搜寻和信息利用行为的差异性和相似性是理解用户信息利用的关键（Taylor and Wolburg，1998）。供应商应利用先进的数据库技术收集客户信息，并利用该信息与客户建立关系（Wong and Hsu，2008）。

Wilson 模型重点强调信息的反馈及利用。该模型指出，如果消费者对搜寻结果的评价较高，那么就会实施采纳行为（Wilson，1999）。搜寻者若在使用中对搜寻到的信息不满意，往往会重复搜寻过程。另外，移动社会化网络的分享性使消费者在接收获取到的信息后，还能够按照自己的信息组织及处理方式对信息进行再加工，并实时快速分享。这种社会化分享促进了消费者信息搜寻的有效性，加快了消费者从信息搜寻到比较再到利用决策的一系列行动进程。用户完成信息搜寻后，可对用户的反馈信息及使用信息进行再挖掘，利用数据挖掘技术来分析用户的初次信息搜寻行为，为企业制定市场决策提供支持。

移动社会化网络的分享性为学者们对社会化信息搜寻行为的过程进行划分奠定了基础。Evans 和 Chi（2010）首次提出完整的社会化信息搜寻过程模型，在该模型中，他们将社会化信息搜寻行为划分为搜寻前、搜寻中、搜寻后三个阶段。其中，搜寻前是社会化信息搜寻的准备阶段，在这一阶段，用户主要是确定搜寻目标，从其他用户那里获得搜寻建议以制订搜寻计划；搜寻中是社会化信息搜寻的主体阶段，在这一阶段，用户将社会化信息搜寻平台作为一个检索系统进行传统信息搜寻活动；在搜寻后阶段，用户主要是对搜寻到的信息进行处理，包括自己使用，反馈给其他感兴趣的用户或向公众传播。该模型很好地考虑到了社会化信息搜寻的完整过程，强调了社会化信息搜寻的社会互动发生在搜寻前与搜寻后阶段，忽视了搜寻中阶段的社会互动，在搜寻中阶段，用户不仅可以从他人分享的内容中获取信息，还能与其他用户直接交流互动以获取信息。

杨建林、王丽雅（2017）在 Evans 模型和 Chi 模型的基础上，将社会化信息搜寻过程划分为搜寻前、搜寻中与搜寻后三个阶段，各个阶段用户的活动与 Evans 模型和 Chi 的模型相似，但在搜寻中阶段，他们考虑到了用户情感与认知结构的变化。孙晓宁等（2018）以活动理论为基础，创新性地提出社会化信息搜寻过程包括认知过程与任务执行过程。其中，认知过程又包括内化与外化两个阶段，内化是指用户以社会化信息搜寻平台为媒介促使社会化信息搜寻的产生，外化是指社会化搜寻回答者通过中介将用户所需信息传递给用户，并改变用户的认知结构，内化与外化过程不断迭代，直至搜寻结束。任务执行过程包括搜寻前、搜寻中以及搜寻后三个阶段，可进一步细化为（任务的）识别、考虑（如何来解决任务）、选择（任务搜索的平台或工具）、提问、获取（答案）、判断（是否解决了搜索任务）以及确认（答案结果）等过程。

社会化信息搜寻过程是一个动态、交互的过程，从上述学者对社会化信息搜寻过程的剖析来看，社会化信息搜寻过程被划分为了搜寻前、搜寻中及搜寻后三个阶段，这种划分能看到 Choo（1999）三阶段（信息需求、信息搜寻、信息使用）模型的影子，通过对这三个阶段进行细致的剖析，能提炼出具体的搜寻细节。但现有的关于社会化信息搜寻过程的探讨都是建立在用户问题解决动机基础上的，如前文所述，用户进行社会化信息搜寻还可能存在享乐动机以及更深层次的社会性动机，那么不同动机驱动的社会化信息搜寻过程与任务驱动的社会化信息搜寻过程有哪些差异呢？因此，关于不同动机驱动下的社会化信息搜寻过程及搜寻模型的研究有待进一步深人。

## 五、社会化信息搜寻行为的影响因素

通过对信息搜寻行为相关文献的梳理发现，消费者信息搜寻行为与其影响因素之间相互关系的探索一直以来受到学术界的广泛关注，对于消费者信息搜寻行为影响因素的研究，不同的学者有不同的观点。有的学者认为，消费者信息搜寻的影响因素主要可以分为市场环境、情景因素、潜在利益、知识经验、个人差异五大类（Beatty and Smith，1987）。也有学者通过总结前人的研究将外部信息搜寻影响因素划分为四大类：市场特性、产品特性、情景特性和消费者特性（Hawkins et al.，1995）。1996 年，Schmidt 和 Spreng（1996）首次将知觉能力、知觉动机、知觉成本和知觉收益这四个影响因素作为中介变量引入信息搜寻模型进行拓展研究，较为全面地解释了消费者信息搜寻影响机制。孙曙迎（2009）综合各个学者的观点把信息搜寻影响因素归纳为两大方面：与消费者自身有关的因素和来自消费者以外的外部环境因素。

对于各个影响因素的研究并不仅仅停留在理论表面，不少学者对其进行了实证分析，并取得了一系列研究成果。例如，Punj 和 Staelin（1983）在对新汽车购买者的信息搜寻行为进行研究的过程中发现，搜寻信息期望及备选方案数量会对信息搜寻的努力程度产生正向影响，而记忆信息及外部搜寻成本则会对信息搜寻产生负向影响。Sundaram 和 Taylor（1998）在家中购物的研究中发现，信息来源的认知程度、教育程度、感知的风险或利益水平、卷入程度、外部信息本身的重要性与外部信息搜寻努力程度存在正相关性，而年龄、收入、购买经验、产品知识、时间压力与外部信息搜寻努力程度则存在负相关性。国内学者李东进（2001）在探索我国消费者信息搜寻行为的过程中发现，消费者搜寻信息的努力程度与消费者的产品知识之间并不存在任何关系，与搜寻态度、感知的风险或利益水平、卷入程度之间呈正相关，与时间压力之间呈负相关。

Web2.0 时代的到来，使人们得以在互联网上生成、分享知识与信息，这为人们的信息搜寻开辟了一条新的路径，但这种新的搜寻模式与传统"人机交互"式的网络信息搜寻模式有着巨大差异。Pterson 和 Merino（2003）指出，网络本身的特征会对消费者信息搜寻行为产生较大的影响，如网络信息获取的便利性和信息资源的丰富性（Alba et al.，1997）、网站设计的变化性（Hoque and Lohse，1999）均会引起消费者信息搜寻成本的变化。对于网络涉入较深的消费者来说，他们可以利用移动互联网的各种超级链接搜寻产品的详细信息，以降低购买决策中存在的不确定性和风险性（Harrison et al.，2002）。在对消费者互联网信息搜寻影响因素的研究中，李响（2001）发现，与互联网相关的变量，如传统信息搜寻努力程度、网络信任程度、移动互联网涉入程度、移动互联网搜寻成本均会显著影响消费者信息搜寻，而产品知识、感知风险、感知收益及产品涉入等传统变量与信息搜寻之间不存在显著关系。在 Schmidt 和 Sprend（1996）的消费者信息搜寻模式的基础上，孙曙迎（2009）从动机、能力、感知收益出发，研究了消费者信息搜寻行为的最基本影响因素，如产品知识、知觉易用性、网络涉入程度、产品涉入程度、网络信任程度、市场专家水平、知觉风险、网上搜寻成本感知和传统搜寻努力程度。社会化信息搜寻的社会性使社会化信息搜寻的影响因素与传统信息搜寻相比更加复杂，引起了学者们的普遍关注。目前，通过对现有社会化信息搜寻影响因素研究的梳理来看，学者们的研究视角主要有行为视角、技术视角、用户特征视角、社会关系视角，从不同的视角出发，研究的侧重点不同，运用的理论基础和得到的影响因素也不同。如表2-3所示，本节分别从用户特征视角、行为视角、技术视角以及社会关系视角出发，对社会化信息搜寻的影响因素进行述评。

（一）行为视角

从行为视角出发研究社会化信息搜寻的影响因素，旨在探究用户搜寻意愿的形成路径。计划行为理论认为，个体的行为取决于行为意愿，行为意愿取决于行为态度、主观规范、感知行为控制（Ajzen，1991）。Lai 等（2012）以计划行为理论（TPB）为基础进行研究发现，知识增长、知识质量、系统质量、社区认同、信任均会正向影响知识搜寻态度，社区承诺会正向影响主观规范，资源可活动性会正向影响感知行为控制，态度和主观规范会正向影响知识搜寻意愿，知识搜寻意愿会正向影响知识搜寻行为。He 和 Wei（2009）研究发现，搜寻信念和搜寻态度会正向影响用户的搜寻意愿，社区奖励会促进用户的搜寻意愿，用户的搜寻意愿会正向影响持续性信息搜寻。期望确认理论认为，满意度会导致重复决策行为（Anderson and Sullivan，1993）。相关研究发现，社区知识增长，心流体验以及感知社区有用性会正向影响用户信息搜寻满意度，信息搜寻满意度会促进用户持续使用虚拟搜寻信息（李力和张晋朝，2016）。移动虚拟社区的信息质量、服务质量、系统质量以及感知有用性会正向影响用户的搜寻满意度，进而影响用户持续使用虚拟社区搜寻信息的意愿（欧阳博和刘坤锋，2017）。

（二）技术视角

用户总是在某一特定社会化信息搜寻平台上进行社会化信息搜寻，故而，社会化信息搜寻平台的功能与属性以及平台上的信息特征会对用户的社会化信息搜寻产生重要影响。Zha 等（2015）研究发现，虚拟社区的信息质量、系统质量以及服务质量会正向影响用户社区归属感，而社区归属感会促进用户在社区中的信息搜寻行为。查先进等（2015）以双路径模型为理论基础进行研究，结果显示，信息的准确性、及时性、完整性以及易理解性会影响信息质量，信息质量通过情感反应促进个体的信息搜寻行为；而信息源的可信度通过情感反应与认知反应两条路径促进个体信息搜寻行为。杨建林、陆阳琪（2017）研究发现，社会化信息搜寻平台的感知有用性、感知易用性以及感知收益会正向影响用户的社会化信息搜寻行为。赵喜梅（2017）以任务技术适配模型为基础进行研究，发现社会化媒体的感知有用性、感知易用性、感知趣味性以及任务技术适配度会正向影响用户社会化信息搜寻行为。金虹、Park（2016）研究发现，移动社交网络中信息的娱乐性、互动性以及趣味性会促进用户在社交网络中的信息搜寻行为。由这些研究结论可知，网络平台的人性化以及信息质量的提高对用户社会化信息搜寻行为具有重要影响，它们会影响搜寻平台的用户黏性，是搜寻平台获得成功的重要保障。

（三）用户特征视角

不论是传统"人机交互"式的信息搜寻还是社会化信息搜寻，用户特征对信息搜寻行为的影响一直都是学者们研究的重点。Willson 模型重点对从搜索需求到搜索行为发生的整个过程中的影响因素进行了较全面的分析，认为人们在社会中扮演的角色和外部环境因素对信息需求的产生有着重要的影响（Wilson，1999）。Kuhlthau 模型重点对信息搜寻全过程中的个体认知因素影响进行了分析，提出了影响信息搜寻全过程的三大因素：情感因素（感觉）、认知因素（思维）和物理因素（行动）（Kuhlthau，1991）。Choo（1999）检验了认知、情感和情境因素对信息需要、信息搜寻和信息利用这些过程的影响。通过回顾相关研究文献发现，影响用户社会化信息搜寻的用户特征的因素主要有两个方面：一个是人口统计因素和某些人格特质，另一个是用户的目标特征。从现有的相关研究文献来看，主要的人口统计因素有性别、学历、专业，研究发现，性别、学历以及专业会影响用户对网络搜寻平台的选择（Lim and Kwon，2010；Kim et al.，2008），学历和专业还会影响用户对搜寻到的信息的评价（Kim and Sin，2014，2016）。也有学者以大五人格理论、问题解决理论为基础探究人格因素和问题解决风格对社会化信息搜寻的影响，研究结果显示，不同个性特征的用户对不同的社会化信息搜寻平台具有不同的偏好，开放程度越高、随和程度越低的用户使用社会化媒体搜寻信息越频繁（Kim et al.，2008），问题解决风格（Problem-Solving Style）与性别会共同影响用户对社会化信息搜寻平台的选择（Kim and Sin，2016）。

（四）社会关系视角

社会化信息搜寻与传统信息搜寻相比最大的区别便是它的社会性，它是一种"人人交互"式的信息搜寻模式，这决定了用户的社会关系，网络社会关系会对社会化信息搜寻产生重要影响。从社会关系视角出发，学者们旨在比较不同人际关系和网络社会关系对社会化信息搜寻的影响。社会资本理论认为，网络社会资源的质量对用户能否达成目标有重要影响（林南，2005）。学者们以社会资本理论为基础进行研究发现，社会资本对用户信息搜寻成功与否具有重要作用，用户在网络平台上的粉丝数越多，关注度越高，表现越活跃，信息搜寻行为越有可能成功（张鹏翼，2013；Gray et al.，2013；袁红和崔延，2014）。也有学者就人际关系的亲密程度对用户社会化搜寻的影响展开研究，研究结果显示，用户往往会向熟悉的朋友寻求信息，忽视陌生或不太熟识的朋友提供的信息（Muralidharan et al.，2012）。信任程度对社会化信息搜寻的影响与关系亲近程度相似，研究发现，用户往往会向他们信任的人员寻求信息（Farzan，2010；Karsenty，2013）。

学者对社会化信息搜寻行为影响因素的研究已经取得了一定成果，这些研究成果对学者的后续研究具有重要借鉴意义。但学者对社会化信息搜寻行为影响因素的研究并不像对传统信息搜寻行为影响因素的研究那样系统、全面，传统信息搜寻行为的大量影响因素并没有在社会化信息搜寻行为上得到检验。就研究方法而言，社会化信息搜寻行为影响因素的研究方法多为调查统计、实证分析，缺乏社会化信息搜寻模型的构建；从研究视角来看，虽然学者从多个视角对社会化信息搜寻行为的影响因素展开了研究，但研究深度尚浅，尤其是从个体特征视角与社会关系视角进行的研究，大量个体认知特征对社会化信息搜寻行为的影响未得到检验。社会性是社会化信息搜寻行为的本质所在，但目前从社会关系视角出发，学者只研究了信任、社会资本、人际关系亲密程度对社会化信息搜寻行为的影响，还没有对更深层次的网络社会关系对社会化信息搜寻行为的影响及其影响机制展开研究，对社会化信息搜寻行为影响因素的研究有待进一步加深（见表2-3）。

表2-3　不同研究视角下的社会化信息搜寻行为的影响因素

| 研究 | 侧重点 | 理论基础 | 文献来源 | 影响因素 |
|---|---|---|---|---|
| 行为视角 | 社会化信息搜寻意愿的形成 | 计划行为理论期望确认理论自我感知理论 | He 和 Wei（2009）；Lai（2014）；李力、张晋朝（2016）；欧阳博、刘坤锋（2017） | 行为态度，主观规范，感知行为控制，信任，满意度，搜寻意愿，搜寻满意度 |
| 技术视角 | 如何改进社会化信息搜寻平台以及信息质量等，以促进用户社会化信息搜寻行为 | 任务技术适配模型技术接受模型信息学相关理论双路径模型 | 赵喜梅（2017）；杨建林、陆阳琪（2017）；金虹、Park（2016）；Zha 等（2015）；查先进（2015） | 感知有用性，感知易用性，感知趣味性，及时性，互动性，娱乐性，系统质量，信息质量，服务质量，信息源的可信度 |
| 用户特征视角 | 比较不同用户社会化信息搜寻的差异 | 大五人格理论人口统计因素问题解决理论 | Kim 等（2008）；Lim 和 Konw（2010）；Kim 和 Sin（2016）；Kim 等（2008） | 五种人格特质，性别，学历，专业，问题解决风格 |
| 社会关系视角 | 比较各种社会资本对社会化信息搜寻行为的影响 | 社会资本理论 | 袁红、崔延（2014）；张鹏翼（2013）；Gray（2013）；Farzan（2010）；Muralidharan（2012）；Karsenty（2013） | 社会资本，人际关系的亲密程度，人际信任水平 |

## 六、社会化信息搜寻行为的研究意义与展望

社会化信息搜寻是 Web 2.0 时代的产物，随着互联网技术的发展，社会化信息搜寻平台在人们生活中扮演的角色将越来越重要，人们不断通过社会化信息搜寻来满足日益增长的信息需求，理解人们的社会化信息搜寻特征规律具有重要理论意义和现实意义。从理论上讲，对社会化信息搜寻行为的研究极大地丰富了信息搜寻理论，过往关于网络信息搜寻行为的研究大多是建立在"人机交互"模式基础上的，而社会化信息搜寻的研究是一种"人人交互"式的信息搜寻，它是建立在用户网络人际资源基础上的信息搜寻行为，社会资本、网络位置以及人际关系将会对其产生重要影响，这些都为信息搜寻行为的研究提供了新的视角。从实践方面来说，一方面，对社会化信息搜寻行为的研究能够更好地了解人们的信息搜寻规律，满足人们的信息需求；另一方面，该研究对管理好社会化信息搜

寻平台，传播企业营销信息以及互联网的综合治理具有重要意义。

本书通过系统学习、梳理社会化信息搜寻行为的相关研究文献，对社会化信息搜寻的模式、动机、过程以及影响因素进行了系统的述评，学者们对于社会化信息搜寻的研究已经取得了一定成果，这些成果加深了我们对社会化信息搜寻本质的理解。社会化信息搜寻研究是一项系统性的工程，随着互联网技术的不断发展，社会化信息搜寻对人们生活的影响越来越大，笔者认为，在已有的理论基础上，从其他方面加深对社会化信息搜寻行为的研究具有重要意义。

第一，对移动互联网情境下的社会化信息搜寻行为展开深入研究。如今，互联网已然成为人们不可或缺的信息搜寻渠道，关于互联网中的社会化信息搜寻行为的研究已有很多，但对移动互联网中的社会化信息搜寻行为的研究却依然较少。移动互联网因其移动性使人们可以随时随地接入互联网搜寻所需信息，具有传统网络不可比拟的优势，移动化将是社会化信息搜寻的主要趋势之一。随着智能终端的普及，人们更加频繁地使用移动互联网来满足信息需求，在移动社会网络环境下，社会信息的传播从传统的"单向渗透"向"双向互动"转变，移动社交网络环境下的消费者信息搜寻行为模式呈现出多元化的发展趋势，它给用户带来了更多的搜寻渠道和搜寻策略选择，并产生了庞大的信息量。然而，已有的关于移动互联网及社会化媒体等新兴网络环境下的消费者搜寻行为的研究明显深度不够。移动互联网情境下的社会化信息搜寻特征、模式以及影响因素还未得到更多的探讨，搜寻规律还未得到更好的揭示。因此，揭示移动互联网中用户的社会化信息搜寻行为特征和规律，增强移动网络信息服务的主动性和针对性对满足人们的信息需求以及帮助企业制定营销策略具有重要意义。

第二，对娱乐性动机驱动的社会化信息搜寻行为展开深入研究。娱乐是用户参与社会化媒体的重要动机（Lin and Lu，2011），用户在社会化信息搜寻平台上搜寻信息有时仅仅是为了娱乐。通过文献梳理可以发现，现有的关于娱乐性动机驱动社会化信息搜寻行为的研究仍然较少，用户在娱乐情境下的信息搜寻模式和搜寻过程与任务情境下的社会化信息搜寻有所不同，理解娱乐动机驱动下的社会化信息搜寻特征规律对企业进行营销传播以及互联网治理具有重要作用。

第三，从社会关系视角出发，以参照群体理论以及社会影响理论为基础对社会化信息搜寻行为进行深入探究。社会化信息搜寻是一种"人人交互"式的信息搜寻模式，这种"人人交互"式的信息搜寻建立在用户与参照群体构成的虚拟网络关系的基础之上，用户利用自身的在线关系资源获取信息，所以用户的虚拟网络关系势必会对其社会化信息搜寻行为产生重要影响。尽管已有研究发现，用户的网络社会资本能够帮助其更好地获取信息（Gray et al.，2013；袁红和崔延，2014），但用户网络社会关系及其参照群体对其社会化信息搜寻的影响及作用机理还未得到深入的探讨，未来的研究可以填补这方面的空白。

第四，探究社会化信息搜寻行为对其他网络用户行为的影响。目前，对社会化信息搜寻行为的研究大多是将社会化信息搜寻作为因变量，从多方考察其影响因素，而将社会化信息搜寻作为自变量来展开的研究相对较少。已有学者将信息搜寻行为归为用户虚拟社区参与行为的重要维度（Park et al.，2014），社会化信息搜寻是建立在"人人交互"模式基础上的，这种通过人与人互动而发生的信息搜寻行为会对信息分享、信息交流以及社会关系行为产生怎样的影响呢？社会化信息搜寻行为应受到组织行为学领域，以及市场营销领域专家学者们的重视，比如，可以对在组织内部群体中寻求信息对组织的影响，以及用户在社会化搜寻平台上搜寻信息对消费者口碑传播意愿的影响展开一定研究。

# 第三章 圈子意识结构维度及其量表的探索性开发

## 第一节 圈子意识的内涵、维度及影响因素探究

### 一、圈子及圈子意识概述

经济活动是嵌入在社会关系之中的（Granovetter，1973），经济活动嵌入社会关系网络的一个重要表现形式就是我们所看到的商业圈子（寿志钢等，2007）。圈子（Circle）是指因某个特定需要或者相同兴趣爱好而聚集在一起的人群。东亚国家深受儒家文化的影响，圈子意识较西方国家更为浓厚，中国作为儒家文化发祥地，讲究人情，注重面子，是研究圈子的最好地方。费孝通在 1998 年提出了"差序格局"的概念，这个概念形象地描述了中国传统人际关系网络结构的特点。以自我为中心是传统中国社会的人际关系，他人在人际关系网中所处位置的远近表明了自己和他人关系的情感强度和亲密程度（费孝通，1998）。我国已有部分学者对圈子进行了研究：寿志钢等（2007）探析了商业圈子中存在的信任问题；张迪等（2015）定义了消费圈子的概念，将圈子消费活动分为准备阶段、决策阶段、共同消费阶段和评价阶段。近几年，有学者注意到了网络圈子的研究价值：魏吉勇等（2013）将网络社交圈子作为研究对象，分析了圈内外成员的关系强度和圈内成员的专业性是如何影响圈外人员对圈子的信任的；朱天、张诚（2014）对网络圈子里产生的传播现象进行了探讨，发现现实人际关系网络与网络人际关系的圈子互相融合，这不仅对传统信息的生产方式与传播途径产生了影响，还小范围地聚集了原本零散的传播受众群体；他们还采用实证的研究方法，

对虚拟社区圈子的结构形态以及网络圈子传播中意见领袖的作用进行了研究（朱天等，2018）。

西方学者对"圈子"这个极具东方特色的关系网络也产生了浓厚的兴趣。外国学者们对圈子的内涵、外延、本质、维度以及作用效果进行了探讨。Maurice（1996）认为，圈子对人际关系的研究是一个启发过程。人际行为是关系表达和关系协调的基本载体（Kiesler，1992）。Gao 等（2010）的研究指出了圈子的本质内容，他提出，圈子由最内层的圈子、中间的圈子、最外层的圈子三部分构成，这三层圈子所遵循的法则是不同的。最内层的圈子由需求法则主导；中间的圈子由人情法则主导；最外层的圈子具有较少的情感成分，更看重理性，由公平法则主导。Wiggins（1979）提出了 IAS（Interpersonal Adjective Scales）测量量表，不过，更多的学者在圈子维度划分上借鉴的是人际关系检查表。对于圈子所发挥的作用，Tracey（1994）通过实证研究证实了个人和他人的有效关系来自优势互补的交互，验证了人际圈子对心理健康具有调节作用。

目前，关于圈子的研究主要集中在圈子的内涵、外延、作用效果及机制方面。学者从政治视角（申云和贾晋，2017）、社会视角（Birtohnell，2014；吕力，2015）、管理视角（苏敬勤等，2017）、传播视角（Liu and Mei，2015；朱天和张诚，2014）等证实了圈子正在深刻改变中国社会。网络圈子的影响力无处不在，在某些情况下甚至会超过正式组织的影响力（张桂平和廖建桥，2009），对消费者行为有着重要影响。

在中国本土文化的背景下，关系随处可见，圈子就是中国社会人际关系的实体表现（张迪等，2015）。圈子不同于关系完全松散的群体，也不同于有明确目标的组织，它是指具有相同爱好、兴趣或者为了某个特定目的而联系起来的人群（梁钧平，1998；魏吉勇等，2013）。现实生活中，每个人都处于各式各样的圈子中，如家族圈、工作圈、朋友圈、舞蹈圈、棋友圈、歌唱圈等，按照个人定义的不同，圈子的名称也会不同。每个人都有自己所理解的圈子概念，圈子也会潜移默化地影响人的行为。随着移动社交平台的出现，人们主动或被动地将自己的生活习惯、社交网络融入其中，构建起一个又一个网络圈子，如微信群、直播群、百度贴吧群等，加入这些群已成为现代人的生活方式，他们以自我为中心，与周围的圈子发生着联系。网络圈子是在现实圈子的基础上形成的，但又不完全是现实圈子的网络版，它可以在其基础上进行延伸，打破空间与时间的限制。此外，圈子影响着人们的生活方式，移动社交网络下的圈子不仅拉近了圈内成员间的距离，还会影响人们的消费行为。因此，探讨圈子意识的测量维度与影响因素具有重要的现实意义、理论意义，尤其是在移动社交网络的情景下。

理论研究表明，圈子是具有本土特色的消费群体，具有差序格局和关系主义特征，有亲疏远近之分（费孝通，1998；张迪等，2015），圈子中的亲疏远近往往也会形成彼此之间的一种情感承诺（叶生洪等，2015）。也就是说，即使是圈内成员，也需要理解和建立他们在圈内的位置（Gao et al.，2010），以获得其他成员的认同，强化彼此之间的情感。已有学者结合我国本土的特点及历史文化探究了圈子的内涵（罗家德等，2013；吕力，2015），主要以案例分析或定性研究为主，缺乏理论性的解释和数据支撑。另外，圈子是客观存在的，每时每刻都出现在我们的生活中，而圈子意识是个体的主观感知，不同的个体感知状况不同。但对于哪些因素会影响我们的圈子意识，以及圈子意识会如何影响我们的生活尚缺乏实证分析。为了解决这些问题，本节将在文献回顾的基础上，基于移动社交网络的情景，通过扎根理论探究圈子意识的结构内涵及其影响因素，以期对圈子理论做出一定贡献，并对企业的营销实践有所帮助。

圈子是中国社会结构的缩影，而社会又是成千上万个圈子的叠加与串联（王如鹏，2009）。根据圈子差序格局的特征，中国人会把人际关系依亲疏远近分成不同的圈子，以自我为中心，最内层的圈子包括家庭成员和拟似家人（杨国枢，2005）；向外一层即是熟人圈子，包括好朋友及关系很近的连带，他们遵循人情交换法则，形成人情交换、互惠交换和长期承诺（Hwang，1987）；最外圈是认识之人，他们依据平等法则建立起来，遵循反复的社会交换和道德规范（罗家德，2012）。不同的圈层满足人们不同的社会需求，人们通过加入获得权利、利益、安全感、激励与情感（张田和罗家德，2015）。另外，圈子的结构不是封闭的团体或协会，它的外围是有弹性的、边界模糊的、圈内成员可以进退的（罗家德，2012）。

圈子随处可见，学者们从管理学和社会学等视角对其进行了界定。在社会学领域，圈子是一种社会资源，个人可能同时存在于几个圈子中，圈子的多寡反映出了一个人适应能力的强体（肖学周，2006；蔡宁伟，2008）。另外，圈子是具有相同利益或相同成分的群落，人们以一定的相似性结合在一起，比如，职业、兴趣、特长、个性、年龄、情感等（王如鹏，2009）。在管理学领域，圈子一样被认为是利益性群体，具有利益导向的特征（罗家德等，2013），圈子的内部同时进行着情感交换和工具交换（罗家德，2012）。熟人关系中运用的人情交换属于社会交换，这种交换是在情感性行为的修饰下运作的一种工具性社会交换，能够使交换的双方逐渐形成人际信任，继而形成我们所谓的"人脉圈"（Luo，2005；李智超和罗家德，2012）。因此，圈子是因为相同爱好、兴趣或某种目的组织起来的群体，群体中存在多种强弱各异的关系，这些关系建立在彼此的交互行为之上。有些学者解释了不同情景下圈子现象产生的原因，探讨了组织内部圈子对组织行为的影响（蔡宁伟，2008；罗家德，2012；罗家德等，2013），以及圈子文化的传播等（赵高辉和王梅芳，2012；程蕾和赵艳艳，2015）。

社交软件的迅速发展满足了用户即时通信、娱乐等需求，同时让用户更多地去关注或接触一些成功人士或他们感兴趣的明星。这时，人们因关注某些人或登录某个平台而形成一个群体，这样的群体就叫作网络圈子（Ajay，2006）。也有学者认为，只有那些相互认识的、社会等级相当的、有一定专业性的成员所组成的集体才能称作"圈子"，而那些关注了这些成员的人被称为圈外人，即网络圈子被划分为圈内人与圈外人。总的来说，网络圈子依然是基于某种原因或目的而联系起来的一群人，群体之间会相互影响，但更多会受到来自这个群体的核心人物的影响（魏吉勇等，2013）。

基于以上文献的回顾，本节发现，现有研究主要是对圈子的概念进行解释与探讨，缺少对圈子意识概念的探讨，而圈子意识是个体对圈子的感知，因此，对圈子概念的回顾为圈子意识结构内涵的探究奠定了基础。另外，本节将在移动社交网络的情景下探讨圈子意识的内涵结构及其影响因素，并进一步完善圈子理论。

## 二、质化研究

（一）研究方法

作为一种重要的质化研究方法，扎根理论强调在某一现象的基础上，通过系统化程序，归纳式地识别出搜集资料中的概念和范畴，并将所得概念和范畴建立联结关系以建构理论（Bernard et al.，2017）。本节参照 Pandit（1996）的扎根研究范式，探索性分析消费者圈子意识的结构内涵及其影响因素，严格按照扎根研究范式对相关资料进行收集、分析和编码，从中归纳、提炼出概念和范畴，进而构建理论。整个过程主要包括，对原始资料依逻辑次序进行开放式编码、主轴编码和选择性编码三部分。

（二）案例选取

质化研究需要有丰富的信息资料作为基础。为了提高研究的外在一贯性，本节选取微信作为案例对象。该案例对象是使用人群较广的一款移动社交软件，具有语音、视频、定位、购物、二维码、扫一扫等功能，加强了人与人、人与组织甚至人与机器之间的沟通，且不仅局限于一对一的沟通方式，群体讨论也非常普遍。微信作为案例对象，不仅强化了现实中的圈子，更扩展了网络圈子的范围，让用户融于各个不同的圈子。

（三）资料收集

在扎根理论研究中，访谈作为数据收集的重要方法，有助于从受访者提供的访谈资料中形成研究问题并建构理论。本节采取个人访谈和小组讨论的方式收集资料。个人访谈可以让受访者有深刻的思考和充分的表达并形成理论抽样，为小组讨论奠定基础。小组讨论则由研究者引导受访者就案例对象（不仅于此）进行开放讨论。受访者均为对案例对象有了解或体验且具有较高学历的人士。个人访谈组由大学教授、学生、企业人员组成，共8人，初步形成理论抽样。小组讨论组抽取20人随机分成4小组，对其中3个小组进行访谈，第4小组留作理论饱和度检验，每组访谈时间不低于60分钟。讨论的问题有：①什么会使你产生圈子意识（或圈子感），你对圈子又是如何理解的？②你觉得你处在什么圈子？③圈子是如何影响你的，举例说明。④购买产品前，你倾向于网络圈子还是现实圈子呢？⑤现实圈子与网络圈子对消费者信息搜寻的影响有何不同？所有讨论内容均被现场记录，受访者人口统计特征如表3-1所示。

表3-1　受访者人口统计特征

| 类别 | | 人数（人） | 百分比（%） |
|---|---|---|---|
| 性别 | 男 | 12 | 42.86 |
| | 女 | 16 | 57.14 |
| 年龄 | 25岁以下（包含25岁） | 7 | 25.00 |
| | 26～35岁 | 16 | 57.14 |
| | 36～45岁 | 5 | 17.86 |
| 职业 | 大学教授 | 3 | 10.71 |
| | 学生（研究生） | 12 | 42.86 |
| | 企业人员（本科以上） | 13 | 46.43 |

续表

| 类别 | | 人数（人） | 百分比（%） |
|---|---|---|---|
| 专业领域 | 经济管理 | 10 | 35.71 |
| | 地理 | 7 | 25.00 |
| | 文化旅游 | 5 | 17.86 |
| | 艺术 | 6 | 21.43 |

（四）逐级编码

1. 开放式编码

开放式编码旨在通过分解访谈资料，在比较资料所反映现象异同的基础上将资料概念化。通过初步筛选，本节筛除了资料分析过程中出现的偏离研究主题的原始语句，最终有 230 余条原始语句被保留。为尽可能避免在访谈资料收集整理过程中出现主观偏见，本节基本按照受访者原话进行数据信息记录。为保证开放式编码的客观性，更加科学地概念化和范畴化收集整理所得的原始资料，本节对出现频次较低的原始语句进行了剔除，仅选择三次以上描述同一概念的原始语句，最终得到 25 个相关概念和 12 个范畴。具体分析过程如表 3-2 所示。

表 3-2　开放式编码形成的概念和范畴

| 原始语句 | 概念化（开放式编码） | 范畴化（属性因子） |
|---|---|---|
| 在这个圈子，我有一种集体荣誉感，可以标榜自己，同时可以在一个群体里面获得一种归属感 | 认同感<br>自豪感<br>归属感 | 情感归属 |
| 圈子是大家拥有相同的爱好、兴趣、价值观，或者说是有相同的经历（或共同经历过一些事以后） | 共同的兴趣、爱好<br>相同的经历<br>渴望尊重 | 共同价值观 |
| 我觉得自己处在南昌创业圈以及农产品电子商务圈，但不管我处在什么圈子里，我都希望自己可以有一定的影响力，被尊重，让自己的价值得以实现 | 渴望实现<br>自我价值 | 需求满足 |
| 圈子是我的一种社会资源、人脉网，只要这个圈子内部有共同点，就会感觉是一个圈子 | 社会资源<br>利益关系 | 资源意识 |

续表

| 原始语句 | 概念化<br>（开放式编码） | 范畴化<br>（属性因子） |
|---|---|---|
| 圈子意识总是使我们更倾向于与熟人合作，形成圈子消费的倾向，如关注的明星今天穿了一双小白鞋（前段时间很火的一款鞋子），我也想买 | 决策偏好<br>思维跟随 | 思维取向 |
| 圈子内部活动的组织与交流，可以让我得到其他地方得不到的信息或技能，可以让我积累人脉，提高个人能力，获取知识，感到快乐 | 交流互动<br>积累、获取 | 交互获取 |
| 希望自己所在的圈子更加团结，变得更加强大，并可以相互信任、相互帮助，如身边的好友圈，大家相互帮助 | 社会责任感<br>道德约束 | 责任意识 |
| 我觉得我处在 Papi 酱的粉丝圈，因为关注她可以带来娱乐，同时可以学习自媒体运营，但我与其他粉丝并不互动；这也巩固了我的专业性知识 | 知识技术学习<br>知识获取 | 学习意识 |
| 圈子的存在使我愿意为其去宣传；愿意捍卫圈子的荣誉，同时也捍卫自己的地位 | 自愿宣传<br>自愿维护 | 自愿意识 |
| 圈子自古以来就存在，是关系的本质，讲究等级之分；圈子存在社会身份、地位、阶层的划分 | 社会地位<br>历史积淀 | 阶层划分 |
| 圈子中好像总是存在一些约定俗成的事项使大家遵循，以确保整个圈子的持久性；圈子内部形成的不成文规定约束着大家的行为，并使大家不自觉地向它靠拢 | 约定俗成<br>不成文规定 | 内隐规范 |
| 我认为，圈子内部存在关系的好与坏，如在我的朋友圈，与有些朋友互动较多，有些基本上没有互动，我会更关心我所关注或在意的人或事 | 互动频率<br>亲疏远近 | 关系强弱 |

2. 主轴编码

　　主轴编码即把开放式编码中被分割的资料通过聚类分析的方法在不同范畴之间建立关联。本节结合社会交换理论（即个体与组织之间不仅存在物质性的交换，如工资报酬等；还存在情感性的交换，如支持与信念等）与黄光国（2010）对中国人关系划分的三个维度（工具性关系、混合型关系、情感性关系），依据不同范畴之间的相互关系和逻辑次序，对开放式编码所得的范畴进行重新归类，归纳出共享信念、互惠交换、角色定位、社会结构四个圈子意识的维度范畴（见表3-3）。

表 3-3　范畴的关系联结

| 主轴编码<br>（维度结构） | 范畴化 | 范畴的关系联结 |
| --- | --- | --- |
| 共享信念 | 情感归属<br>共同价值观<br>需求满足 | 共享信念是圈子意识的重要测量维度。人们因为共同的兴趣、爱好聚在一起，对圈子产生认同感、归属感，同时圈子的加入也在不断地实现个体的需求 |
| 互惠交换 | 资源意识<br>交互获取<br>思维取向 | 互惠交换是圈子意识的重要测量维度。圈子内成员长期的交互活动，使其获取信息、技能，积累社会资源，同时决策偏好的形成也影响着圈内人的思维方式和行动逻辑 |
| 角色定位 | 责任意识<br>自愿意识<br>学习意识 | 角色定位是圈子意识的重要测量维度。圈子内的成员自觉承担建设圈子的责任，自愿宣传与维护自己所在的圈子，并不断地学习圈子中的新技术、新知识 |
| 社会结构 | 阶层划分<br>内隐规范<br>关系强弱 | 社会结构是圈子意识的重要测量维度。每一个圈子都有它固有的社会结构，这种结构将人群分为不同的阶层，将人与人之间的关系分为好与坏，同时伴随隐性的规则对大家进行约束 |

3. 选择性编码

通过描述现象的"故事性"，本节对核心范畴与其他范畴之间的逻辑关系进行梳理，并在相关资料和研究理论的基础上进一步对各范畴及其相互间关系的动态性予以完善，实现理论上的饱和（即新收集的相关资料并未出现新理论观点），在此基础上形成最终的概念化模型。在移动社交网络的情景下，通过文献和案例探讨、扎根与编码甄选过程，本节将圈子意识概念化为共享信念、互惠交换、角色定位、社会结构四维度位阶结构，并追加第 4 组数据验证其理论饱和度，最终得到圈子意识结构内涵的概念化模型（见图 3-1）。

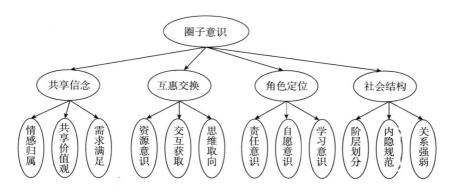

图 3-1　圈子意识结构内涵的概念化模型

（五）实证检验

1. 问卷设计

本节在扎根理论研究的基础上开发量表，并进行量化检验，通过问卷调查的方式对理论构念进行测量，以检验圈子意识结构内涵的妥当性与普适性。问卷主体内容可划分为共享信念调查、互惠交换调查、角色定位调查、社会结构调查四个部分，问卷的调查对象是在校大学生，主要是因为大学生微信社交软件的使用率高，学习能力和软件操作能力强，是微信移动社交媒体的活跃用户。此外，各研究构念均采用李克特 7 级量表，从"完全不同意"到"完全同意"进行测量，以确保问卷调查结果的准确性。

2. 资料收集与人口统计特征

此次调研共计发放调查问卷 346 份，剔除随意填写和有缺漏的问卷 69 份，最终共有 277 份问卷数据在实证分析中被采用，问卷有效回收率为 80.06%。人口统计特征如表 3-4 所示。

表 3-4　问卷应答者人口统计学特征

| 分类 | | 人数 | 百分比（%） |
|---|---|---|---|
| 性别 | 男 | 118 | 42.6 |
| | 女 | 159 | 57.4 |
| 年龄 | 16~20 岁 | 96 | 34.6 |
| | 21~25 岁 | 170 | 61.4 |
| | 25 岁以上 | 11 | 4.0 |
| 学历 | 本科 | 219 | 79.1 |
| | 硕士研究生 | 55 | 19.8 |
| | 博士研究生及以上 | 3 | 1.1 |
| 月消费额 | 1000 元以下 | 87 | 31.4 |
| | 1001~2000 元 | 148 | 53.4 |
| | 2000 元以上 | 42 | 15.2 |

## 三、结果分析

本节以测量评价流程为参照范式，在综合运用收敛效度检验、判别效度检验和内在一致性检验的基础上，依次评价圈子意识结构内涵测量结果的信度和效度，并以此为依据对测项进行筛选。

（一）探索性因子分析

本节运用 SPSS 19.0 软件进行探索性因子分析，通过 Varimax 旋转主成分因子，检验圈子意识 12 个构成因子的单一维度水平。分析结果显示，KMO 检验（Kaiser-Meyer-Olkin）统计量的测定值（0.934>0.5）确认了本研究所抽取样本的充分性；巴特利特球形检验（Bartlett's Test of Sphericity）统计量的测定值（p=0.000<0.05）验证了各变量间的相关关系矩阵在统计学上有意义，确认了本研究中因子分析模型的恰当性。如表 3-5 所示，各构成因子均在 0.5 负荷值基准以上，未出现构念交叉的情况，因此，圈子意识的 12 个构成因子判别效度良好。Cronbach's α 系数值在 0.702~0.901（>0.6 基准值），表现出了良好的内在一致性，各构念的信度也得到了验证。

表 3-5　量表信度与主成分分析

| 变量 | | 问项 | EFA 载荷 | Cronbach's α 系数值 |
|---|---|---|---|---|
| 共享信念 | 情感归属 | 我认同并支持自己所在的圈子 | 0.774 | 0.901 |
| | | 我因自己所在的圈子而感到自豪 | 0.687 | |
| | | 我认为自己能被这个圈子接纳 | 0.698 | |
| | 共同价值观 | 我认为自己和圈子里其他人有相同的兴趣和爱好 | 0.613 | 0.814 |
| | | 我认为自己和圈子里其他人有相似的经历 | 0.819 | |
| | | 圈子内固有的价值观念深入人心 | 0.699 | |
| | 需求满足 | 在圈子内，我渴望得到大家的尊重 | 0.823 | 0.900 |
| | | 在圈子内，我渴望实现自身的价值 | 0.786 | |
| | | 在圈子内，我希望交到更多的朋友 | 0.636 | |
| 互惠交换 | 资源意识 | 我认为圈子是一种社会资源 | 0.606 | 0.776 |
| | | 我认为圈子可以丰富我的人脉圈 | 0.667 | |
| | | 我认为圈子内的成员之间存在利益交换 | 0.531 | |
| | 思维取向 | 我更喜欢和自己圈子内的人交流与合作 | 0.682 | 0.849 |
| | | 圈子内其他人的观点会影响我 | 0.539 | |
| | | 圈内人的思维和行动会逐渐相似 | 0.571 | |
| | 交互获取 | 圈子内经常会组织活动交流 | 0.565 | 0.770 |
| | | 圈子成员的互动可以让我丰富个人技能 | 0.517 | |
| | | 圈子成员信息的共享是互相积累知识、获取能量的过程 | 0.659 | |

续表

| 变量 | | 问项 | EFA 载荷 | Cronbach's α 系数值 |
|---|---|---|---|---|
| 角色定位 | 责任意识 | 我清楚自己在圈子内的角色与任务 | 0.655 | 0.857 |
| | | 我会积极承担自己在圈子内的责任 | 0.731 | |
| | | 我会将圈子的发展与提升作为我的使命 | 0.779 | |
| | 学习意识 | 我会积极学习圈子内的知识理论 | 0.807 | 0.774 |
| | | 我会主动掌握圈子内的核心理念 | 0.822 | |
| | | 我乐于学习圈子内新的观点与技术 | 0.690 | |
| | 自愿意识 | 我经常宣传我的圈子 | 0.627 | 0.894 |
| | | 我会主动捍卫圈子的荣誉 | 0.675 | |
| | | 我会自觉抵制圈子内的一切不良内容 | 0.566 | |
| 社会结构 | 阶层划分 | 圈子内讲究等级、阶层之分 | 0.837 | 0.830 |
| | | 圈子内存在身份、地位的划分 | 0.839 | |
| | | 圈子是历史传统的积淀,有它固有的结构 | 0.504 | |
| | 内隐规范 | 我会遵守圈子内不成文的规定 | 0.690 | 0.832 |
| | | 我会遵循圈子内约定俗成的事 | 0.763 | |
| | | 我会按照圈子内形成的标准做事 | 0.581 | |
| | 关系强弱 | 我认为互动频率越高,关系越亲密 | 0.692 | 0.702 |
| | | 我认为圈子数量越多,关系网越强 | 0.635 | |
| | | 我认为圈子持续越久,关系越好 | 0.554 | |

注:抑制绝对值<0.50,总方差解释79.968%。

（二）验证性因子分析

为检验圈子意识结构内涵测量模型的构念效度,本节运用 Amos 20.0 分析软件依次进行一阶验证性因子分析（CFA）检验和二阶验证性因子分析检验。

从一阶验证性因子分析结果（见表3-6）来看,在修正指数10基准上,将出现交叉装载的问项予以删除,故删除了内隐规范的1个问项（NYGF3）和关系强弱的1个问项（GXQR3）,其他问项的单一维度性均较为显著,模型拟合度也较为理想。

从二阶确认性因子分析结果来看,共享信念、互惠交换、角色定位、社会结构4维度结构模型的模型拟合度均较为良好。共享信念、互惠交换、角色定位、社会结构的各构念载荷值符合0.05显著性水平条件下超过200样本规模时的基准载荷值，各载荷值介于 0.70~0.89（>0.5），验证了其较好的收敛效度（见图 3-2 至图 3-5）。在二阶确认性因子分析中，在修正指数 10 基准上，将出现交叉装载的问项予以删除，故删除了传统规范模型中测量交互获取的 1 个问项（JH-HQ3）。其余测项的模型拟合度均表现优越。

表 3-6 圈子意识结构维度一阶验证性因子分析结果

| 构成因子 | CFA 前问项 | CFA 后问项 | $\chi^2$ | df | p | GFI | AGFI | RMR | NFI | CFI | RMSEA |
|---|---|---|---|---|---|---|---|---|---|---|---|
| 情感归属 | 3 | 3 | 7.395 | 2 | — | 0.985 | 0.933 | 0.033 | 0.989 | 0.990 | 0.120 |
| 共同价值观 | 3 | 3 | — | | — | — | — | — | — | — | 0.660 |
| 需求满足 | 3 | 3 | 5.562 | 2 | — | 0.975 | 0.931 | 0.032 | 0.984 | 0.985 | 0.149 |
| 资源意识 | 3 | 3 | 9.701 | 2 | — | 0.943 | 0.919 | 0.041 | 0.948 | 0.950 | 0.233 |
| 思维取向 | 3 | 3 | 9.684 | 2 | — | 0.991 | 0.954 | 0.025 | 0.991 | 0.993 | 0.085 |
| 交互获取 | 3 | 3 | 3.695 | 2 | — | 0.979 | 0.932 | 0.030 | 0.984 | 0.986 | 0.143 |
| 责任意识 | 3 | 3 | — | | — | — | — | — | — | — | 0.636 |
| 学习意识 | 3 | 3 | 5.155 | 2 | — | 0.995 | 0.975 | 0.014 | 0.996 | 0.998 | 0.055 |
| 自愿意识 | 3 | 3 | 0.717 | | — | 0.990 | 0.949 | 0.023 | 0.991 | 0.993 | 0.091 |
| 阶层划分 | 3 | 3 | 4.513 | 2 | — | 0.987 | 0.934 | 0.023 | 0.990 | 0.991 | 0.109 |
| 内隐规范 | 3 | 2 | — | | — | — | — | — | — | — | 0.605 |
| 关系强弱 | 3 | 2 | — | | — | — | — | — | — | — | 0.596 |

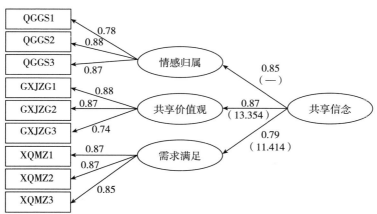

$\chi^2$（40df）=130.654；p=0.000；GFI=0.956；AGFI=0.928；RMR=0.033；
NFI=0.975；TLI=0.976；CFI=0.982；RMSEA=0.065

图 3-2 共享信念二阶验证性因子分析结果

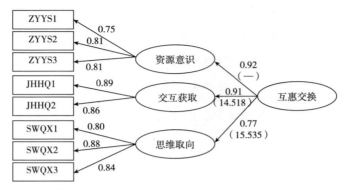

$\chi^2$（31df）=152.833；p=0.000；GFI=0.943；AGFI=0.919；RMR=0.040；
NFI=0.958；TLI=0.950；CFI=0.966；RMSEA=0.086

**图3-3 互惠交换二阶确认性因子分析结果**

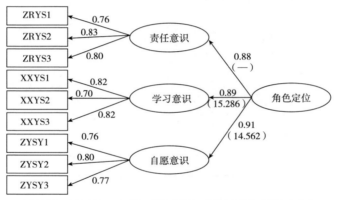

$\chi^2$（24df）=113.464；p=0.000；GFI=0.954；AGFI=0.924；RMR=0.036；
NFI=0.957；TLI=0.949；CFI=0.966；RMSEA=0.084

**图3-4 角色定位二阶确认性因子分析结果**

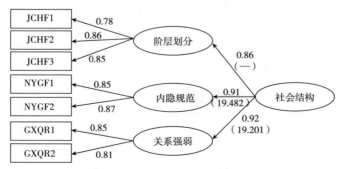

$\chi^2$（51df）=219.673；p=0.000；GFI=0.937；AGFI=0.914；RMR=0.045；
NFI=0.958；TLI=0.958；CFI=0.967；RMSEA=0.079

**图3-5 社会结构二阶确认性因子分析结果**

（三）整体测量模型评价

本节运用 SPSS 19.0 和 AMOS 20.0 分析软件检验圈子意识结构内涵的概念化模型（见表3-7）。在修正指数10基准上，将出现交叉装载的问项予以删除，故删除了互惠交换模型中测量资源意识的1个问项（ZYYS3）。各测量构念的 Cronbach's α 系数值介于 0.81~0.92，构念信度都在 0.7 基准值以上，符合社会科学研究构念信度的要求，平均提取方差值（AVE）也达到了 0.5 以上的基准，圈子意识各构成因子的测量信度得到了检验确认。由分析数据可知，任意两个因子的相关系数均小于平均提取方差值（AVE）的平方根，故圈子意识构成因子的判别效度得到了检验确认。

表3-7 圈子意识结构内涵的概念化模型评价结果

| 构成因子 | 测量前问项 | 测量后问项 | 相关关系矩阵 | | | | | | | | | | | |
|---|---|---|---|---|---|---|---|---|---|---|---|---|---|---|
| | | | 1 | 2 | 3 | 4 | 5 | 6 | 7 | 8 | 9 | 10 | 11 | 12 |
| 情感归属 | 3 | 3 | 1 | | | | | | | | | | | |
| 共同价值观 | 3 | 3 | 0.73 | 1 | | | | | | | | | | |
| 需求满足 | 3 | 3 | 0.66 | 0.68 | 1 | | | | | | | | | |
| 资源意识 | 3 | 2 | 0.46 | 0.44 | 0.52 | 1 | | | | | | | | |
| 思维取向 | 3 | 3 | 0.44 | 0.46 | 0.48 | 0.64 | 1 | | | | | | | |
| 交互获取 | 3 | 3 | 0.46 | 0.48 | 0.54 | 0.52 | 0.57 | 1 | | | | | | |
| 责任意识 | 3 | 3 | 0.49 | 0.52 | 0.52 | 0.54 | 0.54 | 0.61 | 1 | | | | | |
| 学习意识 | 3 | 3 | 0.37 | 0.39 | 0.40 | 0.43 | 0.47 | 0.49 | 0.56 | 1 | | | | |
| 自愿意识 | 3 | 3 | 0.43 | 0.41 | 0.47 | 0.53 | 0.54 | 0.57 | 0.59 | 0.60 | 1 | | | |
| 阶层划分 | 3 | 3 | 0.41 | 0.39 | 0.42 | 0.45 | 0.44 | 0.48 | 0.49 | 0.44 | 0.52 | 1 | | |
| 内隐规范 | 3 | 2 | 0.42 | 0.43 | 0.46 | 0.50 | 0.49 | 0.51 | 0.53 | 0.44 | 0.54 | 0.63 | 1 | |
| 关系强弱 | 3 | 2 | 0.40 | 0.40 | 0.45 | 0.50 | 0.52 | 0.52 | 0.50 | 0.45 | 0.56 | 0.61 | 0.68 | 1 |
| 均值 | | | 5.30 | 5.27 | 5.52 | 5.68 | 5.55 | 5.52 | 5.46 | 5.41 | 5.62 | 5.33 | 5.78 | 5.64 |
| 标准差 | | | 1.32 | 1.22 | 1.20 | 1.10 | 1.11 | 1.14 | 1.12 | 1.10 | 1.05 | 1.12 | 1.09 | 1.04 |
| 构念信度 | | | 0.91 | 0.85 | 0.92 | 0.88 | 0.85 | 0.88 | 0.84 | 0.83 | 0.82 | 0.90 | 0.91 | 0.88 |
| Cronbach's α | | | 0.91 | 0.83 | 0.92 | 0.88 | 0.85 | 0.88 | 0.84 | 0.83 | 0.81 | 0.90 | 0.91 | 0.88 |
| AVE | | | 0.77 | 0.65 | 0.74 | 0.65 | 0.65 | 0.71 | 0.63 | 0.62 | 0.61 | 0.75 | 0.71 | 0.71 |
| 模型拟合度 | | | $\chi^2$（686df）= 1664.487；p = 0.000；GFI = 0.927；AGFI = 904；RMR = 0.048；NFI = 0.936；TLI = 0.938；CFI = 0.943；RMSEA = 0.052 | | | | | | | | | | | |

为获得更加妥当的概念化模型，本节进一步对圈子意识构成维度整体模型进行结构方程分析。圈子意识结构内涵概念化模型的检验结果如图 3-6 所示，各评价指标显著优于 Arbuckle（2010）所推荐的基准，表明本节所构建的圈子意识结构内涵概念化模型具有较高的拟合优度。这说明将圈子意识分为共享信念、互惠交换、角色定位、社会结构 4 个维度具有统计学意义。

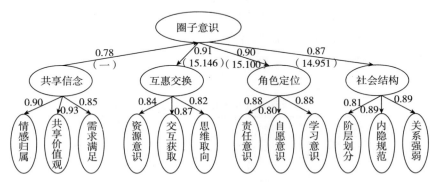

$\chi^2$(686 df)=1664.487；p=0.000；GFI=0.927；AGFI=904；RMR=0.048；NFI=0.936；TLI=0.938；CFI=0.943；RMSEA=0.052

**图 3-6　概念化模型检验结果**

## 四、结论与意义

就理论贡献而言，本节探究并完善了圈子理论的结构内涵。通过扎根理论与实证检验的方法，本节构建了圈子意识结构内涵的概念化模型，将圈子意识概念化为共享信念、互惠交换、角色定位和社会结构四维度位阶结构，这四个维度代表了构建圈子意识的四类核心要素。其中，情感归属、共享价值观和需求满足共同构成了圈子意识的共享信念；资源意识、交互获取、思维取向共同构成了圈子意识的互惠交换；责任意识、自愿意识和学习意识共同构成了圈子意识的角色定位；阶层划分、内隐规范和关系强弱共同构成了社会结构。这四维度十二要素共同构成了圈子意识的识别要素，反映出个体对圈子的理解，以及他们与圈子之间的情感联系、物质联系。

就管理启示而言，本节为企业移动社交媒体的应用提供了建议。第一，消费者利用移动社交平台加入自己感兴趣的圈子，圈子内的企业或公众号发布信息，社交网络的用户能够迅速有效地搜寻自己感兴趣的信息。企业或公众号可以在消费者感兴趣的领域，适当地利用圈子内部的核心人物传播其信息。第二，企业可以建立自己的社交平台，通过优惠信息刺激消费者参与，如"一元购"，利用价格刺激的方式吸引消费者，并不断举办一些有趣的活动使消费者形成圈子意识，潜移默化地改变消费者的思维取向。

本节虽取得了一定的科学研究成果，但在研究设计与研究过程中也存在一定的局限性。首先，本节在访谈的过程中选取的受访者数量较少，尤其是对圈子领域了解的专家数量较少，受访者对圈子的理解往往有着自己的主观认识和体验，这可能也会影响到访谈的质量。其次，问卷调查主要以大学生为研究对象，样本特征较为受限，可能会影响圈子意识概念模型的普适性。最后，本节在实证分析的过程中测量问项虽然得到了充分的验证，但部分问项被删除，在以后的研究中还需要进一步检验和完善圈子意识结构内涵的测量问项。

圈子意识的研究不仅可以推动移动社交媒体的应用，还可以促进企业营销信息的传播。在移动社交网络中，圈子意识的存在可能会影响消费者的购买决策过程。因此，未来的研究还可以进一步探究圈子意识的影响因素对信息搜寻行为的影响。

# 第四章　网络圈子意识对消费者在信息搜寻的需求阶段的影响机制研究

　　需求阶段是信息搜寻的第一阶段。信息需求是信息搜寻行为的引发点，Wilson（2002）认为，信息是由基本需要引起的，信息需要与生理、认知或情感因素有关。Fishbein 理性行为模型指出，消费者在购买决策过程中一旦产生需求，就会为解决这些消费的认识问题而搜寻各种相关信息（李东进，2002）。另外，基于风险回报理论，人们往往希望通过解决问题获得回报，即使这种回报仅仅是因消除不确定性而带来的舒适感，在这种情况下，人们也会产生信息搜寻需要（甘利人等，2007）。但是，信息需求不一定会立即引起信息搜寻行为，因为信息源的便利性、可靠性及搜寻成本都会对信息搜寻的启动产生影响。Kim 和 Lee（2011）、Lin 和 Lu（2011）等学者指出，任务的复杂程度、独立程度、主题等都会对网络搜寻行为产生显著影响。Kim（2008）发现，网络信息搜寻行为受情感控制因素的影响。对于不同情感的圈子，消费者的圈子意识会影响信息需求的产生吗？其中，时间成本等中介因素的调节作用有多大呢？

　　圈子成员的责任感使成员愿意主动分享信息，分享者贡献信息的回报之一就是其分享的信息通过信息的利用体现出价值，而信息利用的前提是通过搜寻行为获得信息。网络圈子中的消费者情感信任度越高，目标价值越大，对信息搜寻行为的刺激越大。同时，圈子信息传递的分享性、互动性，增加了信息的可获得性，也降低了信息搜寻的成本（Paridon，2008）。那么，在需求阶段，消费者的圈子意识会有多大作用？信息需求受圈子意识的刺激程度有多大？出现信息需求时一定会偏向于从圈子中搜寻信息吗？其中的调节因素有哪些？如果圈子内的信息与其他渠道的信息出现差异时，不同消费者会如何认知？这些都是需要探讨的问题。

## 第一节 移动互联网背景下消费者信息搜寻行为的影响因素研究

随着经济的迅猛增长，企业间的竞争变得越发激烈。为了能在市场上获得更大的竞争力，企业通过缩短产品生命周期不断开发新产品，以满足消费者日益变化的产品需求。面对市场上琳琅满目的产品，移动互联网的快速发展给消费者在产品的选择上带来了极大的便利。在电子化信息时代，互联网已经走进了人们的生活，并给人们生活的很多方面带来了巨大的改变，如使用云计算技术建立电子医疗保健系统（Althebyan et al.，2016）、智能电网的开发利用（Gupta and Akhtar，2017）、智能手机运用于医学（Armstrong et al.，2010）等，同时它也是人们获取产品信息的重要来源。2017 年第 40 次《中国互联网络发展状况统计报告》显示，截至 2017 年 6 月，我国手机网民规模已达 7.24 亿，较 2016 年底增加 2830 万人。网民中使用手机上网的比例由 2016 年底的 95.1% 提升至 96.3%，手机上网比例持续提升。由此可见，移动互联网在人们的生活中占据着十分重要的地位。尤其是在虚拟网络购物盛行的今天，在无法触摸、感受实体商品的情况下，与传统购物形式相比消费者购物风险及不确定性更高。因此，为了降低购买风险系数，消费者在制定购买决策之前，往往会通过信息搜寻了解其将购买的产品或服务。由于人的认知容量有限，消费者在很大程度上需要依赖外部环境产品或服务信息搜寻量来帮助自己更快做出最佳的购买决策。此时，购买决策的制定就取决于消费者信息搜寻行为。

从以往学者的研究来看，消费者信息搜寻行为会受到多种因素的影响，不同的环境、行业、研究角度，信息搜寻行为与其影响因素之间的关系都可能发生变化。相比于国内，国外对于信息搜寻行为的相关研究理论已经较为成熟和完善，但考虑到不同的环境和背景对消费者信息搜寻行为会产生影响，因此，西方研究理论可能不太完全适应中国社会背景。加之，国内在移动互联网背景下对消费者信息搜寻行为的研究还比较少。因此，本节将结合移动互联网特点对消费者信息搜寻行为及其影响因素进行实证分析，从而探索更符合我国情境的消费者信息搜寻模式，为企业更好地开展营销活动提供一定的指导意义。

# 一、研究模型及假设

## （一）研究模型

基于前人的研究理论及成果，本节从移动互联网的特性出发探讨其对消费者信息搜寻行为影响的研究模型。如图4-1所示，本节主要从移动互联网信任、感知风险、移动互联网涉入及知觉易用性四个方面来探索其对消费者信息搜寻行为的影响。其中，考虑到消费者信息搜寻行为会受到动机的驱使及能力的限制，因此，本节在模型中还引入了信息搜寻动机和信息搜寻能力两大中介变量，从而进一步深入探究移动互联网背景下消费者信息搜寻行为的作用机制及其与影响因素之间的相关关系。

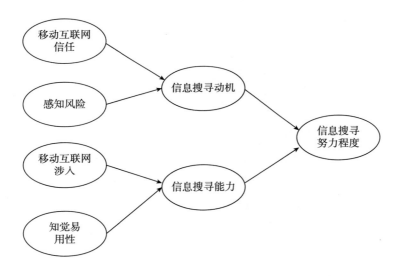

**图4-1　研究模型**

## （二）研究假设

### 1. 移动互联网信任与信息搜寻动机的关系

网络信任是指消费者对网络信息来源的信任程度，也可以称为网络可信度。网络信息来源的可信度的高低会影响消费者对网络的使用，尤其是对经常使用网络的用户来说，他们对网络的安全及隐私极为关注。只有当消费者对网络信息来源较为信任时，他们才会觉得自己从网络上搜寻的信息对自己是有益的。在我国消费者网上信息搜寻行为的实证研究中，孙曙迎（2009）发现，网络信任与消费者搜寻收益感知之间存在显著的正相关关系。同时，还有学者得出，搜寻收益感知会对搜寻动机产生积极的影响（Srinivasan and Ratchford，1991）。由此可以推出，当消费者对网络信任程度较高时，他们会认为网络信息搜寻活动可以给自己带来一定的收益，如在短时间内便可获得更多的产品信息，从而引发信息搜寻的动机。由此，本节提出如下假设：

H1：消费者移动互联网信任正向影响信息搜寻动机。

2. 感知风险与信息搜寻动机的关系

消费者感知风险主要包括财务风险、时间风险、心理风险和身体风险。移动互联网虽然可以带给人们极大的便利性，但也存在不少的弊端。网络使人们的隐私极易泄露，因此，隐私处理、网络安全等问题已成为目前学者研究的热点（Chabridon et al.，2014）。对消费者来说，虚拟网络购物决策的制定较传统形式有更高的风险系数。李东进（2001）通过对我国消费者传统信息搜寻努力的研究发现，感知风险与信息搜寻努力存在正相关性。孙曙迎（2009）通过对我国消费者网上信息搜寻行为进行实证分析得出，感知风险会负向影响消费者网上信息搜寻收益感知。这可能是由于消费者更加信任传统的信息源，移动互联网虽然可以为消费者提供大量的信息，但信息都存在于虚拟空间，因此，网络信息源会具有更高的风险。风险的增高会降低消费者利用移动互联网搜寻信息的动机。由此，本节提出如下假设：

H2：消费者感知风险负向影响信息搜寻动机。

3. 移动互联网涉入与信息搜寻能力的关系

移动互联网涉入是指消费者基于本身固有的需求、价值观或兴趣，对移动互联网认知的相关程度（李响，2011）。有学者在其研究中提出，当消费者认为网络在其生活中占有比较重要的地位或是网络可以帮助他们获取其所需要的信息时，他们会加强自身网络信息搜寻的能力。根据2017年《中国互联网络发展状况统计报告》可知，移动互联网对消费者的生活、工作等具有非常重要的意义。消费者使用移动互联网的时间越长，对网络的依赖程度就越深，对自己网上信息搜寻能力就越自信。由此，本节提出如下假设：

H3：消费者移动互联网涉入正向影响信息搜寻能力。

4. 知觉易用性与信息搜寻能力的关系

知觉易用性指的是消费者运用网络搜寻信息所不需付出努力的程度，反映的是消费者运用网络的能力。网站页面、内容、操作性的设计都会影响消费者对网站知觉易用性的感知。一般来说，网站设计操作不宜太过复杂，简单明了的网页设计会增强消费者对网站的驾驭能力，提高消费者对网站信息搜寻能力的信心。孙曙迎（2009）的研究指出，知觉易用性与消费者网上信息搜寻能力存在显著的正相关关系。由此，本节提出如下假设：

H4：知觉易用性正向影响信息搜寻能力。

5. 搜寻动机与信息搜寻努力程度的关系

动机是驱使个体从事各种活动的原因，是引发个体努力实现目标的一种激励，是由外界压力或个体自身需求所引发的。当消费者拥有的信息无法满足自身需求时，消费者便会产生信息需求，信息需求的渴望感越强烈，就越能促使消费者实施信息搜寻，以满足内心的渴望。面对现在日益更新的市场，消费者自身无法对每个产品都十分了解，年青一代消费群体对新产品的需求使其更愿意收集、处理产品的相关信息。由此，本节提出如下假设：

H5：消费者信息搜寻动机正向影响信息搜寻努力程度。

6. 搜寻能力与信息搜寻努力程度的关系

搜寻能力包括知觉处理能力、搜寻程序的知识与信息来源的知识，它是指消费者在信息搜寻及处理上所具备的能力高低（Brucks，1985；Marchionini，1989）。一个人的信息搜寻能力越强，那么借助移动互联网工具进行信息搜寻对他而言就越轻松简单，越容易激发其信息搜寻行为的发生；相反，一个人如果不会使用移动互联网，即便他想要实行更多的信息搜寻活动，但由于能力的限制也会导致他无法进行任何网上信息搜寻活动（孙曙迎，2009）。在消费者购买电视机行为的研究中，Duncan 和 Olshavsky（1982）发现，消费者信息搜寻能力可以帮助其增加所需的产品信息。在消费者购买决策制定的过程中，Bellman 和 Park（1980）发现，消费者信息搜寻能力越强，其信息搜寻努力程度就越高。由此可以推断，在虚拟网络购物盛行的今天，为了降低购物的不确定性，越来越多的消费者依赖购前的信息搜寻，信息搜寻能力强的消费者可以从多个渠道获取自己所需的信息，进而促使其信息搜寻努力程度的加深。由此，本节提出如下假设：

H6：消费者信息搜寻能力正向影响信息搜寻努力程度。

## 二、研究设计

（一）研究对象

本节主要是在移动互联网背景下对消费者信息搜寻行为的影响因素进行探

索。根据 2017 年第 40 次《中国互联网络发展状况统计报告》，移动互联网的使用人群更偏向于年轻化，其中，20～29 岁这个年龄段的网民占比最高，达29.7%。因此，本节主要以大学生为研究对象对其进行问卷调查。大学生这个年轻消费群体的消费意识更加理性，该群体在购物之前通常会利用网络进行大量的产品信息搜寻。因此，在信息搜寻方面，大学生具有比较丰富的经验，选择大学生这个群体作为本节的研究对象可以使研究结论准确性更高。

（二）研究变量及测量

本节调查问卷主要包括两部分内容：第一部分是对研究对象个人基本信息的统计；第二部分是对研究对象在移动互联网背景下信息搜寻行为影响因素的探索。本节研究变量的各个测量问项是通过参考以往学者的成熟量表，再结合本节特点修改形成的。各个变量的具体测量问项如表 4-1 所示。

表 4-1　移动互联网背景下消费者信息搜寻行为的影响因素问卷总量表

| 维度 | 测量题项 | 测量编项 | 理论依据 |
|---|---|---|---|
| 移动互联网信任 | 我认为移动互联网上关于产品的信息是可以信赖的 | MT1 | 李响（2011） |
| | 我认为移动互联网上关于产品的信息是真实准确的 | MT2 | |
| | 我认为移动互联网上关于产品的信息是比较客观的 | MT3 | |
| | 我认为移动互联网上关于产品的信息比较完整地反映了产品的特征 | MT4 | |
| 感知风险 | 购买产品前，我会担心我买的产品买贵了 | PR1 | Srinivasan 和 Ratchford（1991） |
| | 购买产品前，我会担心购买后发现市场上还有性价比更高的产品 | PR2 | |
| | 购买产品前，我会担心所选择的品牌不如其他品牌 | PR1 | |
| 移动互联网涉入 | 每天用笔记本/掌上电脑，或使用手机上网已经成为我的一种习惯 | MI1 | 孙曙迎（2009） |
| | 每天用笔记本/掌上电脑，或使用手机上网是我娱乐方式的一种 | MI2 | |
| | 使用笔记本/掌上电脑，或使用手机上网成为我生活中必不可少的一个习惯 | MI3 | |
| 知觉易用性 | 我觉得使用笔记本/掌上电脑，或使用手机上网是一件非常容易的事情 | PE1 | Rha（2003） |
| | 我对笔记本/掌上电脑，或使用手机技术非常了解 | PE2 | |
| | 我比一般人掌握更多的笔记本/掌上电脑或手机知识 | PE3 | |
| | 使用笔记本/掌上电脑，或使用手机上网不会使我感到为难 | PE4 | |

续表

| 维度 | 测量题项 | 测量编项 | 理论依据 |
|---|---|---|---|
| 信息搜寻动机 | 购买产品前，我想我会使用笔记本/掌上电脑，或使用手机搜寻相关信息 | RM1 | 孙曙迎（2009） |
| | 购买产品前，我会试着使用笔记本/掌上电脑，或使用手机搜寻我需要的信息 | RM2 | |
| | 购买产品前，我会尽可能使用笔记本/掌上电脑，或使用手机来搜寻相关信息 | RM3 | |
| 信息搜寻能力 | 我熟悉各种移动互联网信息搜寻技能 | RA1 | 孙曙迎（2009） |
| | 我可以自如地运用各种移动互联网资源 | RA2 | |
| | 我总是可以在移动互联网上找到我所需要的信息 | RA3 | |
| | 和一般人比起来，我比较了解如何使用移动互联网搜寻信息 | RA4 | |
| 信息搜寻努力程度 | 我花了很多时间通过手机、笔记本/掌上电脑等移动终端上网查找产品相关信息 | SE1 | Urbany 等（1996）Srinivasan 和 Ratchford（1991） |
| | 我花了很多时间通过手机、笔记本/掌上电脑等移动终端上网浏览相关产品评价信息 | SE2 | |
| | 我花了很多时间通过手机、笔记本/掌上电脑等移动终端上网与他人沟通以获取我想要的产品信息（如通过 E-mail、QQ、MSN 等网络工具） | SE3 | |

（三）正式问卷调查与发放

本节就移动互联网背景下消费者信息搜寻行为的影响因素研究的概念模型进行问卷设计，主要包括以下七个变量：移动互联网信任、感知风险、移动互联网涉入、知觉易用性、信息搜寻动机、信息搜寻能力及信息搜寻努力程度。其中，以移动互联网信任、感知风险、移动互联网涉入、知觉易用性为自变量，信息搜寻努力程度为因变量，同时本节还引入了信息搜寻动机和信息搜寻能力这两大中介变量。在对各个变量进行测量时，本节采用李克特 5 级量表进行测量，其中，"1"代表"非常不同意"，"2"代表"不同意"，"3"代表"一般"，"4"代表"同意"，"5"代表"非常同意"。由于研究样本数量较大，因此，本节通过线上、线下同步发放问卷的方式对消费者信息搜寻行为的影响因素进行调查。

## 三、数据分析

### （一）样本描述

本节通过线上、线下途径对研究对象进行随机发放问卷，总共回收问卷 342 份，剔除无效和不完整问卷 34 份，剩余有效问卷 308 份，问卷有效回收率达 90.1%。

从整理的问卷数据来看，调查对象中，男生占总人数的 24.4%，女生占总人数的 75.6%，主要学历为本科（见表 4-2）。

表 4-2　问卷调查者统计特征描述

| 分类 | | 频度（n=308） | 百分比（%） |
|---|---|---|---|
| 性别 | 男 | 75 | 24.4 |
| | 女 | 233 | 75.6 |
| 学历 | 本科 | 296 | 96.1 |
| | 硕士研究生及以上 | 12 | 3.9 |
| 移动互联网接触时间 | 1 年以下 | 2 | 0.6 |
| | 1~3 年 | 24 | 7.8 |
| | 3~5 年 | 105 | 34.1 |
| | 5 年以上 | 177 | 57.5 |
| 移动互联网使用时间（单位：周） | 1 小时以下 | 16 | 5.2 |
| | 1~5 小时 | 98 | 31.7 |
| | 5~10 小时 | 60 | 19.5 |
| | 10~20 小时 | 59 | 19.2 |
| | 20 小时以上 | 75 | 24.4 |

### （二）信度分析

变量的 Cronbach's α 系数用来反映该变量各个测量项之间的内部相关度，Cronbach's α 系数越大，表明量表的内部一致性越好。如表 4-3 所示，各变量 Cronbach's α 值均大于 0.7，CITC 值均达标，说明本节的各测量变量信度良好。

表4-3  测量量表信度分析结果

| 变量 | 测量问项数 | CITC | α if item deleted | Cronbach's α |
|---|---|---|---|---|
| 移动互联网信任 | MT1 | 0.535 | 0.736 | 0.771 |
| | MT2 | 0.640 | 0.691 | |
| | MT3 | 0.602 | 0.701 | |
| | MT4 | 0.545 | 0.738 | |
| 感知风险 | PR1 | 0.580 | 0.596 | 0.723 |
| | PR2 | 0.574 | 0.599 | |
| | PR3 | 0.485 | 0.711 | |
| 移动互联网涉入 | MI1 | 0.748 | 0.809 | 0.866 |
| | MI2 | 0.777 | 0.782 | |
| | MI3 | 0.711 | 0.843 | |
| 知觉易用性 | PE1 | 0.686 | 0.840 | 0.865 |
| | PE2 | 0.772 | 0.804 | |
| | PE3 | 0.748 | 0.814 | |
| | PE4 | 0.656 | 0.851 | |
| 信息搜寻动机 | RM1 | 0.832 | 0.871 | 0.914 |
| | RM2 | 0.847 | 0.858 | |
| | RM3 | 0.800 | 0.898 | |
| 信息搜寻能力 | RA1 | 0.727 | 0.818 | 0.863 |
| | RA2 | 0.771 | 0.800 | |
| | RA3 | 0.712 | 0.825 | |
| | RA4 | 0.636 | 0.854 | |
| 信息搜寻努力程度 | SE1 | 0.632 | 0.702 | 0.786 |
| | SE2 | 0.672 | 0.661 | |
| | SE3 | 0.577 | 0.767 | |

（三）效度分析

1. 探索性因子分析

本节主成分分析结果如表4-4所示。通过SPSS 21.0软件分析得出测量量表的 KMO 值为 0.792，介于 0.7~0.8，说明各测量问项间的关系基本良好；Bartlett球形检验的显著性概率为 0.000，小于 0.05 的显著性水平，因此，球形假设被拒绝。根据以上数据，本节收集的样本数据适合进一步做因子分析。

表4-4　主成分分析结果

| 变量 | 测量编项 | 因子载荷值 |
|---|---|---|
| 移动互联网信任 | MT1 | 0.698 |
| | MT2 | 0.825 |
| | MT3 | 0.790 |
| | MT4 | 0.729 |
| 感知风险 | PR1 | 0.811 |
| | PR2 | 0.828 |
| | PR3 | 0.742 |
| 移动互联网涉入 | MI1 | 0.830 |
| | MI2 | 0.884 |
| | MI3 | 0.821 |
| 知觉易用性 | PE1 | 0.885 |
| | PE2 | 0.864 |
| | PE3 | 0.824 |
| | PE4 | 0.794 |
| 信息搜寻动机 | RM1 | 0.848 |
| | RM2 | 0.860 |
| | RM3 | 0.867 |
| 信息搜寻能力 | RA1 | 0.817 |
| | RA2 | 0.862 |
| | RA3 | 0.832 |
| | RA4 | 0.783 |
| 信息搜寻努力程度 | SE1 | 0.806 |
| | SE2 | 0.845 |
| | SE3 | 0.809 |

2. 验证性因子分析

（1）收敛效度。

本节使用 AMOS 21.0 进行验证性因子分析。模型的拟合优度指数 $\chi^2/\mathrm{df}$ 为 1.376，GFI 为 0.923，CFI 为 0.974，RMR 为 0.026，RMSEA 为 0.035。总体来看，模型具有较好的收敛效度。

然后对测量模型的信度和效度进行测验。本节采用组合信度 CR 和平均提取方差值 AVE 来检验模型的信度、收敛效度和区别效度。通过计算，测量模型的 CR 与 AVE 值如表 4-5 所示。

表 4-5　CR 和 AVE 值

| 构成因子 | 测量编项 | 标准因子载荷值 | CR | AVE |
|---|---|---|---|---|
| 移动互联网信任 | MT1 | 0.662 | 0.885 | 0.659 |
| | MT2 | 0.750 | | |
| | MT3 | 0.701 | | |
| | MT4 | 0.634 | | |
| 感知风险 | PR1 | 0.762 | 0.784 | 0.551 |
| | PR2 | 0.721 | | |
| | PR3 | 0.579 | | |
| 移动互联网涉入 | MI1 | 0.845 | 0.897 | 0.744 |
| | MI2 | 0.857 | | |
| | MI3 | 0.781 | | |
| 知觉易用性 | PE1 | 0.766 | 0.910 | 0.719 |
| | PE2 | 0.863 | | |
| | PE3 | 0.807 | | |
| | PE4 | 0.705 | | |
| 信息搜寻动机 | RM1 | 0.894 | 0.952 | 0.870 |
| | RM2 | 0.913 | | |
| | RM3 | 0.841 | | |
| 信息搜寻能力 | RA1 | 0.809 | 0.910 | 0.718 |
| | RA2 | 0.861 | | |
| | RA3 | 0.779 | | |
| | RA4 | 0.680 | | |
| 信息搜寻努力程度 | SE1 | 0.776 | 0.840 | 0.634 |
| | SE2 | 0.812 | | |
| | SE3 | 0.648 | | |

（2）判别效度。

测量模型的判别效度与各测量维度的 AVE 值的开方值有关，当各测量维度的 AVE 值的开方数值均大于同行同列的相关系数时，测量模型的判别效度得到验证。本节采用验证性因子分析（CFA）的数据结果来验证测量模型的判别效度。测量变量的 AVE 值的开方值分析结果如表4-6 所示。

**表4-6　区别效度分析**

|  | 1 | 2 | 3 | 4 | 5 | 6 | 7 |
|---|---|---|---|---|---|---|---|
| 移动互联网信任 | 0.812 |  |  |  |  |  |  |
| 感知风险 | 0.059 | 0.742 |  |  |  |  |  |
| 移动互联网涉入 | 0.314 | 0.238 | 0.863 |  |  |  |  |
| 知觉易用性 | −0.058 | −0.013 | 0.018 | 0.848 |  |  |  |
| 信息搜寻动机 | 0.297 | 0.172 | 0.541 | −0.037 | 0.933 |  |  |
| 信息搜寻能力 | 0.273 | −0.039 | 0.184 | 0.039 | 0.413 | 0.847 |  |
| 信息搜寻努力程度 | 0.140 | 0.268 | 0.259 | −0.021 | 0.339 | 0.195 | 0.796 |

**（四）模型评价及假设检验**

本节运用 AMOS 21.0 进行结构模型分析。模型的主要拟合优度指数值为：$\chi^2/\mathrm{df}$ 为 1.799，GFI 为 0.899，CFI 为 0.942，RMR 为 0.057，RMSEA 为 0.051，表现出了较好的可接受性。结构模型的路径系数及显著性如表4-7 所示。

**表4-7　路径系数及显著性**

| 编号 | 路径 | β | t | p |
|---|---|---|---|---|
| H1 | 信息搜寻动机←移动互联网信任 | 0.429 | 4.771 | 0.000 |
| H2 | 信息搜寻动机←感知风险 | 0.241 | 2.872 | 0.004 |
| H3 | 信息搜寻能力←移动互联网涉入 | 0.149 | 2.932 | 0.003 |
| H4 | 信息搜寻能力←知觉易用性 | 0.032 | 0.527 | 0.598 |
| H5 | 信息搜寻努力程度←信息搜寻动机 | 0.322 | 4.783 | 0.000 |
| H6 | 信息搜寻努力程度←信息搜寻能力 | 0.095 | 1.163 | 0.245 |

注：$p<0.05$ 显著。

从结构模型的路径系数表可以看出，本节 H2、H4 和 H6 没有得到验证，H2 即消费者感知风险负向影响信息搜寻动机；H4 即消费者知觉易用性正向影响信息搜寻能力；H6 即消费者信息搜寻能力正向影响信息搜寻努力程度，这三个假设都未能成立。H2 未能成立的原因可能是：本节选取的研究对象全部都是高校大学生，对这一年轻的"90后"群体而言，移动互联网已经成为他们生活中必不可少的一部分，他们对移动互联网的依赖远远超过了"70后""80后"群体，因此，在感知风险比较高的情况下，他们更倾向于使用移动互联网来搜寻自己需要的产品信息。H4未能成立的原因可能是：消费信息搜寻能力反映的是其获取信息的能力。无论是对哪种产品而言，其网络信息容量都是十分巨大的。消费者可以利用移动互联网从多个渠道获取自己所需要的信息。知觉易用性越强的消费者说明其网络运用的能力越强，如果其缺乏产品信息获取渠道的知识，即不知道如何查阅相关产品信息，那么该消费者的信息搜寻能力就比较弱。H6未能成立的原因可能是：个体行为的发生更多是由动机引起的。信息搜寻能力强的消费者在其自身没有产生信息需求的情况下，一般是不会花费时间和精力去查找产品信息的，除非受到了外界条件的影响，如为了向他人展示自己的能力，为了得到赞美、认可等，可能促使其信息努力程度加深。

## 四、结论与意义

本节从移动互联网角度出发对消费者信息搜寻行为及作用机制进行探索，引入了信息搜寻动机及搜寻能力两大中介变量，通过线上、线下结合的方式同时发放问卷进行调查，收集研究所需的数据，采用结构方程模型对研究模型及假设进行分析验证。通过实证分析得到以下结论：移动互联网信任、感知风险对消费者信息搜寻努力程度有正向影响，信息搜寻动机在移动互联网信任、感知风险与消费者信息搜寻努力程度之间发挥了中介作用；移动互联网涉入对信息搜寻能力有正向影响；知觉易用性与信息搜寻能力、信息搜寻能力与信息搜寻努力程度之间不存在显著关系。

第一，消费者移动互联网信任对其信息搜寻努力程度有正向影响。在移动互联网迅速发展的今天，消费者可以非常轻松、快捷地利用移动互联网搜寻到任何自己需要的信息。移动互联网空间虽然存在着大量的信息，但其信息来源是虚拟的、间接的，在海量的信息中还夹杂着很多让消费者难以分辨的虚假信息，因此，移动互联网信息来源的真实性、可靠性是影响消费者信息搜寻行为的重要因素。消费者对移动互联网信息来源的信任程度越高，越愿意在信息搜寻上付出更多的努力、时间。所以，消费者对移动互联网的信任程度越高，其信息搜寻努力程度越高。

第二，消费者移动互联网涉入对其信息搜寻能力有正向影响。随着人们对网络的依赖程度越来越高，加之移动互联网的便携性，人们可以随时随地上网查阅自己缺乏的产品信息。消费者移动互联网涉入越深，意味着其对移动互联网相关知识的了解、认知程度越高，越容易发现移动互联网信息搜寻的便利性，从而促使其搜寻能力提高。所以，消费者移动互联网涉入越多，则其信息搜寻能力越强。

我国关于消费者信息搜寻行为的研究起步较晚，现有文献大多以西方理论为基础展开研究。由于不同国家的不同环境背景可能会对消费者信息搜寻行为造成影响，因此，西方理论可能不太适合中国情境下的消费者。结合中国本土环境对消费者信息搜寻行为展开深入探讨，将有助于为中国企业营销活动的开展提供一定的参考。本节通过实证研究发现，移动互联网信任和感知风险会对消费者信息搜寻行为产生积极影响。从中企业可以意识到，为消费者提供一个良好的网络环境是消费者消费行为发生的前提，为消费者提供真实、可靠的网络信息来源可以吸引更多的消费者，为企业后期拓宽市场奠定基础。

虽然本节对消费者信息搜寻行为的影响因素进行了分析，并得出了相应的结论，但由于能力、时间有限，研究仍存在一定的局限，主要有以下两个方面：

第一，消费者信息搜寻行为会受到很多因素的影响。本节仅从移动互联网特性角度出发探索了其对消费者信息搜寻行为的影响，且选取的影响因素偏少，往后的研究可以从消费者角度或以不同行业为研究视角对消费者信息搜寻行为进行深入研究，从而建立消费者信息搜寻行为影响因素较为全面、系统的模型。

第二，本节调查样本在性别分布上不是十分均衡，女性受访人数远远超过男性受访人数，调查对象的性别可能会对信息搜寻行为造成影响，研究结论的普适性也会因此受到一定程度的影响。因此，后续研究可以继续扩大调查样本范围，进一步研究消费者个人特征（如年龄、学历、性别等）对信息搜寻行为的影响及其作用机制。

# 第二节　移动社交网络中消费者特征对信息搜寻行为的影响

中国互联网络信息中心 2015 年的报告显示，中国手机网民规模已达到 5.57 亿，手机上网的移动网民比例超越传统 PC 上网的网民比例。使用率高达

85.8%，移动社会化网络服务用户数量已占中国总人口的46%（CNNIC，2015）。互联网无线宽带技术的不断完善与4G的全面启动，使以移动互联网为基础的移动社会化网络服务成为一种趋势（Park et al.，2016）。移动社会化网络服务（也称作移动社交网络服务）与传统基于PC互联网的SNS相比，具有不同的特点，具体表现为用户可以随时随地、无限制地查找所需的信息，人际沟通、生活工作等都在一个移动通信平台上完成，这使互联网更加开放、便捷，更为迅速、精准。另外，中国77.1%的用户将移动互联网作为主要的信息搜寻渠道，网络信任成为社会信任的重要组成部分，也成为电子商务、互联网金融等深层网络应用发展的重要社会基础。移动互联网带动了互联网整体的发展，同时也成为消费者搜寻并获取信息的重要来源（CNNIC，2015）。

不仅如此，随着移动互联网覆盖率的大幅提升和智能手机的普及（Memon et al.，2015），人们可以随时随地上网交流（Park et al.，2016），与传统的网络信息相比，移动社会化网络上的信息具有内容精练多样、更新及时和传送准确的特点，用户能够更加方便地与自身网络圈进行沟通、交流，并且更容易搜寻、获取信息。

互联网技术和智能手机的发展与应用使现实社会中的交往逐渐映射到虚拟网络中，这一现象引起了很多学者的关注。但关于社会网络的研究依然很欠缺，社会网络作为营销平台的作用未受到学者们足够的重视（Ellison et al.，2007）。随着科技的发展，网络已经成为越来越多的消费者重要信息的来源渠道（Park et al.，2016）。对网络消费者而言，信息搜寻是网上购物决策过程中一个非常重要的阶段。在Web2.0环境下，移动网络飞速发展，移动社会化网络环境下消费者的信息搜寻行为模式呈现出多元化的发展趋势，它给用户带来了更多的搜寻渠道和搜寻策略选择，并创造了巨大的信息量。传统网络的搜索引擎只能针对静态网页进行搜索，而在移动网络圈子中，消费者不受时间和空间的限制，可以自由互动并交流信息。消费者不仅是信息的搜寻者与使用者，同时也是信息的生产者、传播者与评价者。因此，在这样的环境下，信息搜寻行为的内涵和与之相关的研究内容已经发生了很大的变化。本节的研究目的是通过构建移动社交网络中消费者特征对信息搜寻行为影响的研究框架，在理论上深刻认识用户通过移动社交网络搜寻信息的规律，并为企业开发移动社交网络营销平台提供实践启示。

## 一、研究模型与假设

### (一) 研究模型

基于以上理论研究，本节提出移动社交网络中消费者特征影响信息搜寻行为的研究模型。如图 4-2 所示，消费者的信息搜寻行为受到消费者特征中的归属感、感知风险、价格敏感性因素的影响。

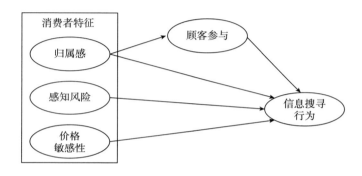

**图 4-2　研究模型**

### (二) 研究假设

1. 消费者特征的相关假设

消费者特征是消费者网上购买决策的一个重要影响因素。Mittal 和 Kamakura（2001）的研究发现，具有不同个人特征的消费者拥有不同的满意极限值，即使在同样水平的满意等级下，不同顾客群体的重复购买率也存在系统性的差异。Francese（1990）提出，应该从人口特征和心理特征两方面来研究消费者特征，人口特征是指消费者的性别、年龄、家庭规模等，而心理特征则是指消费者的个性、观念、兴趣、态度、价值观等。Bellman 等（1999）研究了人口统计学变量、人格与网上购物态度之间的关系，发现生活方式拘束、时间安排不自由的人更有可能经常在网上购物。Lightner（2003）依据人口统计学变量，分别探讨了年龄、教育水平和收入与网上购物的关系。Westbrook 和 Fornell（1979）的研究发现，年龄对消费者的信息需求有负的影响。此外，学者还从消费者动机（Arnold and Reynolds，2003；Close and Kukar-Kinney，2010），消费者的心理特质（Siu and Cheng，2001）等维度进行了研究。科特勒（2003）主张，消费者特征包括消费者地理特征、人口统计因素、社会因素和心理行为四个方面。Pechtl（2003）研究了消费者的态度和心理特质，如市场专家主义（Market Mavenism）、时间压力行为（Time-stressed Behaviour）等。

学者从不同角度探讨了消费者特征的维度，大部分是从消费者的人口统计变量方面进行分析的。也有学者从消费者动机与心理特征等多维度分析消费者特征，但较少有研究能够将移动社交网络中的消费者特征与信息搜寻行为纳入一个研究框架来探讨它们之间的关系。随着市场竞争的日益激烈和营销研究的深入发展，学者们发现，在消费者特征中，即便人口特征相同，但如果消费心理特征不同也会导致不同的消费者行为。消费者特征维度究竟有哪些，各研究并未取得一致结果，心理特质是如何影响消费者决策的，该问题还需进一步探讨。本节根据上述文献，并结合移动社交网络的特点，选择消费者特征中的归属感、感知风险和价格敏感性三个维度进行实证分析。

归属感（the Sense of Belonging）。从消费者的心理角度来看，归属感是指一方希望与另一方继续保持关系，愿意为保持这一关系而投入较多的精力（Dwyer and Oh，1987）。归属感对于移动互联网络来说是很重要的一个影响因素，Romero 和 Roberts（1998）认为，有较强归属感的人将会在在线参与方面投入更多的时间和精力。归属感越强的人，越愿意花费时间和精力参与虚拟网络社群的活动（Teo and Pian，2003）。另外，归属感能够带来社群信任以及成员信任，这也提高了他们参与社群活动的积极性（Casalo et al.，2008）。Vincent（1993）指出，虚拟社区归属感是影响参与行为的一个重要因素，由此，本节提出如下假设：

H7：在移动社交网络中，消费者的归属感对参与行为产生积极影响。

信息是成员在移动社交网络中获得的最重要的一项资源。信息交换成员之间的社会联结越紧密，其交换信息的频度越高，程度越深，同时，在信息传递过程中，拥有共同兴趣、目标和愿景的成员更容易理解他人分享的信息（左文明等，2014）。Hsu 和 Lin（2008）的研究表明，归属感对博客用户的参与意向有积极作用。Kim（2008）发现，网络信息搜寻行为受情感控制因素的影响。在移动社交网络中，拥有共同价值观的人们会更愿意相信彼此发布的信息的真实性（Lin and Lu，2011），这些信息来自移动网络的朋友圈，影响力更大，更值得信赖，消费者分享、搜寻信息的意愿更强。综上所述，本节提出如下假设：

H8：在移动社交网络中，消费者的归属感对信息搜寻行为产生积极影响。

感知风险。感知风险的概念最初是由 Bauer（1960）引入到消费者行为学研究中的，用以解释信息搜寻、意见领袖、参照群体和购买前的慎重考虑等现象。Oliver 和 Rosen（2010）指出，消费者缺乏相应的产品知识，因此会感知到风险。在线购物消费者的感知风险会对在线购买的态度产生影响。Fishbein 理性行为模型指出，消费者在购买决策过程中一旦产生需求，就会为解决这些问题而搜寻各种相关信息（Blackwell et al.，1995）。在移动社会化网络的圈子中，连接性强的关系链使信息的推送准确、及时，这些信息对消费者而言具有极高的采纳与利用价值，而消费者所感知到的风险也会促使其在移动社会化网络中寻找各种信息。因此，本节预测，消费者的感知风险特征将会推动其在移动社交网络中进行信息搜寻。由此，本节提出如下假设：

H9：在移动社交网络中，消费者的感知风险特征对信息搜寻行为产生积极影响。

价格敏感性。Goldsmith 等（2005）将价格敏感定义为消费者对某一价格水平或者价格变化所做出的反应。价格敏感性是造成消费者在购买决策中犹疑不决的重要因素。消费者的认知容量以及搜寻信息的时间、精力、能力都是有限的，面对网络的海量信息，快速有效的信息搜寻是消费者追求的目标。因此，基于最省力法则，消费者更倾向于借鉴亲友及意见领袖的建议（李东进，2002）。移动社会化网络中所存在的强弱两种关系为人们提供了组合和交换知识的机会，成员之间的社交联结使他们能够更有效率地获取更广泛的信息（Larson and Christensen，1993）。价格敏感的消费者在做出购买决策前往往会更多地进行相关信息的搜寻工作，移动社交网络中成员间的密切联结增加了信息的数量与信任度，同时移动社交网络本身也为消费者的信息搜寻提供了便利。由此，本节提出如下假设：

H10：在移动社交网络中，消费者的价格敏感性特征对信息搜寻行为产生积极影响。

2. 移动社交网络中的顾客参与对信息搜寻行为的影响

顾客参与不仅是一种体验，它所产生的影响还会随着体验的增加而增大（Schouten et al.，2007）。随着消费者在社群中的参与度增加，其向他人推荐社群的意愿便会增强（Armstrong and Hagel，1996），同时，更多地参与会使消费者接收更多有关产品的正面信息（Andersen，2005）。在移动社交网络环境下，人们可以根据自己的兴趣爱好选择参加不同的社区或者组织，搜索和发布相似的信息。信息传递的分享性、互动性增强了信息的可获得性，也降低了信息搜寻的成本（Paridon，2008）。Pan 和 Chiou（2011）认为，对于经验产品，只要是由与自己社会关系相近的人发布的，就会被视为可信的信息。同受众感知角色的类社会互动越强，用户越倾向于从角色处获取更多的信息。Preece（2000）也指出，用户的参与行为是为了进行信息交换。由此，本节提出如下假设：

H11：在移动社交网络中，顾客参与对信息搜寻行为产生积极影响。

## 二、研究方法

### （一）调查研究与分析方法

本节的研究目的是从消费者的角度去探究移动社交网络中消费者的特征对信息搜寻行为的影响机制，研究对象是移动社交网络的网民，样本选取和数据获得等都是以将消费者视为微观个体为前提的。

本节首先明确相关变量的概念及具体的研究假设，然后通过问卷设计、确定调查方式，实证检验变量之间的关系，最后通过预测试对初始量表的测量问项进行信度和效度分析，从而保证开发量表的结构效度与质量。

### （二）变量及测量方法

本节研究模型主要涉及三个方面的变量，即消费者特征（包括归属感、感知风险、价格敏感性三个维度）、顾客参与、信息搜寻行为。变量之间的具体假设根据相关理论及文献分析得出：归属感变量参考 Bollen 等（1990）与 Elen 和 Johnson（2000）学者的概念及问项，并根据移动社交网络的特点修改而成，具体由四个测量问项构成；感知风险变量参考 Oliver 和 Rosen（2010）与 Murray 和 Schlacter（1990）的概念及问项，并根据移动社交网络的特点修改而成，具体由三个测量问项构成；价格敏感性变量参考 Goldsmith 等（2005）、王大海等（2015）的概念及问项，并根据移动社交网络的特点修改而成，具体由四个测量问项构成；顾客参与行为变量参考 Schouten 等（2007）和 Lloyd（2003）等学者的概念及问项，具体由三个测量问项构成；信息搜寻行为变量参考 Wilson（2006）、Awasthy 等（2012）、Choi 和 Varian（2012）、Konstantin 等（2009）等学者的概念及问项，具体由四个测量问项构成。本节结合已有研究成果，设计了测量各研究变量的具体问项，每个问项使用 Likert 7 级量表设置了从"完全不同意"到"完全同意"七个选项。问卷调查采用随机抽样的方式选择样本，为确保问卷调查的信度及准确度，本节选择使用移动社交网络进行过产品信息搜寻的消费者为研究对象进行问卷调查。

（三）数据收集与人口统计学特征

本节研究主要采用走访问卷和网络问卷两种方式展开随机抽样调查，共发放问卷450份，回收有效问卷423份，有效回收率为94%。其中，31份无效问卷被剔除，剩余392份有效问卷用于实证分析。问卷应答者的年龄主要分布于18~40岁，其中，男性占比43.4%，女性占比56.6%。被调查对象大多数具有本科及以上学历（80.9%），以学生和企业职员为主（73%），具体内容如表4-8所示。

表4-8　受访者描述性统计

| 分类 | | 频度（n=392） | 分布（%） |
|---|---|---|---|
| 性别 | 男 | 170 | 43.4 |
| | 女 | 222 | 56.6 |
| 年龄 | 18岁以下 | 2 | 0.5 |
| | 18~30岁 | 215 | 54.8 |
| | 31~40岁 | 162 | 41.4 |
| | 41~50岁 | 13 | 3.3 |
| | 51岁及以上 | 0 | 0 |
| 学历 | 高中毕业（含中专）以下 | 1 | 0.3 |
| | 高中毕业（含中专） | 23 | 5.8 |
| | 大专 | 51 | 13.0 |
| | 本科 | 259 | 66.1 |
| | 研究生及以上 | 58 | 14.8 |
| 职业 | 学生 | 147 | 37.5 |
| | 企业职员 | 139 | 35.5 |
| | 公务员 | 64 | 16.3 |
| | 事业单位 | 2 | 0.5 |
| | 个体户 | 38 | 9.7 |
| | 其他 | 2 | 0.5 |

## 三、研究分析与假设验证

（一）信度分析

本节首先采用Cronbach's α系数对各问项进行信度分析，以确认问项间的内在一致性。一般来说，Cronbach's $\alpha$ 系数值大于 0.8，即被认为是各研究概念的测量问项具有较高的内在一贯性。分析结果如表 4-9 所示，所有问项概念的 Cronbach's $\alpha$ 系数均大于 0.8，表明各研究概念的测量问项稳定性好，其信度得到确认。

表 4-9　变量信度分析结果

| 变量 | 测量问项数 | Cronbach's $\alpha$ 值 |
|---|---|---|
| 归属感 | 4 | 0.815 |
| 感知风险 | 3 | 0.812 |
| 价格敏感性 | 4 | 0.831 |
| 顾客参与 | 3 | 0.816 |
| 信息搜寻行为 | 4 | 0.815 |

（二）效度分析

1. 探索性因子分析（Exploratory Factor Analysis）

本节采用主成分分析方法对测量问项进行探索性因子分析，以检验各个构成因子的单一维度性。通过 Bartlett 球形检验测量各个变量间的相关关系，如表 4-10 所示，构成因子在 0.5 负荷值基准上没有出现构念交叉。结果显示，各变量间的相关关系矩阵具有统计学意义，这表明因子分析模型是合理的，所有问项均显示出良好的收敛效度。

表 4-10　变量效度分析结果

| 变量 | 测量编项 | 因子载荷值 |
|---|---|---|
| 归属感 | BE1 | 0.776 |
| | BE2 | 0.717 |
| | BE3 | 0.709 |
| | BE4 | 0.646 |
| 感知风险 | PR1 | 0.868 |
| | PR2 | 0.836 |
| | PR3 | 0.766 |

续表

| 变量 | 测量编项 | 因子载荷值 |
|---|---|---|
| 价格敏感性 | PS1 | 0.847 |
| | PS2 | 0.844 |
| | PS3 | 0.809 |
| | PS4 | 0.693 |
| 顾客参与 | CP1 | 0.824 |
| | CP2 | 0.707 |
| | CP3 | 0.550 |
| 信息搜寻行为 | INS1 | 0.774 |
| | INS2 | 0.682 |
| | INS3 | 0.671 |
| | INS4 | 0.632 |

2. 验证性因子分析（Confirmatory Factor Analysis）

本节通过验证性因子分析检验各维度测量模型的收敛效度，并通过整体测量模型检验判别效度。

收敛效度。一般情况下，标准化因子载荷值大于 0.5，即为收敛效度良好。验证性因子分析结果如表 4-11 所示，各问项标准因子载荷值处于 0.508~0.917，显示出良好的集中效性；且测量模型 $\chi^2 = 395.250$（df = 125，p = 0.000），GFI = 0.906，CFI = 0.890，TLI = 0.865，NFI = 0.848，RMSEA = 0.074，同样显示出较好的水平。结果表明，各问项均表现出显著的单一维度和优越的拟合度，收敛效度得到确认。

表 4-11　确认性因子分析结果

| 构成因子 | 测量编项 | 载荷值 | 标准因子载荷值 | t 值 |
|---|---|---|---|---|
| 归属感 | BE1 | 1.000 | 0.613 | — |
| | BE2 | 1.321 | 0.728 | 10.343 |
| | BE3 | 1.365 | 0.751 | 10.481 |
| | BE4 | 0.784 | 0.516 | 8.158 |
| 感知风险 | PR1 | 1.000 | 0.724 | — |
| | PR2 | 1.368 | 0.917 | 15.356 |
| | PR3 | 1.113 | 0.766 | 14.369 |

续表

| 构成因子 | 测量编项 | 载荷值 | 标准因子载荷值 | t 值 |
|---|---|---|---|---|
| 价格敏感性 | PS1 | 1.000 | 0.760 | — |
| | PS2 | 0.696 | 0.582 | 10.626 |
| | PS3 | 0.829 | 0.797 | 14.104 |
| | PS4 | 0.907 | 0.765 | 13.758 |
| 顾客参与 | CP1 | 1.000 | 0.665 | — |
| | CP2 | 0.670 | 0.678 | 9.347 |
| | CP3 | 0.596 | 0.534 | 8.088 |
| 信息搜寻行为 | INS1 | 1.000 | 0.798 | — |
| | INS2 | 0.974 | 0.714 | 12.516 |
| | INS3 | 0.706 | 0.564 | 10.118 |
| | INS4 | 0.639 | 0.508 | 9.126 |
| 拟合优度 | $\chi^2 = 395.250$（df = 125，p = 0.000），GFI = 0.906，CFI = 0.890，TLI = 0.865，NFI = 0.848，RMSEA = 0.074 | | | |

判别效度。Anderson 和 Gerbing（1988）指出，95%置信区间内未出现 1，即可认定为判别效度良好。计算结果如表 4-12 所示，所有构成概念中在 95%的置信区间内未出现，由此判别效度得到确认。

表 4-12　判别效度分析结果

| 潜在变量 | Estimate（A） | S.E.（B） | A+B×2 | A-B×2 |
|---|---|---|---|---|
| 归属感↔感知风险 | 0.412 | 0.067 | 0.546 | 0.278 |
| 归属感↔价格敏感性 | 0.004 | 0.030 | 0.064 | -0.056 |
| 归属感↔信息搜寻行为 | 0.439 | 0.065 | 0.569 | 0.309 |
| 归属感↔顾客参与 | 0.495 | 0.082 | 0.659 | 0.331 |
| 价格敏感性↔感知风险 | 0.059 | 0.039 | 0.137 | -0.019 |
| 价格敏感性↔信息搜寻行为 | 0.060 | 0.037 | 0.134 | -0.014 |
| 价格敏感性↔顾客参与 | 0.044 | 0.046 | 0.136 | -0.048 |
| 感知风险↔信息搜寻行为 | 0.468 | 0.074 | 0.616 | 0.32 |
| 感知风险↔顾客参与 | 0.560 | 0.096 | 0.752 | 0.368 |
| 信息搜寻行为↔顾客参与 | 0.727 | 0.099 | 0.925 | 0.529 |

综合以上结果，所有测项的信度、收敛效度与判别效度均得到了确认。

（三）模型评价与假设检验

为检验研究模型的稳妥性，本节使用 AMOS 20.0 对拟合度进行了检验。将 $\chi^2$ 作为评价指标（$\chi^2 = 485.503$，df = 130，p = 0.00）。一般而言，当样本总数超过 200 的时候，卡方值会相应变大，因此，当样本规模较大的时候，需考虑采用其他适配度统计量再次进行综合判断。本节数据的适配度指标显示：GFI = 0.890，NFI = 0.814，CFI = 0.855，NFI = 0.814，全部指标均在 0.8 以上，说明该研究模型具有良好的拟合度，并在统计学上具有合理性。

本节通过 AMOS 20.0 软件对研究模型进行结构方程模型分析，测量结果如表 4-13 所示，该假设模型表现出较好的拟合度。本节提出的研究假设均得到了验证与支持。

表 4-13　假设验证结果和路径系数

| 研究假设 | 路径 | β | t | p |
|---|---|---|---|---|
| H7 | 归属感→顾客参与 | 0.307 | 6.04 | 0.000 |
| H8 | 归属感→信息搜寻行为 | 0.223 | 3.43 | 0.000 |
| H9 | 感知风险→信息搜寻行为 | 0.170 | 3.69 | 0.000 |
| H10 | 价格敏感性→信息搜寻行为 | 0.173 | 2.09 | 0.036 |
| H11 | 顾客参与→信息搜寻行为 | 0.682 | 4.94 | 0.000 |

注：p<0.05 显著。

## 四、结论与意义

本节从中国消费者角度探索了移动社交网络中消费者特征对信息搜寻行为的影响，实证分析了消费者特征因素对信息搜寻行为所产生的作用机制。具体得出如下结论：首先，本节构建的理论模型成立。移动社交网络环境下消费者特征因素对信息搜寻行为的影响模型可以表述为：消费者特征中的归属感、感知风险、价格敏感性因素影响消费者在移动社交网络中的信息搜寻行为，归属感特征通过顾客参与对信息搜寻行为产生积极影响。本节的研究结合中国消费者与移动社交网络的实际情况，设计了消费者的归属感、感知风险和价格敏感性影响信息搜寻行为的测量模型，总结出了上述三个消费者特征因素在移动社交网络环境下对信息搜寻行为的作用路径，并通过实证分析揭示了中国移动社交网络中的消费者特征与信息搜寻行为的结构和测量维度。本节总结出了企业运用移动社交网络营销时消费者特征影响顾客参与及信息搜寻行为的管理启示，并分析得出了消费者特征中的归属感和感知风险对信息搜寻行为产生的影响力相对大于价格敏感性。

因此，企业通过移动社交网络进行营销时，应充分注意消费者的不同特征对其参与行为和信息搜寻行为的不同影响，从而有针对性地推送企业相关信息，促使顾客更多地参与到其中，提高消费者的信息搜寻意识，提升企业营销绩效。本节的研究还揭示了信息搜寻行为由消费者的归属感特征通过参与行为从而构筑加强的过程。在移动社交网络中，企业应该通过及时的沟通和交流等方式加强与消费者的互动，强化对消费者的关心与帮助，从而形成良好的网络氛围，以此提升消费者的归属感，进而使顾客在移动社交网络平台上更多地搜寻企业信息，达到企业宣传效果。

在学术方面，本书仅选择了移动社交网络中消费者特征的三个重要变量进行实证分析，在未来的研究中可以对其他可能影响信息搜寻行为的变量进行进一步的探究与检验。此外，本节开发的研究模型主要检验了中国消费者的特征对顾客参与和信息搜寻行为的影响，尚未考虑其他的结果变量，因此，在后续的研究中，将会分析在中国移动社交网络环境下，消费者的不同特征、其他结果变量以及可能存在的调节变量，并进行探索、验证，完善研究模型。此外，将中国消费者和中国移动社交网络与其他国家进行对比与分析，也是后续研究可选择的方向。

## 第三节　基于数据挖掘的信息搜寻行为模型构建

互联网发展已经进入社会化网络时代，在移动社会化网络下，人与人、人与信息、信息与技术相互融合衍生出各种新模式，对人们的生活、社会的发展、经济的进步都产生了深远的影响。随着移动设备硬件基础的提升、信息技术的发展、网络的普及，移动社会化网络呈现出微信息、垂直化和移动化的特征。中国互联网络信息中心（CNNIC）发布的第 42 次《中国互联网络发展状况统计报告》

显示，截至 2018 年 6 月 30 日，我国手机网民规模达 7.88 亿，网民通过手机接入互联网的比例高达 98.3%。随着 Web2.0 相关技术的日益成熟和应用的拓展，国内外涌现出大量的社会网络服务平台。这些网络平台极大地丰富了网民的生活，也成为研究用户信息行为的重要平台。用户可以通过在网络平台上搜集信息的方式满足自身的需求，同时这也为平台收集用户信息、对其信息搜集行为进行分析提供了大量的数据。用户信息搜寻过程中产生的数据庞大且杂乱，其中还包含了大量非结构信息，仅使用简单的统计分析方法不容易发现其隐藏的知识和规律，而且这些数据很多来源于大数据，这就要求我们采用更为精确、复杂的方式来研究和分析信息用户的搜寻行为。全球定位、搜索引擎、数据挖掘等技术的发展，使移动社会化网络平台中用户的数据受到了广泛的关注。数据挖掘技术可以分析大量数据，并提取出隐藏在其中的、人们事先不了解的、对决策有用的信息和知识。

通过数据挖掘来分析用户信息搜寻行为以提高用户信息搜寻的效果和效率是亟待解决的问题。然而，在如此巨量且高价值的数据面前，目前有关信息搜寻行为的研究的深度存在明显不足，并且信息搜寻行为的技术环境也在随时变化。Google、百度等搜索引擎被视为正式信息源，有许多学者对此技术环境下发生的信息搜寻行为进行了研究。有研究发现，80% 的被调查对象使用社会化媒体搜寻所需信息（Woolley et al.，2013）。Twitter、Facebook、微信、微博等社会化媒体被视为非正式信息源，此技术环境下的信息搜寻行为较为匮乏。信息搜寻作为社会化媒体中的一种基本信息活动，亟待在新的技术框架下进行进一步完善。基于此，本节从移动社会化网络角度出发，通过对移动社交网络、数据挖掘及信息搜寻行为的文献梳理，提出技术及虚拟社区互动等影响信息搜寻行为的因素，并分别验证其中间机制，以期构建移动社会化网络中基于数据挖掘的用户信息搜寻行为模型。

## 一、研究模型与假设

### （一）研究模型

基于前文对移动社会化网络、数据挖掘与信息搜寻行为等方面研究的综述，本节将搭建在移动社会化网络中基于数据挖掘的用户信息搜寻行为框架（见图 4-3）。

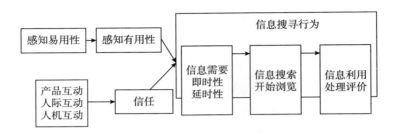

**图 4-3 基于数据挖掘的信息搜寻行为**

（二）研究假设

1. 技术因素对信息搜寻行为的影响

在用户与计算机系统交互的影响因素的探索中，Saracevic 对科技用户的信息搜寻行为进行分析，并对计算机、界面和用户三个层面的影响因素进行分析，其中，计算机层包括硬软件资源、各类信息资源（如文本资源等）。界面主要是指为用户提供存取、查询、导航、浏览等功能的导航体系设计、界面设计、术语等（Saracevic，1997）。Bock 等（2006）根据技术接受与使用整合理论指出，信息有用性、资源便利条件、协同规范和未来愿景是影响用户搜寻信息内容的重要因素。Kankanhalli 等（2010）根据理性行为理论技术和任务匹配理论总结出，外部质量、资源便利性、激励机制、便利性是影响用户搜寻信息内容的重要因素。Desouz 等（2006）根据计划行为理论研究发现，感知复杂性、相对优势和感知风险是影响用户搜寻信息内容的重要因素。Zha 等（2015）根据信息系统成功模型指出，信息质量、服务质量、系统质量对问答社区的满意度是影响用户搜寻信息内容的重要因素。本节根据技术接受理论及数据挖掘技术指出，感知易用性通过感知有用性对用户信息搜寻行为产生影响。

研究发现，Google、百度等正式搜寻源的感知有用性对信息搜寻行为有显著的正向影响作用。在 Twitter、Facebook、微信、微博这些非正式搜寻源中，学者发现，感知有用性对信息搜寻行为有显著影响，如 Jin 等（2014）发现，网络信息的有用性是用户持续使用社交网络信息的前提；Park 等（2016）发现，感知有用性显著地影响了网络投资社区用户的信息搜寻行为，这是因为社会化媒体缺乏信息质量控制机制，相比于直接使用搜索引擎，用户需要付出更多的时间与精力获取和判断相关线索的有用性，以形成态度及行为决策。故而，当消费者仅仅感知到移动社会化网络（微信、微博等）的易用性时，不会直接引发信息搜寻行为，必须通过感知有用性的中介作用才能发挥显著的影响作用。由此，本节提出如下假设：

H12：感知有用性在感知易用性对信息搜寻行为的影响中发挥中介效应。

2. 虚拟社区互动对信息搜寻行为的影响

虚拟社区互动是指在网络社区中，信息传递者和接受者之间相互交流沟通，形成一种双向互动，并由此引发信息的传播。产品互动是指消费者为表达自己的观点和情绪，或者为了获取信息而进行的以产品、品牌或服务等话题为中心的互动。人际互动是指在网络社区中，成员之间为了建立社会关系、获取社会资源而进行的沟通与交流（Nambisan and Baron，2009）。人机互动是指用户与计算机中的各种虚拟内容进行互动（Novak and Hoffman，1996）。研究证实，通过良好的互动，人们会感到愉悦并产生满足感（Vallerand and Robert，1997）。有学者指出，网页中的人机互动性越强，用户对网页的兴趣越浓厚（Yun，2007），这为吸引用户使用网页进行信息搜寻创造了可能。社交机制能增加人们参与运动的趣味性和参与意愿，并提高用户在平台的活跃度（Allam et al.，2015）。有学者对用户在 Yahoo! Answers 上发布的问题及收到的答案进行研究，结果显示，社会互动对社会问答环境中的信息搜寻行为有积极影响（Jeon and Rieh，2015）。

已有学者对信息搜寻行为中的互动进行了详细的探讨，结果发现，一半以上的用户在信息搜寻前会花费 43% 的时间用于社区互动，他们这么做的目的是希望获得信息搜寻的意见和建议（Evans and Chi，2010）。学者从不同角度对互动进行了维度划分。从消费者角度出发，将互动划分为：消费者和服务提供者的互动、消费者和服务环境的互动、消费者与消费者之间的互动三种（Libai et al.，2010）。从虚拟社区互动角度出发，将互动划分为社区成员互动、组织者与成员互动、组织者与社区互动（De Valck et al.，2007）。根据互联网产品的用户互动维度划分，可将游戏化应用的互动性分成人机互动（Human-Computer Interaction）和人际互动（Interpersonal Interaction）（Yao and Liu，2016）。信息搜寻过程中的每个阶段都会发生不同的互动。搜寻前的社区互动可以帮助用户具体化信息需求，产品互动、人际互动与人机互动都有助于明确所需信息内容；搜寻中的社区互动也很普遍，用户通过人机交互可以选择查询关键字、改进搜索模式等；搜寻后的社区互动主要是进行人际互动，通过与其他用户进行交流，以便收集更多的反馈信息或分享知识。研究发现，在特定的情境下，通过使用所有可能的在线社区互动，社会化信息搜寻相比于搜索引擎和在线数据库具有更个性化的搜索体验（Liu and Jansen，2013）。所以，理解虚拟社区互动对信息搜寻行为的影响是十分重要的。本节根据消费者在网络社区中的互动，将其划分成三种类型：产品互动、人际互动和人机互动。由此，本节提出如下假设：

H13：虚拟社区互动正向影响信息搜寻行为。

H13a：产品互动正向影响信息搜寻行为。

H13b：人际互动正向影响信息搜寻行为。

H13c：人机互动正向影响信息搜寻行为。

3. 信任的中介作用

消费者在网上进行购物时会面临更大的不确定性风险，此时，消费者受到信息性社会影响，更加倾向于与其他有过购买经验的人进行互动，并参考他人意见。相关研究表明，网上虚拟社区为消费者自由交换意见和建议提供了平台和机会，这种沟通和交流能够提高消费者的信任，使他们认为他人是可以信赖和依靠的（Ba，2001）。学者提出，网页互动更为频繁的顾客对网站的使用会更加熟练，进而更加信任网站的专业能力和服务水平（Ridings et al.，2006）。用户间的人际互动作为满足用户社交需求、创建良好情感体验的主要方式，能够显著地增进用户间的信任（Brodie et al.，2011）。Huvila（2017）通过研究发现，不信任的态度和信任一样对信息活动有积极影响。由此，本节提出如下假设：

H14：信任在虚拟社区互动对信息搜寻行为的影响中发挥中介效应。

H14a：信任在产品互动对信息搜寻行为的影响中发挥中介效应。

H14b：信任在人际互动对信息搜寻行为的影响中发挥中介效应。

H14c：信任在人机互动对信息搜寻行为的影响中发挥中介效应。

## 二、研究设计

（一）问卷设计

本节采用问卷调查法，需要测量的变量共有七个：感知易用性、感知有用性、产品互动、人际互动、人机互动、信任和信息搜寻行为。其中，感知易用性的测量量表参考 Moon 和 Kim（2001）的研究；感知有用性的测量量表参照 Alrai-mi 等（2015）的研究；产品互动的测量量表参照 Nambisan 和 Baron（2009）的研究；人际互动的测量量表参考 Preece（2001）的研究；人机互动的测量量表参照 Yun（2007）的研究；信任的测量量表参考 Fisk（2002）的研究；信息搜寻行为的测量量表参照 Kankanhalli 等（2010）和 Venkatesh 等（2003）的研究。

（二）数据调研

本节的研究先进行了样本为 40 人的问卷测试。根据反馈，删除了 1 个测量问项，并对个别问项的表述进行了修改。调查问卷最终由 20 个题项构成，所有题项均采用李克特 5 级量表进行测量，1 分代表"非常不同意"，5 分代表"非常同意"。共发放问卷 340 份，回收 328 份，其中有效问卷 320 份，有效问卷率为 94.12%。该问卷的发放对象均为大三学生，可有效控制年龄、受教育程度等变量对结果的干扰。

（三）信度与效度检验

运用 SPSS 17.0 统计软件对样本数据进行 KMO 检验和 Bartlett 球形检验，结果表明，KMO 值为 0.829，Bartlett 球形检验卡方统计值的显著性水平为 0.000，适合进行因子分析。采用主成分分析与方差最大化正交旋转对样本数据进行探索性因子分析，得出共有 7 个因子同研究的变量相吻合，累计方差贡献率为 72.510%，各变量相关题项的因子载荷均大于 0.5，说明量表的聚合效果较好。对各变量的内部一致性信度进行检验，结果表明，Cronbachs'α 系数均超过 0.7，说明量表信度较好。

（四）主效应检验

为验证虚拟社区互动（产品互动、人际互动和人机互动）对信息搜寻行为的影响，本节采用 SPSS 软件的多元线性回归功能构建回归方程，选择逐步回归方法，排除可能存在的共线性关系，结果如表 4-14 所示。由表 4-14、表 4-15、表 4-16、表 4-17 可知，回归模型的拟合程度逐渐升高，拟合程度最高的回归方程采纳的变量为产品互动和人机互动。产品互动（p=0.000）对信息搜寻行为的影响显著，H13a 得到验证；人机互动（p=0.002）对信息搜寻行为的影响显著，H13c 得到验证；人际互动（p=0.077）对信息搜寻行为的影响不显著，H13b 未得到验证。

H13b 未得到验证，很可能是因为消费者在移动社会化网络上进行信息搜寻的过程中，一方面可以寻求有用的信息，并与他人建立信任，形成良好的社会关系；另一方面能更大程度地了解产品，降低可能因错误购买导致的经济风险、时间风险、社会风险以及心理风险。在虚拟社区的人际互动中，可能存在信任和感知风险这两个并列的中介路径，它们的中介效应程度相近，但对因变量的影响发挥了相反的作用，两者作用互相抵消，故人际互动对信息搜寻行为影响的主效应没有被检测到。

表 4-14 模型摘要

| 模型 | R | $R^2$ | 调整 $R^2$ | 标准估计的误差 |
|---|---|---|---|---|
| 1 | 0.447[a] | 0.200 | 0.198 | 0.71423 |
| 2 | 0.474[b] | 0.224 | 0.219 | 0.70453 |

注：a 代表预测变量（常量）为产品互动。b 代表预测变量（常量）为产品互动和人机互动。

表 4-15 方差分析[a]

| 模型 | | 平方和 | df | 均方 | F | Sig. |
|---|---|---|---|---|---|---|
| 1 | 回归 | 40.601 | 1 | 40.601 | 79.591 | 0.000[b] |
| | 残差 | 162.220 | 318 | 0.510 | — | — |
| | 总计 | 202.821 | 319 | — | — | — |
| 2 | 回归 | 45.476 | 2 | 22.738 | 45.809 | 0.000[c] |
| | 残差 | 15.345 | 317 | 0.496 | — | — |
| | 总计 | 202.821 | 319 | — | — | — |

注：a 代表因变量为信息搜寻。b 代表预测变量（常量）为产品互动。c 代表预测变量（常量）为产品互动和人机互动。

表 4-16 系数[a]

| 模型 | | 非标准化系数 | | 标准系数 | t | Sig. | B 的 95% 置信区间 | |
|---|---|---|---|---|---|---|---|---|
| | | B | 标准误差 | 试用版 | | | 下限 | 上限 |
| 1 | （常量） | 1.489 | 0.172 | — | 8.633 | 0.000 | 1.149 | 1.828 |
| | 产品互动 | 0.437 | 0.049 | 0.447 | 8.921 | 0.000 | 0.340 | 0.533 |
| 2 | （常量） | 0.925 | 0.248 | — | 3.733 | 0.000 | 0.437 | 1.412 |
| | 产品互动 | 0.396 | 0.050 | 0.406 | 7.931 | 0.000 | 0.298 | 0.495 |
| | 人机互动 | 0.199 | 0.063 | 0.160 | 3.134 | 0.002 | 0.074 | 0.324 |

注：a 代表因变量为信息搜寻。

表 4-17 已排除的变量[a]

| 模型 | | Beta | t | Sig. | 偏相关 | 共线性统计量 |
|---|---|---|---|---|---|---|
| | | | | | | 容差 |
| 1 | 人际互动 | 0.119[b] | 2.304 | 0.022 | 0.128 | 0.925 |
| | 人机互动 | 0.160[b] | 3.134 | 0.002 | 0.173 | 0.934 |
| 2 | 人际互动 | 0.074[c] | 1.370 | 0.172 | 0.077 | 0.825 |

注：a 代表因变量为信息搜寻。b 代表模型中的预测变量（常量）为产品互动。c 代表模型中的预测变量（常量）为产品互动和人机互动。

（五）中介效应检验

本节采用 Zhao 等（2008）提出的中介效应检验程序，运用 SPSS 软件的 Boot Strap 法检验感知有用性在感知易用性与信息搜寻行为之间的中介效应，检验信任在虚拟社区互动（产品互动、人际互动、人机互动）与信息搜寻行为之间的中介效应（见表 4-18、表 4-19）。感知有用性的中介作用显著（LLCI = 0.0469，ULCI = 0.1581，不包含 0），作用大小为 0.0964；自变量感知易用性对因变量信息搜寻行为的作用显著（LLCI = 0.0982，ULCI = 0.3708，不包含 0），感知有用性部分中介了感知易用性对信息搜寻行为的影响。H12 成立。

表 4-18 感知有用性的中介效应检验

| 中介效果 | 效果 | 95%的置信区间 | |
|---|---|---|---|
| | | 下限 | 上限 |
| 总体效果 | 0.0964 | 0.0469 | 0.1581 |
| 控制中介后直接影响 | 0.2345 | 0.0982 | 0.3708 |

感知易用性→感知有用性→信息搜寻行为

表 4-19 信任的中介效应检验

| 中介效果 | 产品互动→信任→信息搜寻行为 | | | 人际互动→信任→信息搜寻行为 | | | 人机互动→信任→信息搜寻行为 | | |
|---|---|---|---|---|---|---|---|---|---|
| | 效果 | 95%的置信区间 | | 效果 | 95%的置信区间 | | 效果 | 95%的置信区间 | |
| | | 下限 | 上限 | | 下限 | 上限 | | 下限 | 上限 |
| 总体效果 | 0.1108 | 0.0670 | 0.1711 | 0.0746 | 0.0274 | 0.1340 | 0.1566 | 0.0459 | 0.2984 |
| 控制中介后直接影响 | 0.3258 | 0.2313 | 0.4204 | 0.1622 | 0.0626 | 0.2617 | 0.1721 | 0.0940 | 0.2367 |

在产品互动对信息搜寻行为的影响路径中，信任的中介作用显著（LLCI = 0.0670，ULCI = 0.1711，不包含 0），作用大小为 0.1108；自变量产品互动对因变量信息搜寻行为的作用显著（LLCI = 0.2313，ULCI = 0.4204，不包含 0），信任部分中介了产品互动对信息搜寻行为的影响。H14a 成立。

在人际互动对信息搜寻行为的影响路径中，信任的中介作用显著（LLCI = 0.0274，ULCI = 0.1340，不包含 0），作用大小为 0.0746；自变量人际互动对因变量信息搜寻行为作用显著（LLCI = 0.0626，ULCI = 0.2617，不包含 0），信任部分中介了人际互动对信息搜寻行为的影响。H14b 成立。

在人机互动对信息搜寻行为的影响路径中，信任的中介作用显著（LLCI = 0.0459，ULCI = 0.2984，不包含 0），作用大小为 0.1566；自变量人机互动对因变量信息搜寻行为的作用显著（LLCI = 0.0940，ULCI = 0.2367，不包含 0），信任部分中介了人机互动对信息搜寻行为的影响。H14c 成立。

## 三、结论与意义

本节构建了移动社会化网络中基于数据挖掘技术的信息搜寻行为模型，并用实证的方法进行检验，研究发现，在 Twitter、Facebook、微信、微博等社会化网络中，感知易用性对信息搜寻行为没有显著的直接影响，但可通过信息有用性的中介作用来影响信息搜寻行为，即感知有用性在感知易用性对信息搜寻行为的影响路径中发挥着中介作用。本节研究表明了互动对信息搜寻行为有影响，在虚拟社区中，产品互动和人机互动对信息搜寻行为有显著的直接影响，而人际互动对信息搜寻行为没有显著影响。信任在虚拟社区互动对信息搜寻行为的影响中发挥了中介作用，且信任在其中发挥的都是部分中介作用。本节为信息搜寻行为三阶段（信息需要、信息搜寻和信息利用）如何充分利用数据挖掘技术提供了理论建议。

本节对前述研究内容和理论进行了补充：第一，本节的研究立足于移动社会化网络环境下的数据挖掘技术，构建了信息搜寻行为的模型框架，并进行了实证检验；第二，本节进一步解释了技术接受模型，区分了感知有用性和感知易用性两者发挥作用的技术环境、程度及效果等方面的差异；第三，虚拟社区互动对信息搜寻行为的积极影响已有学者研究证实，本节验证了信任的中间机制；第四，不同于以往将信息搜寻行为视为一个行为结果的观点，本节将信息搜寻行为视为行为过程，对信息搜寻行为过程的三个阶段（信息需要、信息搜寻和信息利用）进行了分析，提出在信息搜寻行为过程中进行数据挖掘，从而发现商业机会。本节立足于移动社会化网络，基于数据挖掘技术构建用户信息搜寻行为模型，这是对移动社会化网络、数据挖掘、信息搜寻行为相关研究的重要补充。

本节研究结果对企业及用户都有重要的启示意义。在信息需求阶段，企业通过技术深入挖掘消费者信息搜寻所需的信息，发现消费者需求在市场竞争中赢得先机。在信息搜寻阶段，挖掘消费者在信息搜寻过程中使用的平台、时间等相关数据，可以为技术的改进和升级提供启示。在信息利用阶段，挖掘更易被消费者采纳和分享的信息所具备的特征和条件，建立积极的反馈机制。对信息搜寻行为的三阶段进行数据挖掘，可以描绘出精准的用户画像，这为企业实施精准营销提供了事实支持，同时也可以提升用户信息搜寻的效率和效果。另外，对于建设虚拟社区的企业来说，加强软件的易用性必须使用户感受到有用性得到提升，这可以增加用户使用该软件进行信息搜寻的频率。同时，还可以通过增加虚拟社区互动来加强消费者的信息搜寻行为。需要特别强调的一点是，企业应引导消费者形成对社区及社区成员的信任，因为虚拟社区互动对信息搜寻行为的影响可以通过信任发挥作用，这是增强虚拟社区用户黏性的不二选择。

但本节研究仍存在一定的局限性，主要有三个方面：

第一，本节证实了产品互动与人机互动对信息搜寻行为有显著影响，但信任在该影响路径中只发挥了部分中介作用，这证明还存在别的中介变量与信任的作用方向一致；感知易用性与人际互动对信息搜寻行为的直接影响不显著，但是在感知有用性和信任的中介作用下存在显著影响，这说明存在与原来中介路径作用相反的别的中介变量。在未来可以进一步探讨未被解释的其他中介路径。

第二，本节基于数据挖掘技术，探究了移动社会化网络中的技术接受模型与虚拟社区互动对虚拟社区的影响。在此环境下，可能还存在社会资本、用户个体特征等别的影响因素，故可以进一步拓展相关研究。

第三，本节的对象范围较单一，现有的研究对象主要为高校学生，对其他用户群体的关注较少。另外，研究方法不够多样化。本节主要通过问卷调查法、文献法及网络数据采集法获取数据，采用混合方法的较少。而对于信息搜寻内容方面的研究仅局限于产品信息，尚未涉及健康、工作等方面的信息搜寻行为。今后研究可针对以上不足展开进一步的探究，丰富研究视角和研究内容。

## 第四节　多媒体网页中用户参与"晒"行为的动机研究

2019 年初，支付宝、豆瓣、网易云、虾米等各大软件陆续发布了用户个人的 2018 年使用报告，为用户复盘了 2018 年的消费账单、看过的电影、读过的书以及听过的音乐等。这些报告一经推出就受到了众多用户的关注，许多用户将自己的使用报告"晒"至朋友圈，引发了广泛的共鸣和讨论。其中，引领全民参与热潮的当属支付宝的 2018 年度账单与年度关键词，该年度报告一经发布，就席卷了各大社交圈。2018 年 5 月，一款名为"西瓜足迹"的小程序爆红，"晒"足迹在朋友圈"刷屏"。多媒体应用具有的交互性特点很好地适应了互联网时代的新发展需求，正以极强的渗透力进入电子商务、教育、图书情报、娱乐、金融、艺术、通信等各个领域，在电子商务这一领域取得的成效尤其显著。随着多媒体技术的飞速发展，多媒体在人们日常生活中的应用越来越广泛，并逐渐成为人们日常生活中不可或缺的部分。在多媒体页面中的"晒"活动如此火爆的背后，究竟是什么吸引大家积极参与？用户又是出于什么样的动机参与企业发起的"晒"活动呢？

用户对多媒体的体验是决定该多媒体应用成败的决定性因素，因此，从用户参与视角出发开展探讨多媒体页面设计的研究显得十分重要。多媒体的优势功能需要在与用户不断交互中获得发展的源泉。由于电子商务竞争激烈，用户对浏览界面时的视觉感受提出了比以往更高的要求，多媒体页面及交互设计要在这一需求下朝着更新的方向发展。当前，多媒体页面设计蕴含了丰富的互动虚拟体验功能。如何利用虚拟现实技术实现多媒体交互设计，是当前多媒体页面交互设计的重要课题。多媒体页面的交互设计占据着不可忽视的地位，它决定着多媒体页面的质量与水平、多媒体应用交互功能的优劣，进而决定了用户参与行为的积极程度，这意味着关于多媒体页面中用户参与"晒"行为动机的研究对多媒体交互设计具有重要的价值。

目前，学术界对社会化媒体情境中个体参与动机对其行为的影响进行了较多的研究，取得了不少成果。然而，针对用户直接参与企业组织的"晒"行为这一现象，鲜有学者进行深入研究。在以往多媒体及多媒体设计的相关研究中，绝大多数都是从开发者或设计者的视角进行探讨的，本节则从用户的视角出发来分析多媒体页面设计的合理性与不足，以期给多媒体设计带来新的启发与思考。故本节拟以自我决定理论为基础，对用户参与"晒"行为的动机（信息动机、社交动机、娱乐动机）进行进一步研究分析，并检验隐私关注在动机与用户参与"晒"行为关系中的调节作用，以掌握用户参与动机与用户"晒"行为之间的关联，提高多媒体页面设计的趣味性、场景化和交互性。

## 一、多媒体网页中的"晒"活动

（一）多媒体

多媒体正处于飞速发展之中。在计算机系统中，多媒体技术主要指使用计算机对相关文本、图像、音频、动画以及视频等进行合理处理，构建人机交互和逻辑关系的一种技术。在计算机行业，媒体有两种含义：一是指语言、文字、图像、视频、音频等传播信息的载体；二是指 ROM、RAM、磁带、磁盘、光盘、网页等存贮信息的载体。我们在计算机和通信领域所说的"媒体"，是信息存储、传播和表现的载体，并不是一般的媒介和媒质。文字、声音、图像、图形都不是物质实体，只是客观事物某种属性的表面特征，是一种信息表示方式。准确地说，多媒体中的"媒体"应该是指一种表达某种信息内容的形式，多媒体是多种信息的表达方式或者是多种信息的类型，自然地，我们就可以用多媒体信息这个概念来表示包含文字信息、图形信息、图像信息和声音信息等不同信息类型的一种综合信息类型。多媒体是文本，音频、图像、视频等多种媒体形式的综合体。多媒体页面设计者使用 HTML、XML 等语言编写二维的多媒体网页，使用 VRML 等语言编写三维的多媒体网页。超媒体系统比多媒体系统更庞大，它是由超链接（Hyperlink）构成的全球信息系统，多媒体仅是超媒体（Hypermedia）系统中的一个子集。许多多媒体作品正在由光盘发行向网络发行转变，多媒体应用也在网络上得到了充分的发展。

目前为止，多媒体的应用已涉及广告、艺术、教育、娱乐、工程、医药、商业及科学研究等诸多行业和领域，还被应用于数字图书馆、数字博物馆等领域，触摸查询就是其中之一。大商场的电子导购触摸屏也属于一种多媒体产品。在教育领域，出现了许多教学类多媒体产品，如智慧黑板、教学一体机、电子白板等。正因为如此，许多眼光长远的企业纷纷运用多媒体的交互能力为企业做宣传，推广企业的产品和服务。在电子商务领域，网页设计离不开多媒体。多媒体设备可以帮助企业实现自助式平台运营维护，加强用户与企业之间的联系，使双方在交易中获益。可见，多媒体及其相关产品的出现极大地方便了人们的生活。

多媒体网页交互设计已成为多媒体领域的一个焦点。多媒体技术支持下的多媒体网页交互设计成功地将信息呈现在网页上，然后以人为主体，使其发挥出主观性作用，实现高效的人机交互。一般而言，人们主要通过视、听、触、嗅、味等途径接收信息与处理信息。他们更多的是通过多种感官的协同作用来接收各种各样的信息。多媒体技术的迅猛发展让计算机技术及相关设备让人们的感官协同作用进行了充分的融合与发挥，即便尚未达到人们自然使用自身感官的程度，也正在朝着智能化方向进行创新发展。尤其是在多媒体技术的支持下，多媒体可以利用声音、图像、数据等内容实现人类和计算机之间的有效互动。因此，多媒体交互设计具有较大的开发空间，同时也有极大的应用价值。

（二）多媒体系统

嵌入式系统是以计算机技术为基础，以应用为中心的专用计算机系统，具有高稳定性、低成本、小体积、低功耗等特点。嵌入式系统的处理器由一个单片机或微控制器（MCU）组成，其处理器大多是 8 位、16 位和 32 位的。这些与 64 位的处理器相比，具有很大的经济优势和现实优势。其硬件包括显示卡、储存介质、通信设备或 IC 卡的读取设备等，软件包括操作系统、数据库系统、通信协议、图形界面、标准化浏览器和应用软件等。与普通的计算机处理系统不同，嵌入式系统大多时候使用闪存，而不像其他硬盘那样使用大容量的存储介质。嵌入式系统的设计与 PC 机系统在应用领域是不相同的，传统计算机的设计总是把可以提供最大计算速度的指标放在首位，而在嵌入式系统中，处理器仅作为实现这些功能的手段，它对外部接口、控制和算法等更为注重（晨风，2004）。由于多媒体嵌入式系统具有实时约束高度和可变的执行时间，设计人员需要使用有效的系统级优化技术来优化多媒体的设计，以不断缩短多媒体嵌入式系统的上市时间（Nogueira et al.，2017）。

系统中常用的两套多媒体框架 Open Core 与 Stage Fright 都可以满足用户的多样化需求，但在很多情况下，还需要合理地使用第三方多媒体框架。在这种多媒体框架的作用下，用户可以根据自己的实际需求选择应用效果良好的多媒体软件，这有利于拓宽多媒体框架的应用范围。基于嵌入式平台开发的第三方多媒体框架可以弥补官方多媒体软件框架的不足，并且在使用中将多媒体框架移植到不同的操作平台上，客观地表现出第三方多媒体框架良好的移植性。需特别指出的是，第三方多媒体框架作用下的 Rockplayer 的多媒体解码功能更加强大，可以与嵌入式平台有效结合起来，促使实际问题顺利解决，同时还可以给媒体设计者提供更多可靠的工作思路。解码效率高、支持的协议种类多是第三方多媒体框架的主要优势，它能够在不同系统的升级过程中对各种文件进行统一高效的处理，这极大地拓宽了嵌入式平台支持下的多媒体框架的应用范围。在未来的发展过程中，第三方多媒体框架不仅丰富了嵌入式平台作用下的多媒体框架的各种开发工具，增强了多媒体设备结构的抗干扰性，还为用户带来了更好的多媒体体验模式（丁新民，2016）。"晒账单"等多媒体页面充分证实了这一点。

在多媒体应用中，用户界面是人与手机之间传递信息、进行互动的媒介和对话接口（Liang and Wei，2009）。我们以音乐播放器这一多媒体应用程序为例，介绍开发移动多媒体应用程序的开发方法、特点及开发组件（李养胜、李俊，2015）。系统提供了 Preferences、Databases、Files 和 Network 这四种数据存储机制。Preferences 通常用来存放应用程序的配置信息，是一种轻量级的、用于存储或获取数据类型的"键—值"项的机制。有些多媒体播放器采用 Preferences 机制来存储或获取音频、视频的历史播放信息等配置信息。若要获取 Preferences 文件的数据，要通过调用 Context. get Shared Preferences（String name，int mode）方法传入 Preferences 文件名和打开模式以获得一个 Shared Preferences 对象 sp。若 Preferences 文件不存在，在提交数据后会创建 Preferences 文件。想要传入相应的键来读取数据，可以利用该 sp 对象调用 getter 方法。音视、视频文件的相关信息是以 Content 的形式提供给开发者的。所以，历史播放信息是前面提到的 now Playing，是 content：//样式的 URI。

（三）多媒体页面设计

页面设计是指使用者页面设计，是使用者与计算机系统的连接点，它在很大程度上决定了系统的效率和有用性。多媒体技术的快速发展导致互美网上的多媒体数据激增，包括文本、图像和视频。虽然这些网页设计者会对页面进行注释和评级，但要保证注释的准确性仍有一定困难，使用户准确理解多媒体内容仍然是一个非常重要的问题。对于电子商务领域的多媒体而言，页面设计格外重要。多媒体网页的页面设计尤为注重实用性和使用者体验且有很多设计原则与定律，如一致性、回馈性等。值得一提的是，多数设计法则都是从用户体验角度出发的，如 2018 支付宝年度账单。用户打开账单，看到的第一个界面显示的是"2018 虽然过去了，但 2018 年账单来了""2018 支付宝年账单"等动画字体，点击开启账单，页面用动画的方式总结了用户个人在过去的一年里使用支付宝的时长以及心得体会；继续滑动页面会出现用户 2018 年的全年出行次数，接着滑动页面会出现用户 2018 年消费支出门类以及消费总金额，如图 4-4 所示。每个页面切换的时候播放的都是支付宝里相应的动画，这些生动的动画通过短视频相互衔接。

账单、报告等页面运用的多媒体技术主要包括文本处理技术、数字音频处理技术、图像及图形处理技术、动画处理技术，下面我们将对这些技术进行详细介绍。

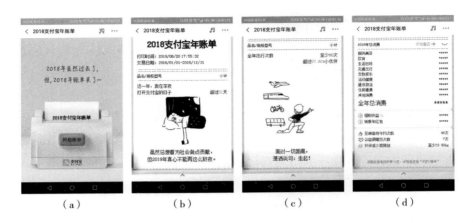

图 4-4　2018 年支付宝年账单

资料来源：微博、微信截图。

1. 文本处理技术

大部分页面都会用文本为用户提供一定的使用帮助和导航信息，这也是增强多媒体网页易操作性的重要方式，用户不用经过专门的培训就能根据屏幕上的导航信息进行操作。网页也能从用户身上获得一定的反馈信息，实现用户和系统之间信息的双向流动，加强互动过程的反馈程度。计算机屏幕上的文本信息可以反复阅读，从容理解，不受时间、空间的限制，但是要注意屏幕上显示的文本信息不宜信息量过大，否则容易引起用户的视觉疲劳，使用户产生厌倦情绪。在传统环境下，人们循序渐进地从书本的章节中获取知识，而多媒体将借助超文本链接的技术方法，使内容以活灵活现的方式呈现给用户。超文本开发所需的工作量远远超过线性文本的开发，仅凭一般的程序设计语言或文字处理程序根本难以实现。想要做到超文本的随意跳转，最好使用面向对象的程序设计语言或专用的多媒体创作工具，如 Visual Basic、Visual C++、PowerPoint、Authorware、Director、ToolBook 等。

2. 数字音频处理技术

数字音频处理技术属于多媒体技术中的一种。一般情况下，网页设计者会根据实际情况在网页设计中设置相应的背景音乐，在选择背景音乐时，需要保证其风格、特点同网页主题相呼应，以激发浏览者的兴趣。数字音频技术弥补了传统音频模拟方式的不足。数字音频技术的音响效果较好，为音频采集、剪切以及发布等提供了更多的有利条件。在多媒体网页上播放音乐需要考虑声音文件的长度及大小，通常会使用中等质量的声音完成网页设计中音乐文件的创建工作，在保证音质的同时音乐文件的大小、质量、效果等要符合规定要求。MID、MP3 以及WAVE 是网页音频文件常用的格式，网页设计者需要根据网页特征和要求的效果对各种格式进行合理选用，进而提升多媒体网页的整体效果。

3. 图像及图形处理技术

图像及图形在网页设计中十分重要，可以对不同的意义进行完美体现，并且可以提升网页的美观性和丰富性，给人们带来感官的享受。工作人员需要严格按照图像收集—图像编辑与处理—图像输出—图像数据压缩—图像存储—形成图像（二维或者三维）的步骤完成图形和图像的制作工作，进而最大限度地保证两者的合理性。通常情况下会在图像扫描与数码摄影中对图像进行收集，在收集过程中需要对图像的特征及大小是否符合网页设计的要求进行检查；使用 Photoshop 或者美图等软件完成图像的编辑和处理工作，在处理完成后，工作人员需要根据规定要求使用正确的格式输出图像。常用图像的文件格式包括 GIF、JPEG、PNG 以及 BMP 等，其中，前两者使用的频率相对较高，两者的储存量较小，并且可以对超文本语言进行兼容。有些情况下，捕获的单个图像仅覆盖小区域，这时我们需要先拍摄一组图像，然后利用图像拼接技术来产生全景图（Baek et al.，2011）。

图像和图形可以加深人们对网页的印象，影响用户在页面的停留时间。两者涵盖的信息具有丰富和直观的特点，但需注意的是：图像和图形的数据量有时较大，会导致用户下载的时间延长，并且整个页面会比较花哨，为此要避免使用过多的图像或者图形，在传达网页主题的同时要提升整体美观性。页面设计者需充分考虑网页页面的背景和图像间的关系。为了突出网页主题，页面设计者常常使用变形、虚化或者模糊的方法来完成网页背景图像的处理工作。参照网页页面的同类色对背景图像和图形的颜色进行选择，提升页面主体色彩的明度和可识度，避免背景颜色对浏览者的视觉干扰。随着视频采集工具的改进及视频的多样性、准确性和数量的日益增加，工作人员需要对图像和图形的设置位置进行合理选择，进而提升网页的整体设计效果。目前，SNS 内容的主要形式是文本消息及其伴随图像的组合。在大多数情况下，用户通过拍摄照片或选择数字相册中的照片来发送图像附件（程业炳，2013）。

4. 动画处理技术

动画可使网页更加绚丽多彩，能够吸引浏览者的眼球，使其在感兴趣的情况下点击进入。一般情况下，工作人员多使用数字处理方法、Flash、3DSMax 与 COOL3D 完成多媒体动画的制作工作，常见的数字格式包括 Java、GIF 及 SWF 格式，工作人员需要根据网页的内容对以上制作方法及格式进行慎重选择。

## 二、多媒体网页设计特点

多媒体技术是指通过计算机对文字、数据、图形、图像、动画、声音等多种媒体信息进行综合处理和管理，使用户可以通过多种感官与计算机进行实时信息交互的技术。多媒体技术是一种迅速发展的综合性电子信息技术，它不同于传统的计算机系统、音频设备和视频设备，对大众传媒、商业模式以及人们的生活产生了较大的影响。账单、歌单、报告等多媒体页面设计最为明显的特点就是交互性、沉浸性和趣味性，这些特点为多媒体页面设计提供了极大的支持。

第一，页面设计的交互性指的是网页用户可以接收由多媒体交互设备处理和输出的反馈信息，达到人机交互的目的。多媒体与传统媒体最大的区别就是多媒体具有交互性。多媒体技术可以实现人对网页信息的主动选择和控制，而传统的信息交流媒体只能单向、被动地传播信息。另外，交互性设计可以通过人机互动引发用户的情感，增进用户对页面的偏好，从而增强用户黏性。

第二，页面设计的沉浸性是指虚拟现实计算机系统的用户可以在虚拟环境中产生视、听、触等感官上的认知。认知科学研究指出，人脑的生理组织结构决定了人对外界的感知和认知是多种感官信息融合处理的过程。沉浸性取决于用户对页面的感知，当虚拟世界给予用户触觉、味觉、嗅觉，甚至运动感知和身体感知等多方位的刺激时，便会引起用户的思维共鸣，产生心理沉浸，从而使用户感觉如同进入一个真实的世界。沉浸性作为多媒体技术最主要的特征，是让用户体验页面营造的虚拟世界，让用户感受到自身在虚拟世界中的主动性，并积极参与虚拟世界的活动。

第三，页面设计的趣味性主要是指通过多媒体技术将页面信息或环境营造得生动有趣。"晒"活动之所以能够引起用户的广泛参与，一个重要的原因就在于活动本身的趣味性，页面文字、图片、动画传递的信息生动活泼，由此引发了用户的强烈共鸣。

## 三、实证检验

（一）研究模型

基于上述研究内容，本节构建了多媒体页面中用户参与"晒"行为的研究模型（见图4-5），即探讨信息动机、社交动机和娱乐动机对用户参与"晒"行为的影响，并分析隐私关注的调节作用。

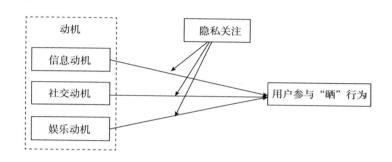

**图4-5　多媒体页面中用户参与"晒"行为的研究模型**

（二）研究假设

1. 动机与用户参与"晒"行为

自我决定理论通常用于解释人的参与行为，该理论认为，自我决定本质上是一种关于经验选择的潜能，是一种在充分认识个人需要和环境信息的基础上，个体对行动所做出的自由选择，人们对自我决定的追求构成了人类行为的内部动机（Ryan et al.，2006）。不难看出，自我决定理论的核心是动机理论。参与动机是指由内在或外在需要引起的，个体或群体通过参与某项活动来满足各种需要的心理状态和意愿（Deci，1975）。不少学者通过实证分析证实了用户在网络中参与各项活动的内部驱动力是用户的参与动机。学者们对不同社交网络平台、不同群体类型、不同国家或地区的社交媒体用户的参与动机进行了大量的实证研究，总结出了信息获取、社会交往、休闲娱乐、自我表达等不同类型的参与动机因子（Kwon et al.，2014）。结合本节的研究情景，本节提出，信息动机、社交动机、娱乐动机是用户参与"晒"行为的主要动机。

获取信息是社交网络用户参与社区的重要动机之一（Foster et al.，2010）。Basak 和 Calisir（2015）认为，信息搜寻使得用户积极主动地参与到虚拟社区活动中。具体而言，用户信息动机越强，越倾向于通过社交媒体获取信息。Dholakia 等（2004）研究发现，信息价值能通过一定的路径显著地影响虚拟社区成员的参与行为。信息价值和工具价值是基于网络的虚拟社区行为的主要激励因素。由此，本节提出如下假设：

H15：信息动机正向影响用户参与"晒"行为。

Huang 等（2010）强调，互动时产生的愉悦感受会在社区中迅速传播。在与陌生人交流时，人们会尝试自我提升，以吸引陌生人与自我建立关系。另外，当与朋友分享时，人们试图通过情感联系以维持现有的联系（Chen，2017）。Kwon 等（2014）认为，维持已有的社交联系、建立新的社交关系、提供有用的服务是人们使用 Facebook 和 Twitter 的三个主要原因。Dholakia 和 Dholakia（2004）认为小规模群组（Small Group-based）的虚拟社区行为的主要激励因素是保持人际联系和社会强化（Social Enhancement）等社会利益。由此，本节提出如下假设：

H16：社交动机正向影响用户参与"晒"行为。

娱乐性和休闲性是社交类网站与交易类网站的重要区别，用户具有消磨时间、缓解压力、获得休闲等娱乐方面的需求。Vasalou 等（2010）指出，用户可以在 Facebook 上通过多种方式愉悦自我。Sung 等（2010）的研究验证了寻求便利、娱乐、信息搜集和激励是消费者参与品牌社区的动机。Nambisan 和 Baron（2009）以微软和 IBM 的在线品牌社区为研究对象，在卡茨提出的使用与满足理论的基础上，得出了消费者参与在线品牌社区的四类个人动机，分别是认知或学习利益动机、社会融合利益动机、个人综合利益动机、情感或娱乐利益动机。Wasko 和 Faraj（2005）发现，当用户对于知识分享这一活动感到乐在其中时，就很有可能成为社区内最为活跃的内容贡献者。移动社交媒体为顾客提供了相互交流的平台，可以让顾客获得更多与他人交流和分享的机会，从而使顾客感知到更多的乐趣和愉悦。由此，本节提出如下假设：

H17：娱乐动机正向影响用户参与"晒"行为。

2. 隐私关注的调节作用

移动社交网络鼓励用户提供、交换个人信息，并进行自我表露。支付宝、网易云、豆瓣等软件记录了其用户使用该软件的历史信息，这使商家有机会开展"晒"的活动。用户也可以参与"晒账单""晒歌单""晒书单"等活动来展示自我，然而，部分软件因涉及用户隐私问题引起了争议，导致用户在积极参与"晒"活动分享个人信息的同时，不断担心自己的隐私泄露。随着社会化媒体用户数量的激增，个人隐私披露问题逐渐成为大数据时代的一大挑战。Kerlinger（1986）首次提出，将"关注"当作评判隐私问题的一种概念，随后被广大学者所认可。隐私关注（Privacy Concerns）是指网络用户对商家控制、收集和使用其个人信息或者网络上关于自身信息的一种关注，消费者隐私关注很容易影响消费者的行为（Phelpd et al.，2001）。隐私问题不仅影响着个人的信息安全，还在很大程度上影响着整个网络信息传播的秩序与效率（Norberg et al.，2007）。故尝试从隐私关注角度分析动机对用户参与"晒"行为的影响是十分必要的。

商家对用户信息的挖掘常常追踪到消费者的私人信息领域，对个人敏感信息的追踪会引起消费者的抵制心理（Simonson，2005），消费者对隐私关注程度越高，说明对隐私的感知意识越强。Facebook 用户对隐私安全关注度最高的三类信息分别是家庭电话号码、政治取向和个人住址。身份识别信息、位置信息也会引起用户的隐私关注（Tang and Lin，2017）。当具有很强个体信息针对性的"晒"信息出现在这类人群面前时，他们会容易联想到自己的隐私被泄露，从而对参与"晒"行为表现出负面的态度。因此，隐私关注很可能会负向调节用户参与动机对参与"晒"行为的影响。Chen 和 Kim（2013）考察了隐私对 SNS 使用动机的影响，其研究表明，隐私与自我展示、信息搜寻等动机负相关。Hallam 和 Zanella（2017）证实了由于隐私悖论的存在，隐私关注并不会直接影响用户的在线披露行为，但其对近期行为意图有一定的调节作用。由此，本节提出如下假设：

H18：隐私关注会负向调节动机对用户参与"晒"行为的影响，即隐私关注越高，动机对用户参与"晒"行为的作用越弱。

H18a：隐私关注会负向调节信息动机对用户参与"晒"行为的影响，即隐私关注越高，信息动机对用户参与"晒"行为的作用越弱。

H18b：隐私关注会负向调节社交动机对用户参与"晒"行为的影响，即隐私关注越高，社交动机对用户参与"晒"行为的作用越弱。

H18c：隐私关注会负向调节娱乐动机对用户参与"晒"行为的影响，即隐私关注越高，娱乐动机对用户参与"晒"行为的作用越弱。

## 四、研究设计和数据分析

本节将考察移动社交网络用户参与"晒"行为的动机，即用户的信息动机、社交动机、娱乐动机对其参与"晒"行为的影响，并以隐私关注为调节变量，分析隐私关注对用户参与动机和用户参与"晒"行为之间关系的影响。在此基础上，本节试图解释中国移动社交网络用户乐于参与"晒"活动的原因。

（一）问卷设计与调查实施

本节采用质化研究与量化研究相结合的方式展开，先通过消费者访谈以及查阅文献确立研究的相关变量，并提出初步的理论模型。然后通过调查问卷实证检验变量之间的关系。本节信息动机的测量问项参考 Baek 等（2011）的研究，社交动机的测量问项参考 Dholakia 和 Dholakia（2004）的研究，娱乐动机的测量问项参考 Chen 和 Kim（2013）的研究，隐私关注的测量问项参考 Malhotra 等（2004）的研究，用户参与"晒"行为的量表参考 Kim 等（2008）的研究。问卷在设计时采用李克特 5 级量表，在设计完问卷的主体部分后，选择 50 位微信用户进行问卷预调查，并在与被调查对象的交流中针对问卷存在的问题进行调整。根据研究内容，问卷调查采用随机抽样的方式选择样本，样本选择以参与过"晒"行为的学生为主。在进行问卷调查时，研究采用了随机抽样方法和网络方法进行问卷的发放，总共发放问卷 300 份，剔除没有完整填写及无效问卷（即未参与过企业组织的"晒"行为），最终收回的有效问卷为 214 份。问卷结果基本保证了调查对象的典型性和广泛性。

（二）信效度分析

信度检验包括内部一致性信度和组合信度。信息动机、社交动机、娱乐动机、隐私关注、用户参与"晒"行为的 Cronbach's α 分别是 0.862、0.887、0.868、0.904、0.853，即所有构念的 Cronbach's α 值都在 0.85 以上，构念的组合信度 CR 值均高于 0.854，说明每个构念的内部一致性都较高，所有构念的组合信度较高。效度检验包括收敛效度和鉴别效度。验证性因子分析被用来检验收敛效度。所有测项的因子载荷都大于 0.611，且测量模型的拟合指数结果显示：$\chi^2$（194）= 277.754，$\chi^2/df = 2.548$，$p < 0.001$，RMSEA = 0.085，CFI = 0.922，NFI = 0.880，IFI = 0.923，GFI = 0.861，这说明收敛效度较高。各个潜在变量的平均方差提取（AVE）都在 0.85 以上，明显超过了推荐值。通过比较各个潜变量的 AVE 值与其他变量之间相关系数的平方，发现其 AVE 值均大于该变量与其他变量之间相关系数的平方，这说明各潜变量能够被有效区分，具有良好的区分效度，表明本节数据的信度和效度都已达标。

（三）回归分析

对自变量和因变量进行回归分析，结果表明，信息动机对用户参与"晒"行为具有显著的积极影响（β = 0.162，$p < 0.01$），社交动机对用户参与"晒"行

为有影响（β＝0.155，p<0.05），娱乐动机对用户参与"晒"行为有极其显著的影响（β＝0.411，p<0.001）（见表4-20）。H1至H3均得到支持。由估计系数可知，影响用户参与"晒"行为的动机因素从大到小依次为娱乐动机、信息动机、社交动机。

表4-20 回归分析

| 模型 | | 非标准化系数 | | 标准系数 | t | Sig. |
| --- | --- | --- | --- | --- | --- | --- |
| | | B | 标准误差 | 试用版 | | |
| 1 | （常量） | 0.505 | 0.216 | — | 2.339 | 0.020 |
| | 信息动机 | 0.162 | 0.057 | 0.166 | 2.852 | 0.005 |
| | 社交动机 | 0.155 | 0.061 | 0.167 | 2.543 | 0.012 |
| | 娱乐动机 | 0.411 | 0.063 | 0.432 | 6.479 | 0.000 |

（四）调节效应的检验

由于自变量（信息动机）是连续变量，调节变量（隐私关注）也是连续变量，将自变量（信息动机）、调节变量（隐私关注）和因变量（用户参与"晒"行为）进行中心化处理，做层次回归分析。结果表明，隐私关注不会调节信息动机对用户参与"晒"行为的影响（回归系数不显著，p>0.05），如表4-21所示。

表4-21 隐私关注在信息动机和用户参与行为之间的调节作用

| 模型 | | 非标准化系数 | | 标准系数 | t | Sig. | B的95%置信区间 | |
| --- | --- | --- | --- | --- | --- | --- | --- | --- |
| | | B | 标准误差 | 试用版 | | | 下限 | 上限 |
| 1 | （常量） | 1.869 | 0.053 | — | 0.000 | 1.000 | -0.104 | 0.104 |
| | C信息 | 0.365 | 0.062 | 0.374 | 5.872 | 0.000 | 0.242 | 0.487 |
| | C隐私 | 0.044 | 0.052 | 0.055 | 0.856 | 0.393 | -0.058 | 0.146 |
| 2 | （常量） | 0.000 | 0.053 | — | 0.009 | 0.993 | -0.104 | 0.105 |
| | C信息 | 0.366 | 0.062 | 0.375 | 5.875 | 0.000 | 0.243 | 0.488 |
| | C隐私 | 0.046 | 0.052 | 0.057 | 0.894 | 0.372 | -0.056 | 0.149 |
| | 信息隐私 | 0.027 | 0.051 | 0.033 | 0.521 | 0.603 | -0.074 | 0.128 |

由于自变量（社交动机）是连续变量，调节变量（隐私关注）也是连续变量，将自变量（社交动机）、调节变量（隐私关注）和因变量（用户参与"晒"行为）进行中心化处理，做层次回归分析。结果显示，隐私关注在社交动机和用

户参与行为之间不起调节作用（回归系数不显著，p>0.05），如表4-22所示。

表4-22　隐私关注在社交动机和用户参与行为之间的调节作用

| 模型 | | 非标准化系数 | | 标准系数 | t | Sig. | B的95%置信区间 | |
|---|---|---|---|---|---|---|---|---|
| | | B | 标准误差 | 试用版 | | | 下限 | 上限 |
| 1 | （常量） | 6.615 | 0.051 | — | 0.000 | 1.000 | −0.100 | 0.100 |
| | C社交 | 0.428 | 0.057 | 0.460 | 7.464 | 0.000 | 0.315 | 0.541 |
| | C隐私 | −0.008 | 0.050 | −0.010 | −0.157 | 0.876 | −0.106 | 0.091 |
| 2 | （常量） | −0.010 | 0.051 | — | −0.189 | 0.850 | −0.110 | 0.090 |
| | C社交 | 0.443 | 0.058 | 0.476 | 7.695 | 0.000 | 0.329 | 0.556 |
| | C隐私 | 0.006 | 0.050 | 0.007 | 0.117 | 0.907 | −0.093 | 0.105 |
| | 社交隐私 | 0.085 | 0.045 | 0.117 | 1.888 | 0.060 | −0.004 | 0.175 |

　　由于自变量（娱乐动机）是连续变量，调节变量（隐私关注）也是连续变量，将自变量（娱乐动机）、调节变量（隐私关注）和因变量（用户参与"晒"行为）进行中心化处理，做层次回归分析。隐私关注在娱乐动机和用户参与行为之间没有发挥调节作用（回归系数不显著，p>0.05），如表4-23所示。

表4-23　隐私关注在娱乐动机和用户参与行为之间的调节作用

| 模型 | | 非标准化系数 | | 标准系数 | t | Sig. | B的95%置信区间 | |
|---|---|---|---|---|---|---|---|---|
| | | B | 标准误差 | 试用版 | | | 下限 | 上限 |
| 1 | （常量） | −5.295 | 0.046 | — | 0.000 | 1.000 | −0.092 | 0.092 |
| | C娱乐 | 0.556 | 0.053 | 0.584 | 10.428 | 0.000 | 0.451 | 0.661 |
| | C隐私 | −0.001 | 0.045 | −0.001 | −0.017 | 0.987 | −0.090 | 0.089 |
| 2 | （常量） | −0.003 | 0.047 | — | −0.068 | 0.946 | −0.095 | 0.089 |
| | C娱乐 | 0.555 | 0.053 | 0.584 | 10.412 | 0.000 | 0.450 | 0.660 |
| | C隐私 | 0.007 | 0.046 | 0.008 | 0.145 | 0.885 | −0.084 | 0.097 |
| | 娱乐隐私 | 0.043 | 0.042 | 0.058 | 1.021 | 0.308 | −0.040 | 0.126 |

　　故隐私关注在动机（信息动机、社交动机、娱乐动机）与用户参与"晒"行为作用关系中不具有调节效应，H18不成立。H18不成立的原因可能是由于"晒"行为作为一种新颖的活动，用户对其表现出强烈的兴趣和参与，对于隐私

方面并没有特别多的关注和顾虑。有些"晒"活动是在应用中衍生的，用户对于该应用已经较为熟悉和信任。但随着时间的推移，中国消费者对隐私不断重视，对一些没有用户基础的平台开展"晒"活动提出了更高的要求。

## 五、结论与意义

首先，本节介绍了近年来多媒体网页中流行的"晒"行为，梳理了多媒体的内涵、应用以及发展；以支付宝年度账单的页面设计为例，介绍了该页面使用的文本处理技术、数字音频处理技术、图像及图形处理技术和动画处理技术；总结了此类多媒体页面设计具有的交互性、沉浸性和趣味性等特点。

其次，从用户参与动机角度出发评估了此类多媒体的交互性和用户体验；构建了用户参与"晒"行为的动机模型，实证检验了用户动机（信息动机、社交动机和娱乐动机）对其参与"晒"行为的影响。结果发现，信息动机、社交动机和娱乐动机对于用户参与"晒"行为有显著影响。娱乐动机对用户参与"晒"行为的影响最大，信息动机次之，社交动机对用户参与"晒"行为的影响最小。隐私关注在用户参与动机（信息动机、社交动机和娱乐动机）与"晒"行为之间不具有调节作用。这是因为虽然"晒账单""晒歌单""晒报告"等行为是个新兴的、热门的活动，但是这类活动大多是在已有广泛用户基础的移动多媒体应用上演化而来的。用户会出于对原有多媒体应用的信任而信任此类多媒体平台，用户在登录多媒体平台时未注意到或者忽略了自己信息可能会被商家提取，故而隐私关注的调节作用并不显著。商家需要用户提供的信息可能并非他们的敏感信息，在接下来的研究中可以进一步确认其具体原因。

最后，从用户体验出发，发现多媒体页面设计必须通过充分调动用户的参与动机（信息动机、社交动机、娱乐动机），增加内容的有趣性、界面的交互性以及页面信息的沉浸性，才能使更多的用户参与到"晒"活动中来，使这些"晒"活动得到更快速的发展。

本节对近两年热门的"晒账单""晒歌单"等活动进行分析，尝试挖掘多媒体页面中用户参与"晒"行为的动机机制，并进行实证研究。其理论贡献主要体现在以下两个方面：一是将研究聚焦于社交网络中用户参与的热门活动上，即用户参与"晒"行为具有一定的新颖度和创新性；二是分析并证实了信息动机、社交动机和娱乐动机对用户参与"晒"行为的影响机制，为用户参与"晒"行为的后续研究奠定了基础，也补充了多媒体页面设计、用户参与行为等方面相关的研究内容和理论。

本节的实践意义有三点：一是软件商积极组织用户参加"晒"活动有助于商家维持原有顾客并吸引新顾客，这无疑为一些小型软件商提供了打开市场、吸引人流量的新思路；二是用户的参与过程是一个交缠反复的过程，每条路径背后都有不同的动机，积极参与"晒"活动是为了更好地与他人进行联络，并发展丰富的社交关系，获得愉悦、乐趣和享受感，故企业应从消费者的动机出发开展用户更乐意参加的"晒"活动；三是"晒"行为作为一种用户的实际行为，承载着用户动机、态度、兴趣等重要信息，这些丰富的信息可以反馈给多媒体页面设计者，使多媒体页面更加场景化、更有趣、交互性更强。

本节的技术贡献有两点：一是随着个人经济行为的线上化，互联网、大数据、多媒体等技术快速发展，这使消费行为数据化成为可能。支付宝账单、网易云歌单等报告引用数据分析，无论是对已有的多媒体应用的继续扩展（如支付宝、网易云、微信等），还是对别的多媒体应用小程序的深耕，都有很大的发展空间。由于用户浏览、管理、编辑图像和视频已经成为多媒体应用的重要用途，所以多媒体页面设计成为决定用户使用舒适性的关键因素。二是不同于大多数基于软件开发者视角的多媒体应用的探讨，本节从用户参与和体验的视角对多媒体页面设计进行分析。这对基于移动互联网的多媒体页面设计和增值业务开发具有重要的启示意义。

在多媒体应用的演进过程中，用户获得的信息维度越来越多、交互性和沉浸感越来越强。与此同时，它们对网络的要求也呈现出带宽越来越大、时延越来越低、抖动和分组丢失率越来越低的趋势，这对信息维度、用户体验和用户需要的多媒体应用与工具的硬件技术的完善提出了更高的要求。高质量的移动多媒体服务丰富了人们的生活，这些应用的大规模使用给了用户"身临其境"、高速交互与精准控制的极致体验，同时也对多媒体应用的技术实现手段和方法、用户体验、性能指标提出了极高的要求，为多媒体工具和应用程序的开发与设计指明了方向。

本节聚焦于用户参与"晒"行为的动机研究，然而在调查时，发现部分用户会对商家提供的数据、信息持怀疑态度，选择观望或者拒绝参与。此类消费者的心理活动同样具有研究价值，由于时间和精力的限制，本书并未进行讨论，今后的研究可对这一部分进行深入挖掘，以更加全面地解释消费者参与"晒"行为的内部机制。

虽然一些大型软件商和个别小程序在引导用户参与"晒"行为上吸引了广泛的关注和参与，但是目前关于用户直接参与企业"晒"活动的研究素材并不是特别丰富。本节仅选择了一些具有代表性、知名度的"晒"事件来进行剖析，故可能未全面考察到用户参与过的"晒"行为。今后，参与"晒"活动的商家和用户逐渐增多，这可为多媒体页面设计提供更为全面的现实支持。

# 第五章 网络圈子意识对消费者在信息搜寻的搜索阶段的影响机制研究

## 第一节 圈子内部信息不一致对信息搜寻行为的影响研究

随着移动互联网的快速发展，信息搜寻行为研究逐渐成为消费者行为领域的研究热点，并受到了国内外学者的广泛关注。信息搜寻作为消费者决策过程中必不可少的阶段，是消费者合理解决问题、做出购买决策的基础，能够为消费者购买决策的制定提供重要的参考。因此，对消费者信息搜寻行为进行深入研究具有重要的意义。

根据中国互联网络信息中心发布的最新报告，截至 2018 年 12 月，我国手机网民规模已达 8.17 亿，使用手机上网的人群占比由 2017 年的 97.5% 提升至98.6%，手机上网的移动网民比例远远超出传统 PC 上网的网民比例且该比例仍在持续攀升（CNNIC，2018）。移动互联网逐渐成为消费者信息搜寻的重要来源。但同时，每天接收的大量无用的商品信息和企业病毒式的宣传广告，使消费者对比表现出极度的厌倦（Chen et al.，2009），导致企业信任危机加剧。网络信任成为社会信任的重要组成部分，也成为电子商务、互联网金融等深层网络应用发展的重要社会基础。为了避免受到虚假、无用、泛滥信息的侵害，消费者不再依赖企业推送的信息，反而更加相信自己社交圈子提供的信息。据移动社交报告显示，近九成的用户会在网上寻找兴趣圈子，其中，76% 的用户通过移动社会化网络服务应用来寻找兴趣圈子，用户对相同的兴趣圈子有着非常强烈的需求（央广网，2014）。这种"多对多""点对点"的信息传递模式具有更强的互动性，这也是消费者更乐意在自己社交圈内主动搜寻、获取和分享信息的重要因素之一。但是，在现实生活中，参照群体为消费者提供的信息影响是相对一元的，而在移动社交网络环境中，随着消费者的信息来源日益广泛，同一圈子内部的信息呈现出多元化的趋势，这必定会在一定程度上对消费者信息搜寻行为造成影响。

随着移动互联网的快速发展，对信息搜寻行为的研究逐渐成为消费者行为领域的研究热点，并受到了国内外学者的广泛关注。已有文献研究了信息质量（王仙雅等，2017；Zha et al.，2015；查先进等，2015）、信息源可信度（查先进等，2015；Muralidharan et al.，2012；Farzan，2010；Karsenty，2013）、感知有用性（欧阳博和刘坤锋，2017；杨建林和陆阳琪，2017）等因素对信息搜寻行为的影响，但却忽略了信息不一致对消费者信息搜寻行为产生的影响。信息搜寻作为消费者决策过程中必不可少的阶段，是消费者合理解决问题、做出购买决策的基础，能够为消费者购买决策的制定提供重要的参考。因此，对消费者信息搜寻行为进行深入研究具有重要的意义。企业信任危机的加剧导致消费者不再依赖企业推送的信息，反而更加相信自己社交圈子提供的信息。回顾以往学者的研究，将网络圈子与消费者信息搜寻行为综合起来的研究还十分有限。

基于以上认知，本节从移动社交网络出发对消费者信息搜寻行为展开探索，重点研究移动社交圈子内部信息不一致对信息搜寻行为的影响效果及其作用机制。同时，考虑到不同平行圈子与消费者的关系远近不同，当面临不同关系程度的圈子信息不一致时，消费者的信息搜寻行为是否会发生改变，对此本节将进一步探讨圈子类型对上述作用的调节效应。具体而言，本节的研究目标主要有以下三点：

（1）探究移动社交网络中圈子内部信息不一致对消费者信息搜寻行为的影响，进一步挖掘其内部机制作用，即信息不一致具体是通过什么内在机制对消费者信息搜寻行为产生影响的，它们之间的具体关系究竟是怎样的。

（2）确立相应的边界条件，重点研究网络圈子类型对上述影响作用的调节效应，即强关系型圈子类型中的信息不一致会对消费者信息搜寻行为产生怎样的影响，是会进一步促进消费者信息搜寻行为，还是会抑制消费者信息搜寻行为，或是不产生任何影响呢？同样地，当信息不一致来源于弱关系型圈子时，消费者信息搜寻行为又会发生怎样的变化，是促进、抑制还是无影响。

（3）本节将采用实验方法对研究模型及假设加以验证，并得出相应的研究结论，根据研究结论总结其管理启示，为企业营销策略的开展提供一定的指导。

研究结果表明：①圈子内部信息不一致会正向影响消费者信息搜寻行为，且矛盾态度在该影响过程中发挥了部分中介作用。②网络圈子类型会调节信息不一致与消费者信息搜寻行为之间的关系。当不一致信息来源于强关系型圈子时，信息不一致对消费者信息搜寻行为的正向影响会有所减弱；当不一致信息来源于弱关系型圈子时，信息不一致对消费者信息搜寻行为的正向影响会有所增强。③网络圈子类型会调节信息不一致与矛盾态度之间的关系。当不一致信息来源于强关系型圈子时，信息不一致对消费者矛盾态度的正向影响会有所减弱，从而降低消费者进行信息搜寻的意愿；当不一致信息来源于弱关系型圈子时，信息不一致对消费者矛盾态度的正向影响会有所增强，从而促进消费者进行信息搜寻的意愿。

本节的研究结论一方面可以深入揭示圈子内部信息不一致对信息搜寻行为的影响及其作用机制，丰富信息搜寻行为及圈子相关领域的研究理论；另一方面可以使企业更好地认识与了解消费者信息搜寻行为，正确利用移动社交网络中的消费者圈子开展一系列营销活动。

## 一、研究模型与假设

### （一）研究模型

基于以上研究理论，本节从移动社交网络出发，对圈子内部信息不一致与消费者信息搜寻行为之间的关系及其作用机制进行了探索，并构建了相应的研究理论模型，如图 5-1 所示。模型中还引入了网络圈子类型这一调节变量，旨在进一步分析不同的网络圈子类型在信息不一致的情形下对消费者信息搜寻行为的调节作用。本节将通过两个实验对理论模型和所提出的研究假设加以检验。其中，实验一主要检验移动社交网络圈子内部信息不一致性对消费者信息搜寻行为的影响效应与矛盾态度的中介作用，实验二将在实验一的基础上进一步考察网络圈子类型对上述作用的调节效应。

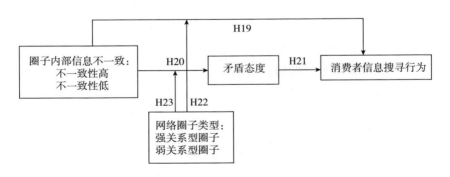

图 5-1 研究模型

（二）研究假设

1. 圈子内部信息不一致对消费者信息搜寻行为的影响

不一致信息又可被称为冲突性信息。目前为止，学术界对于信息不一致还没有给出统一、明确的定义。现实生活中，人们接触的最为频繁的两类冲突性信息主要来源于产品评价信息与报道信息，因此，信息不一致的相关研究也主要集中在这两方面。

关于产品评价信息不一致的研究。产品评价信息不一致在在线购物的评论中是极为常见的一种现象。有学者指出，在线评论一致性是指评论者对产品评价达成的共识程度（Chang et al.，2014）。在研究追加评论的有用性感知中，王长征等（2015）将在线评论一致性定义为初始评论与追加评论在效价观点上保持一致。也有学者认为，一致性是指个体对刺激物的响应与他人响应间的一致性程度，一致性高意味着大多数人对同一刺激物有着相似的响应，一致性低意味着个体对刺激物的响应与大多数人不一样（苗蕊和徐健，2018）。由此可知，评论不一致是指评论者对产品评论达成不同态度或想法的程度。有学者以消费者对产品属性的偏好是否一致为依据，将产品属性信息划分为垂直属性信息和水平属性信息两大类（Sun，2011）。其中，垂直属性信息又可称为质量属性信息，是指消费者对产品统一的偏好标准的信息，如手机的容量、分辨率等硬性功能；而水平属性信息又可以叫作匹配属性信息，指的是消费者对产品没有统一的偏好标准，如手机尺寸、颜色等（黄敏学等，2017）。有研究表明，产品评论信息的不一致会对企业造成负面影响（Ye et al.，2009）；但也有研究得出了相反的结论，认为评论信息不一致会促进企业产品销量的增加（Sun，2012）。针对前人研究得出的两种截然相反的结论，黄敏学等（2017）通过引入产品属性及消费者调节定向对这一冲突现象做出了合理的解释。

关于产品报道信息不一致的研究。在健康领域，冲突类的相关信息往往会导致更多负面的反应。Rogers 和 Gould（2015）提出，冲突健康信息对于消费者来说通常是难以理解的，并且会使他们更加困惑，不知道应该从何种行为中获得最好的健康状态。健康信息不一致主要体现在信息权威或专家报道的矛盾性上。例如，消费者从不同来源收到的关于维生素对人们身体有益的信息及对人们身体有风险的信息，且每条信息似乎都得到了支持，这将导致冲突性信息产生（Rogers and Gould，2015）。江晓东等（2013）研究发现，冲突性信息会正向影响消费者信息搜寻行为，并且这两者之间的关系会受到认知闭合需要的反向调节效应。另外，健康不一致信息还会影响消费者对健康指南及专业人员的信任度（Moorman et al.，2009），从而导致健康意识较低的消费者购买意愿下降（Naylor et al.，2009）。

已有文献对信息不一致进行了探索，但研究内容仍十分有限，鲜有聚焦于网络圈子内部信息不一致的研究。随着移动互联网的快速发展，网络呈现出更加开放、更具社会性等特征，消费者可以随时随地自由地加入各种虚拟社区，如博客、交友网、贴吧、网络团购等。网络的开放性导致同一圈子内部很可能出现不一致信息，甚至相互矛盾的信息。通常人们面临的信息不一致情境极易引发消费者不同类型的反应（Rogers and Gould，2015）。综合上述研究，本节将重点探讨网络圈子内部信息不一致的情况，即当消费者发现圈子成员提供不一致信息时，消费者将表现出怎样的反应，又将如何处理不一致的信息。

受时间、精力、认知容量的限制，消费者会更偏向于从自己的圈子内部搜寻相关信息。在移动社交网络环境中，随着信息来源的日益广泛，同一圈子内部很有可能出现不一致信息，甚至相互矛盾的信息。有研究表明，不一致信息会使消费者产生困惑，加重消费者的认知不一致性（王爽和陆娟，2012），降低消费者对该信息的信任度（Garretson and Burton，2000）。当消费者面临信息不一致的情况时，需要通过更多的认知资源来对信息进行更细致的处理（Heckler and Childers，1992），而快速获取认知资源的重要手段就是信息搜寻。由此不难推断，当圈子内部信息不一致时，消费者会通过信息搜寻方式收集更多信息。由此，本节提出如下假设：

H19：圈子内部信息不一致会正向影响消费者信息搜寻行为。

2. 圈子内部信息不一致对消费者矛盾态度的影响

矛盾态度是指个体对评价客体同时持有积极和消极态度与情感体验的一种认知冲突与心里不适的主观感受（Hohman et al.，2016；Newby－Clark et al.，2002）。消费者矛盾态度的产生受多种因素的影响，除了个体内部认知因素外，其他客观原因也会引发消费者的矛盾态度。其中，信息质量就是导致消费者态度变化的重要原因之一（Rucker et al.，2014）。Ferrell 和 Gresham（1985）研究发现，信息不一致程度越高，消费者态度变化的可能性就越大。已有研究表明，在搜寻信息过程中，不一致的信息会引发消费者矛盾态度的产生（Hodson et al.，2001；Bee，2005）。石文华等（2018）也得出了相似的结论，即矛盾性在线评论会导致消费者的正面态度变弱，负面态度变强，矛盾态度水平增加。从不一致信息中消费者不仅很难获取对自己有价值的信息，而且信息内容的不一致性还会使消费者更加迷茫，从而提升其矛盾态度水平。由此，本节提出如下假设：

H20：圈子内部信息不一致会正向影响消费者的矛盾态度。

3. 矛盾态度对消费者信息搜寻行为的影响

（1）矛盾态度的定义。

一直以来，矛盾态度都是社会心理学研究的重要议题，且已有大量研究证实了矛盾态度的存在（潘晓波等，2017；Priester et al.，2007；Priester and Petty，2011；王大海等，2015）。最初关于态度的研究，学者多倾向于使用单一维度对个体态度进行测量，认为个体对某一事物的态度处于评价极性所构成的单一连续体的某一位置上（Likert，1932；Thurstone，1927）。后来不少学者研究发现，个体对某一事物的评价可以同时存在两种极端的态度（Cacioppo et al.，1997；Thompson and Zanna，1995），即矛盾态度。关于矛盾态度的概念至今还未形成统一观点，但目前使用最为广泛的定义是：矛盾态度是指个体对评价客体同时持有积极和消极态度与情感体验的一种认知冲突与心里不适的主观感受（Hohman et al.，2016；Newby-Clark et al.，2002）。徐展菲和席居哲（2018）认为矛盾态度主要包含两种类型，可简称为元素论与觉察论。从引发矛盾的元素来看，矛盾态度被划分为认知元素的不一致、情感元素的不一致、认知与情感元素的不一致三种类型。根据矛盾态度是否被觉察，又可将矛盾态度分为客观矛盾态度与主观矛盾态度两种类型。1997 年，Otnes 和 Lowrey 首次将矛盾态度引入消费者行为领域，并将消费者矛盾态度界定为消费者同时或依次形成的多种情感状态，是内部因素与外部客体、人员、制度和文化现象在市场导向背景下相互作用的结果，这会对消费者购前、购中、购后的态度和行为产生直接或间接的影响。也有学者认为，消费者矛盾态度是由某一营销要素同时出现两种极端的认知评价与情绪体验所引发的（黄敏学等，2010a）。

（2）矛盾态度的测量。

目前，关于矛盾态度的测量，学者还未达成统一意见，但归纳起来主要有两种测量方法：一种是直接测量法，可称之为主观测量法，即直接询问或直接测量被试感受到与体验到的矛盾程度（Priester and Petty，1996；Thompson et al.，1995）；另一种是间接测量法，也可称之为客观测量法，指的是先对被试对评价客体持有的正面和反面态度进行测量，然后根据固定公式计算出被试的矛盾态度（Thompson et al.，1995）。下面对这两种常用的矛盾态度测量方法进行详细介绍。

直接测量法（主观测量法）。Priester 和 Petty（1996）采用"冲突""混合""犹豫不决"三个指标分别对参与者的矛盾态度进行测量，其中"犹豫不决"的衡量标准为概念基础的指标，"混合"为认知基础的指标，"冲突"为情感基础的指标。具体来说，实验先向参与者呈现态度对象和对应的以 0 为基础的 11 级量表，接着通过每个参与者对三个问题的回答来评估个体对态度对象的反应在多大程度上是冲突的、混合的和优柔寡断的。其中，"0"表示完全没有冲突、完全没有犹豫、完全认同一边，"10"表示最大程度的冲突、最大程度的犹豫不决或完全混合的反应。Thompson 等（1995）采用李克特 9 级量表（"-4"表示不符合我的态度，"4"表示非常符合我的态度），通过 10 个问题测量个体的矛盾态度感知。直接测量法是一种比较简单，可以节约研究者很多时间的方法，但由于参与者很难准确感知自己的矛盾态度，因此，采用直接测量法得出的个体矛盾态度精确度不是很高。

　　间接测量法（客观测量法）。采用间接测量法对个体矛盾态度进行测量，分别评估被试对评价客体的积极和消极态度。当测量被试的积极态度时，要求被试仅考虑评价对象的积极方面，忽略其消极方面，进而评估个体对其积极方面的积极程度；当测量被试消极态度时，要求被试仅考虑客体的负面内容，忽略其正面内容，进而评估个体对其负面内容的负面程度。目前，受学者普遍接受且使用比较广泛的是由 Thompson 等（1995）提出的"Griffin"公式法。计算公式为：矛盾态度 =（P+N）/2-｜P-N｜+X，其中，P 代表正面评价得分，N 代表负面评价得分，X 是根据数据分析需求赋予的适当自然数。数字越大代表个体对客体具有的矛盾程度越高。与直接测量法相比，该公式能够更加准确地测量出被试的矛盾态度感知，但同样也存在一定的局限，主要是因为被试在实验过程中很难完全排除客体的正面或负面特征，从而影响其对评价对象的客观评估。

　　综合以往学者的研究可知，上述关于矛盾态度的两种测量方法既各有优势，又都存在一定的缺陷。具体采用哪种方法对个体矛盾态度进行测量要结合学者自身的研究内容及特点来定。若研究内容本身对个体内心实际矛盾态度的测量要求更加严格，学者可以考虑将这两种方法综合起来使用。

　　（3）矛盾态度的研究现状。

　　从国内外矛盾态度的相关研究进展来看，可以将其划分为两个不同阶段。早期阶段的学者主要侧重于对矛盾态度概念、测量及其属性的探索（Jonas et al.，1997；陈志霞和陈剑峰，2007；Thompson et al.，1995）。随着研究的不断深入，现阶段的学者主要集中于矛盾态度对个体行为的影响及其内在机制研究（钟毅平等，2013）。目前，矛盾态度相关研究主要集中在社会学、心理学及政治学等领域（Fingerman et al.，2004；Heinz and Jan，2009；Priester and Petty，2011）。

与国外研究相比，国内关于矛盾态度的研究起步较晚。矛盾态度这一概念于2007年被引入中国，但具体到营销学领域其研究仍十分有限，国内仅有少数学者对消费者矛盾态度进行了实证分析。王大海等（2015）研究发现，消费者内在个体特征（生态知识、感知效用）和外在营销情境（群体认同）均会对其矛盾态度及购买意愿产生正向影响；黄敏学等（2009）通过实验证实了多元参照群体会对消费者矛盾态度产生影响。同时，消费者的矛盾态度又会调节消费者对外界信息的选择与处理（单春玲和赵含宇，2017；黄敏学等，2010b）。

从上述对文献的梳理可知，国内关于矛盾态度的实证性研究明显不足，而矛盾态度作为消费者内心一种纠结情感，会对其消费行为（如信息搜寻行为、购买行为、决策行为等）产生一系列影响，因此，基于消费者视角的矛盾态度研究还有待进一步深入挖掘与探索。

矛盾态度是个体内心冲突的一种心理状态，会给消费者带来紧张的情绪和不舒适的情感体验（Hohman et al.，2016；Newby-Clark et al.，2002）。为了减弱这种不舒适感，消费者会尽可能寻求与目标一致的信息（高海霞和张敏，2016）。Maio等（1996）的研究指出，具有较高水平矛盾态度的个体对信息的处理会更加深入，倾向于对信息进行精细加工。Petty等（2006）通过实证研究也得到了类似的结论，即具有矛盾态度的人会进行更多的信息处理。由此不难推断，当消费者对某客体持有矛盾态度时，为了减少或消除这种矛盾心理，消费者会进行更多的信息搜寻行为。由此，本节提出如下假设：

H21：由信息不一致所导致的矛盾态度会正向影响消费者信息搜寻行为，即矛盾态度在圈子内部信息不一致对消费者信息搜寻行为的影响中发挥了中介作用。

4. 网络圈子类型对主效应的调节作用

综合上述各学者的研究理论，本节将网络圈子类型划分为强关系型和弱关系型两种，划分依据主要源于用户间关系的强弱。不同关系强度的圈子的信息分别呈现出其各自独有的特点，与消费者联系密切的圈子（如同学、同事、家人、邻居）信息质量更高、更及时，圈内成员沟通互动也更频繁；而与消费者关系疏远的圈子信息则更加全面、多样化，信息内容更加广泛（Granovetter，1973）。

当强关系型圈子内部出现不一致信息时，如同时出现关于圈子成员提供的某一产品极端的正面和负面信息，由于强关系型圈子是一个拥有高度情感投入的群体（Krackhardt，1992），消费者会基于与圈子成员之间的信任关系认可该信息的有效性，但产品负面信息的存在会使消费者感知到较大的风险和不确定性，从而导致其放弃对该产品信息的了解与搜寻。相反，当圈子成员提供的极端正面、负面信息，即不一致信息来自弱关系型圈子时，由于圈内成员的情感关系比较松散，消费者很难判断信息的真实性或信息源的可靠性，为了能够做出正确的决策，消费者会采取更多的信息搜寻行为。由此，本节提出如下假设：

H22：网络圈子类型会调节信息不一致与消费者信息搜寻行为之间的关系。

H22a：当不一致信息来源于强关系型圈子时，信息不一致对消费者信息搜寻行为的正向影响会有所减弱。

H22b：当不一致信息来源于弱关系型圈子时，信息不一致对消费者信息搜寻行为的正向影响会有所增强。

5. 网络圈子类型对中介效应的调节作用

有研究表明，无论是积极的还是消极的信息，只要是社会关系很近的人发布的，就会被消费者视为可信的（Pan and Chiou，2011）。圈子成员与消费者间的亲密、信任关系为消费者获取真实可靠的信息提供了重要保障。为此，当消费者面对强关系型圈子的内部不一致信息时，信息源的可靠性使消费者不需要纠结该信息是否值得信赖，这有助于缓解消费者内心的矛盾态度，从而促使消费者减少其信息搜寻行为。另外，也有学者研究发现，对于不熟悉的态度客体，若态度客体本身同时拥有积极和消极属性，则更容易导致个体矛盾态度增强（Jonas et al.，1997）。当弱关系型圈子内部出现信息不一致的情况时，由于消费者对该圈内成员都比较陌生，圈子内部不一致信息极易引发消费者内心的矛盾态度，消费者难以判别该信息的可靠性，导致其不得不搜寻更多的相关信息。由此，本节提出如下假设：

H23：网络圈子类型会调节信息不一致与消费者矛盾态度之间的关系，进而影响其信息搜寻行为。

H23a：当不一致信息来源于强关系型圈子时，信息不一致对消费者矛盾态度的正向影响会有所减弱，从而抑制消费者进行信息搜寻。

H23b：当不一致信息来源于弱关系型圈子时，信息不一致对消费者矛盾态度的正向影响会有所增强，从而促进消费者进行信息搜寻。

## 二、调查方法与数据收集

本节拟采用定性与定量相结合的方法对研究内容展开探讨，具体研究方法有以下几种：

1. 文献研究法

首先通过各大数据库（主要包含外文文献数据库 Web of Science、EBSCOhost、中国知网）查找信息不一致、消费者信息搜寻行为、矛盾态度及网络圈子的相关文献，根据前人研究并结合本研究自身特点，明确界定研究中各变量的概念、内涵，同时对查找的文献进行归纳、整理、比较，了解当前研究现状及现阶段研究存在的问题，对以往研究的不足之处加以深入分析，发掘本研究的创新之处，进而为本研究的顺利开展奠定良好的理论基础。

2. 访谈法

前期通过焦点座谈、深度访谈、专家访谈等初步确立移动社交网络圈子内部信息不一致对消费者信息搜寻行为影响的研究主题，以及圈子内部信息不一致对消费者信息搜寻行为影响的边界条件，构建研究理论框架。另外，实验部分也将通过专家访谈初步确定实验刺激物及测量量表，以确保实验情境设计、实验商品选择及量表开发的合理有效性。

3. 实验法

通过自愿的方式招募大约 200 名研究对象，然后采取随机抽样的方式将其分别分配到各个实验组别，通过测量问项对各变量加以测量。本节将采用 2（圈子内部信息不一致：不一致性高/不一致性低）×2（网络圈子类型：强关系型圈子/弱关系型圈子）四组实验对被试者进行测量。在此之前，先对预实验确定的 40~50 名被试者进行访谈，以确定实验较佳刺激物，同时规划好实验流程。实验过程中，通过发放问卷、回收问卷、筛选问卷、处理问卷等一系列过程收集研究所需数据；运用 SPSS 21.0 软件对调查问卷数据的信度、效度进行检验，以确保所获取数据的真实全面性；通过回归分析、Bootstrap 中介效应检验、独立样本 T 检验、单因素/双因素方差分析等方法对本节的理论模型及假设进行检验，从而进一步完善和补充研究框架，最终通过实验数据处理得出研究结论。

## 三、研究分析与假设验证

（一）实验一

实验一共设计为两个组别，分别是信息不一致程度高组和信息不一致程度低组，一方面是为了验证圈子内部信息不一致性对消费者信息搜寻行为的正向影响，即检验主效应 H19 是否成立；另一方面是为了验证矛盾态度的中介作用，即检验 H20 和 H21 是否成立。

1. 被试选择

本次实验以自愿形式共招募了 60 名大学生，最终有 57 名完成了实验。其中，男性被试 25 人，占 43.9%；女性被试 32 人，占 56.1%，年龄主要集中在 18~25 岁。所有被试者被随机分配到上述两个实验组别分别进行测量。

2. 实验刺激物和实验流程

本次实验选取智能手机作为实验的刺激物，主要基于以下几个原因：首先，智能手机在生活中普及率很高，尤其受到了年轻消费群体的青睐，因此，选择该产品作为刺激物不会使被试者感到陌生；其次，对大学生群体而言，智能手机属于较为昂贵但又十分必要的消费品，因此，在购买前消费者通常会比较谨慎；最后，智能手机属于搜索性产品，消费者可以通过多种渠道全面了解该产品的属性信息、功能信息等。

首先，本次实验从微信中选取圈子成员发布的某一品牌手机的评价信息若干条，其中包括正面评价信息、负面评价信息及中立信息，通过深度访谈、专家访谈，再结合黄敏学等（2017）的评论不一致操纵方法，从中选取了不一致性程度低和不一致性程度高的两组评价信息，不一致性程度低的组主要包括正面评价信息与中立信息或负面评价信息与中立信息，不一致性程度高的组主要包括正面评价信息与负面评价信息，每组所包含的正面、负面或中立评价信息的数量相等，每条评价信息的字数、内容、风格大体一致。其次，使用李克特 T 级量表对被试感知的信息不一致性程度进行测量。根据量表设计，得分越高表明圈子内部信息不一致性程度越高；得分越低表明圈子内部信息不一致性程度越低。然后，我们再把被试随机分到两个实验组中，实验采用情景模拟法，告知被试自己处在这样的一个情境中：假设你刚好想要购买某品牌刚上市的一款手机，由于价格比较贵，为了降低购买风险，你决定先向你的朋友圈、兴趣圈、工作圈等咨询相关产品信息。先向被试呈现该圈内成员发表的关于该新款手机较为极端的正面评价信息；然后在信息不一致性较高的实验组中，向被试呈现圈内成员发表的关于该新款手机较为极端的负面评价信息；在信息不一致性较低的实验组中，向被试呈现圈内成员发表的关于该新款手机较为中立的评价信息。最后，被试在阅读完实验材料之后按要求填写相应的调查问卷。

由于实验一着重探索移动社交网络圈子内部信息不一致对消费者信息搜寻行为的影响及其中间机制，因此，调查问卷主要包含消费者矛盾态度、信息搜寻行为的测量量表以及被试个人基本信息等内容。其中，消费者矛盾态度主要参考了 Priester 和 Petty（1996）的成熟量表，消费者信息搜寻行为主要参考了 Blodgett 和 Hill（1991）的成熟量表。测量量表的所有问项均根据本实验情境稍做调整，问卷采用李克特 7 级量表形式对被试进行测量（"1 分"表示"完全不同意"，"7 分"表示"完全同意"）。

3. 数据分析与讨论

各测量变量信度分析：本节使用 SPSS 21.0 软件对实验中涉及的矛盾态度及消费者信息搜寻行为量表中各题项的内部一致性进行分析。结果显示，矛盾态度的 Cronbach's $\alpha$ 值为 0.879，消费者信息搜寻行为的 Cronbach's $\alpha$ 值为 0.878，都超过了 0.7 的接受标准。矛盾态度和消费者信息搜寻行为各题项的 CITC 值也都超过了 0.5 的接受标准。由此得出，各变量的测量量表内部一致性信度良好。

圈子内部信息不一致性的操纵检验：采用独立样本 T 检验对 57 名被试者所感知的圈子内部信息不一致性程度进行操纵检验，结果显示，各组被试者所感知到的信息不一致程度为：$M_{信息不一致性低} = 3.43$ vs. $M_{信息不一致性高} = 5.03$；$t = -4.69$，$df = 55$，$p = 0.000$，由此说明，圈子内部信息不一致性高的组的被试能够比信息不一致性低的组的被试感知到更强的信息不一致性。综上所述，本节所选择的圈子内部信息不一致性程度操纵成功。

主效应分析：本节首先对主效应进行独立样本 T 检验，即圈子内部信息不一致对消费者信息搜寻行为的影响。根据实验一所收集数据得出的结果显示：圈子内部信息不一致对消费者信息搜寻行为有显著影响（$t = -6.14$，$p = 0.000 < 0.05$），当信息不一致性高时，消费者信息搜寻行为（$M = 6.43$）明显强于信息不一致性低时的消费者信息搜寻行为（$M = 4.45$）。因此，假设 19 得到了有效验证，即圈子内部信息不一致会正向影响消费者信息搜寻行为。

中介作用分析：运用单因素方差分析检验圈子内部信息不一致对消费者矛盾态度的影响，结果如表 5-1 和表 5-2 所示。检验结果表明：圈子内部信息不一致对消费者矛盾态度的影响显著（F（1，55）= 20.326，p=0.000<0.05），信息不一致性高所产生的矛盾态度（M=5.2989）明显强于信息不一致性低所产生的矛盾态度（M=3.9286）。因此，H20 得到了有效验证，即圈子内部信息不一致会正向影响消费者的矛盾态度。

表 5-1　因变量均值及标准差

| 变量 | 信息不一致性低 | | | 信息不一致性高 | | |
|---|---|---|---|---|---|---|
| | M（年均值） | SD（标准差） | N（样本量） | M（年均值） | SD（标准差） | N（样本量） |
| 矛盾态度 | 3.9286 | 1.3252 | 28 | 5.2989 | 0.9443 | 29 |

表 5-2　网络圈子内部信息不一致对消费者矛盾态度的影响

| | 平方和 | df | 均方 | F | 显著性 |
|---|---|---|---|---|---|
| 组间 | 26.748 | 1 | 26.748 | 20.326 | 0.000 |
| 组内 | 72.378 | 55 | 1.316 | — | — |
| 总数 | 99.127 | 56 | — | — | — |

注：p<0.05 显著。

本部分参照 Preacher 和 Hayes（2004）提出的 Bootstrap 方法进行中介效应检验，选择模型 4，样本量设定为 5000。在 95% 置信区间下，检验结果显示：消费者矛盾态度在圈子内部信息不一致与消费者信息搜寻行为之间具有中介作用（LLCI=-1.1765，ULCI=-0.2946，不包含 0），且中介效应大小为-0.6502。此外，当控制中介变量矛盾态度后，自变量圈子内部信息不一致对因变量消费者信息搜寻行为的影响仍然显著（LLCI=1.9621，ULCI=3.3075，不包含 0），如图 5-2 所示。因此，矛盾态度在圈子内部信息不一致对消费者信息搜寻行为的影响中发挥了部分中介作用。H21 得到了有效验证。

（Indirect effect β=-0.6502；CI=-1.1765 to -0.2946）
（Direct effect β=2.6348；CI=1.9621 to 3.3075）

图 5-2　中介作用分析结果

（二）实验二

实验二采用 2（圈子内部信息不一致：不一致性高/不一致性低）×2（网络圈子类型：强关系型圈子/弱关系型圈子）的组间设计，一方面是为了再次验证主效应，即检验 H19 是否成立；另一方面主要是为了探索网络圈子类型对主效应及中介效应的调节作用，即检验 H22 和 H23 是否成立。

1. 被试选择

本次实验以自愿形式招募了 130 名大学生，最终有 124 名完成了实验。其中，男性被试 59 人，占 47.6%；女性被试 65 人，占 52.4%，年龄集中在 18～25 岁。

2. 实验刺激物和实验流程

实验二的目的主要是检验网络圈子类型的调节作用。为此，本次实验增加了对圈子类型的操控，剩余其他设置均与实验一相同。本实验主要通过控制被试与圈内成员的关系来实现对不同强度圈子类型的操控。所有被试被随机分配到上述四种情境中分别进行测量。第一组向被试呈现强关系型圈子内部信息不一致性较高的产品评价信息，第二组向被试呈现强关系型圈子内部信息不一致性较低的产品评价信息，第三组向被试呈现弱关系型圈子内部信息不一致性较高的产品评价信息，第四组向被试呈现弱关系型圈子内部信息不一致性较低的产品评价信息。强关系型圈子中的被试被告知所看到的全部产品评价信息都是由自己的亲朋好友所提供的；弱关系型圈子中的被试被告知所看到的全部产品评价信息都是由陌生人所提供的。

被试在阅读完实验材料之后，被要求填写矛盾态度及信息搜寻行为的测量量表，所有测量问项均与实验一相同。被试还被要求回答对强弱关系型圈子的感知，作为对圈子类型的操控检验，测量问项主要参考了 Lechner（2010）和 Stanko 等（2007）的成熟量表。测量量表的所有问项均根据本实验自身情境稍做调整，问卷采用李克特 7 级量表形式对被试者进行测量（"1 分"表示"完全不同意"，7 分表示"完全同意"）。

3. 数据分析与讨论

各测量变量的信度分析：使用 SPSS 21.0 软件对实验中涉及的矛盾态度、消费者信息搜寻行为及网络圈子类型量表中各题项的内部一致性进行分析。结果显示，矛盾态度的 Cronbach's α 值为 0.835，消费者信息搜寻行为的 Cronbach's α 值为 0.830，网络圈子类型的 Cronbach's α 值为 0.858，都超过了 0.7 的接受标准。矛盾态度、消费者信息搜寻行为和网络圈子类型各题项的 CITC 值也都超过了 0.5 的接受标准。由此得出，各变量的测量量表内部一致性信度良好。

操纵检验：圈子内部信息不一致与圈子类型操纵成功。采用独立样本 T 检验对 124 名被试所感知的圈子内部信息不一致性、网络圈子类型进行操纵检验。结果显示，被试所感知到的信息不一致得分为：$M_{信息不一致性低} = 3.83$ vs. $M_{信息不一致性高} = 5.33$；$t = -7.26$，$df = 122$，$p = 0.000$，由此说明，圈子内部信息不一致性高组的被试比信息不一致性低组的被试能感知到更强的信息不一致性。同时，强关系型圈子的被试比弱关系型圈子的被试感知到更强的关系强度（$M_{强关系型圈子} = 4.958$ vs. $M_{弱关系型圈子} = 2.823$；$t = -11.69$，$df = 122$，$p = 0.000$）。

圈子类型对主效应的调节作用：本实验进行了 2（圈子内部信息不一致性高/圈子内部信息不一致性低）×2（强关系型圈子/弱关系型圈子）的双因素方差分析，结果如表 5-3 和表 5-4 所示。

表 5-3　因变量均值及标准差

| 变量 | 信息不一致性低 | | | 信息不一致性高 | | |
|---|---|---|---|---|---|---|
| | M（平均值） | SD（标准差） | N（样本量） | M（平均值） | SD（标准差） | N（样本量） |
| 弱关系型圈子 | 5.576 | 0.878 | 33 | 6.344 | 0.585 | 32 |
| 强关系型圈子 | 5.379 | 1.064 | 31 | 5.527 | 0.806 | 28 |

表 5-4　圈子内部信息不一致、网络圈子类型对消费者信息搜寻行为的影响

| 源 | Ⅲ 型平方和 | df | 均方 | F | Sig. |
|---|---|---|---|---|---|
| 校正模型 | 17.781[a] | 3 | 5.927 | 8.194 | 0.000 |
| 截距 | 4022.343 | 1 | 4022.343 | 5560.481 | 0.000 |
| 信息不一致 | 6.474 | 1 | 6.474 | 8.950 | 0.003 |
| 网络圈子类型 | 7.933 | 1 | 7.933 | 10.967 | 0.001 |
| 信息不一致×网络圈子类型 | 2.970 | 1 | 2.970 | 4.106 | 0.045 |
| 类型 | — | | | | |
| 误差 | 86.806 | 120 | 0.723 | — | — |
| 总计 | 4152.750 | 124 | — | — | — |
| 校正的总计 | 104.587 | 123 | — | — | — |

注：a 表示 $R^2 = 0.170$（调整 $R^2 = 0.149$）。

由表5-3和表5-4可知，圈子内部信息不一致对消费者信息搜寻行为有着显著影响，主效应 H19 再次得到验证（F（1，120）= 8.950，p = 0.003 < 0.05）。圈子内部信息不一致性和网络圈子类型的交互作用会显著影响消费者的信息搜寻行为（F（1，120）= 4.106，p = 0.045 < 0.05），交互作用的具体形态如图 5-3 所示。对弱关系型圈子来说，信息不一致性越高，消费者信息搜寻行为越多（$M_{不一致性高}$ = 6.344 > $M_{不一致性低}$ = 5.576）。当信息来源于强关系型圈子时，圈子内部信息不一致性对消费者信息搜寻行为的正向影响有所减弱（$M_{不一致性高}$ = 5.527 > $M_{不一致性低}$ = 5.379）。当圈子内部信息不一致性高时，强关系型圈子引发的信息搜寻行为明显弱于弱关系型圈子引发的信息搜寻行为，且强关系型圈子内部不一致性信息所引发的信息搜寻行为的变化幅度（0.148）小于弱关系型圈子内部不一致性信息所引发的信息搜寻行为变化幅度（0.768）。由此可知，H22a 和 H22b 得到了有效验证，即网络圈子类型会反向调节信息不一致对消费者信息搜寻行为的正向影响。

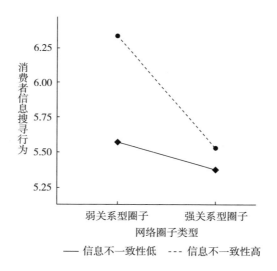

图5-3　圈子内部信息不一致性和网络圈子类型的交互作用

圈子类型对矛盾态度的调节作用：本实验进行了 2（圈子内部信息不一致性高/圈子内部信息不一致性低）×2（强关系型圈子/弱关系型圈子）的双因素方差分析。结果如表 5-5 和表 5-6 所示。

表 5-5　因变量均值及标准差

| 变量 | 信息不一致性低 | | | 信息不一致性高 | | |
|---|---|---|---|---|---|---|
| | M（平均值） | SD（标准差） | N（样本量） | M（平均值） | SD（标准差） | N（样本量） |
| 弱关系型圈子 | 4.530 | 0.918 | 33 | 5.430 | 0.565 | 32 |
| 强关系型圈子 | 3.992 | 0.896 | 31 | 4.286 | 0.868 | 28 |

表 5-6　圈子内部信息不一致、网络圈子类型对矛盾态度的影响

| 源 | Ⅲ型平方和 | df | 均方 | F | Sig. |
|---|---|---|---|---|---|
| 校正模型 | 36.323a | 3 | 12.108 | 17.877 | 0.000 |
| 截距 | 2567.925 | 1 | 2567.925 | 3791.519 | 0.000 |
| 信息不一致 | 10.991 | 1 | 10.991 | 16.228 | 0.000 |
| 网络圈子类型 | 21.851 | 1 | 21.851 | 32.263 | 0.000 |
| 信息不一致×网络圈子类型 | 2.832 | 1 | 2.832 | 4.181 | 0.043 |
| 类型 | — | | | | |
| 误差 | 81.274 | 120 | 0.677 | — | — |
| 总计 | 2710.250 | 124 | — | — | — |
| 校正的总计 | 117.597 | 123 | — | — | — |

注：a 表示 $R^2 = 0.309$（调整 $R^2 = 0.292$）。

由表 5-5 和表 5-6 可知，圈子内部信息不一致性和网络圈子类型的交互作用会显著影响消费者的矛盾态度（$F(1, 120) = 4.181$，$p = 0.043 < 0.05$），交互作用的具体形态如图 5-4 所示。对弱关系型圈子来说，信息不一致性越高，消费者矛盾态度越高（$M_{不一致性高} = 5.430 > M_{不一致性低} = 4.530$）。当信息来源于强关系型圈子时，圈子内部信息不一致性对消费者矛盾态度的正向影响有所减弱（$M_{不一致性高} = 4.286 > M_{不一致性低} = 3.992$）。当圈子内部信息不一致性高时，消费者对强关系型圈子的矛盾态度明显弱于对弱关系型圈子的矛盾态度，且强关系型圈子内部不一致性信息所引发的矛盾态度的变化幅度（0.294）小于弱关系型圈子引发的矛盾态度的变化幅度（0.900）。由此可知，H23a 和 H23b 得到部分验证，即网络子类型会反向调节信息不一致对消费者矛盾态度的正向影响。

网络圈子类型对中介效应的调节作用：为了进一步探索网络圈子类型是否会通过影响消费者矛盾态度进而调节圈子内部信息不一致与消费者信息搜寻行为之间的关系，本部分采用 Bootstrap 对有调节的中介模型进行分析，选择模型 8，样本

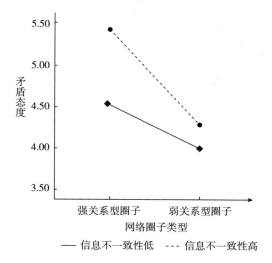

图 5-4　圈子内部信息不一致性和网络圈子类型的交互作用

量设定为 5000，选择偏差校正的非参数百分位法，置信区间为 95%。结果显示：圈子内部信息不一致性和网络圈子类型的交互作用会通过矛盾态度对消费者信息搜寻行为产生影响（LLCI = −0.5214，ULCI = −0.0374，不包含 0），中介效应为 −0.2157。同时，在弱关系型圈子中，消费者矛盾态度在圈子为部信息不一致和消费者信息搜寻行为之间具有显著的中介效应（LLCI = 0.1459，ULCI = 0.5867，不包含 0），且中介效应为 0.3204；在强关系型圈子中，消费者矛盾态度的中介效应不显著（LLCI = −0.0307，ULCI = 0.3292，包含 0）。因此，网络圈子类型对消费者矛盾态度的中介效应具有有效的调节作用，H23a 和 H23b 得到全部验证，即网络圈子类型会调节信息不一致与矛盾态度之间的关系，进而影响消费者的信息搜寻行为。

## 四、研究结论与启示

（一）研究结论

本节研究从移动社交网络出发对圈子内部信息不一致与消费者信息搜寻行为之间的关系进行探讨。研究共包含两个实验，实验一主要对主效应及矛盾态度的中介作用进行了检验，实验二主要探索上述影响作用的边界条件，即网络圈子类型对主效应及中介效应的调节作用。具体而言，就是探讨不同关系强度的网络圈子是否会改变圈子内部信息不一致对消费者信息搜寻行为的影响，又是否会改变圈子内部信息不一致对矛盾态度的影响，进而调节消费者信息搜寻行为。

实验一的研究结果发现，圈子内部信息不一致性越高，消费者信息搜寻行为越积极，矛盾态度在信息不一致对消费者信息搜寻行为的影响中发挥了中介作用。由此表明，圈子成员提供的不一致信息很容易引发消费者内心的矛盾态度。尤其是在信息不一致性较高时，消费者无法判断该信息的真实性和有效性，为了降低内心的纠结感，消费者会选择主动进行信息搜寻。此外，矛盾态度虽然发挥了中介作用，但并非完全发挥作用，仅发挥了部分中介作用。这表明矛盾态度不是上述影响途径中唯一的中介变量，在圈子内部信息不一致对消费者信息搜寻行为的影响中还存在其他作用机制，有待进一步深入挖掘。

实验二的研究结果发现，网络圈子类型会负向调节信息不一致与消费者信息搜寻行为之间的关系。具体来说，当不一致信息来源于强关系型圈子时，信息不一致对消费者信息搜寻行为的正向影响会有所减弱；而当不一致信息来源于弱关系型圈子时，信息不一致对消费者信息搜寻行为的正向影响会有所增强。另外，网络圈子类型还会负向调节信息不一致与消费者矛盾态度之间的关系，进而影响消费者信息搜寻行为。具体来说就是，当圈子内部信息不一致性较高时，强关系型圈子会缓解消费者因不一致信息所引发的矛盾态度；而弱关系型圈子则会增加消费者因不一致信息所引发的矛盾态度，进而促进消费者进行信息搜寻。网络圈子类型的负向调节作用在很大程度上取决于消费者与圈内成员的关系密切程度。正是由于消费者与强关系型圈子成员之间感情亲密、彼此信任，才使强关系型圈子成员提供的信息较弱关系型圈子成员提供的信息更加真实、可靠。所以，即便是面对信息不一致性高，消费者的矛盾感也不会急剧上升，信息搜寻行为也同样会有所缓解。

（二）理论贡献与管理启示

1. 理论贡献

随着移动互联网的快速发展，网络呈现出更加开放、更具社会性等特征，消费者非常容易加入各种不同的朋友圈、兴趣圈。当圈子成员提供不一致信息时，消费者在这种情况下是如何受到圈子影响并进行比较，从而进行信息搜寻行为的，这一系列问题还没有学者对其进行探索。本节基于移动社交网络视角，首次将网络圈子与消费者信息搜寻行为相结合来深入探究两者间的关系及作用机制，即矛盾态度的中介作用，为后续相关研究提供了新的视角，对完善信息不一致及信息搜寻行为相关研究具有重要的意义。

本节将网络圈子类型嵌入信息不一致对信息搜寻行为影响的主体研究框架中，重点分析其对两者的调节作用。研究结果证实，网络圈子类型发挥了显著的调节作用，为主效应确立了清晰的边界条件，这有助于完善研究模型，构建更为合理的理论框架，为后期研究该领域的学者提供一定的借鉴及新的研究思路。

2. 管理启示

有助于企业认识到保持营销信息一致的重要性。社交网络圈子存在大量的消费信息，可能会造成信息不一致。企业应该采取措施，使各个平台上发布的产品营销信息保持一致，如在社交网络中设置官方账号（官方微博、公众号等），及时发布权威产品信息，以减少消费者的矛盾态度。

有助于企业正确全面地认识消费者的信息搜寻行为。随着移动社交平台的快速发展，不少企业纷纷通过线上公众号向消费者疯狂发布各式各样的产品信息，导致消费者对企业信息产生厌烦情绪，甚至会引发消费者的反感。研究发现（牟宇鹏和吉峰，2017），与企业平台推送的信息相比，消费者更倾向于向自己的社交圈咨询信息。据此，企业切不可采用"遍地撒网""狂轰滥炸"等方式传播企业产品信息，应注意选择合适的渠道并根据每个用户的具体需求向其推送相应的产品信息，提高企业推送信息的接受率及有效性。

有助于企业正确认识并利用移动社交网络中的消费者圈子。研究发现（张迪等，2015），当强关系型圈子内部出现不一致信息时，信息不一致所导致的消费者矛盾态度会有所降低；当弱关系型圈子内部出现不一致信息时，信息不一致所导致的消费者矛盾态度反而有所增强。由此可见，强关系型圈子会弱化不一致信息引发的消费者矛盾态度。因此，企业应该注意强弱关系圈子的差异，更多地利用强关系型圈子来传播营销信息。在推送产品信息的过程中，企业可以采取一些奖励措施来激励用户将企业信息传播到自己的亲朋好友圈，这在一定程度上也能够缓解企业可能出现的负面信息给消费者带来的消极影响。

（三）研究局限与展望

虽然本节采用实验法得出了一些结论，但仍存在一定的局限。未来研究可以从以下几方面加以考虑：

首先，本节虽然对移动社交网络圈子内部信息不一致与消费者信息搜寻行为间的作用机制进行了探讨，但根据研究结果可知，该影响路径中仍可能存在其他中介机制，后续研究可进一步深入挖掘圈子内部信息不一致与消费者信息搜寻行为间的其他作用机制，以完善研究模型。

其次，本节的研究样本多为在校大学生，圈子内部信息不一致对消费者信息搜寻行为的影响会受到多种因素的制约，如个体经济实力、学历、社会经验等，因此，后续研究可以进一步扩大调查样本范围，同时检验本研究结论在其他群体中是否同样适用。

最后，本节仅探讨了移动社交网络圈子内部信息不一致性对消费者信息搜寻行为的影响，并未涉及信息不一致性的占比问题。当圈子内部出现以正面信息或负面信息为主的不一致信息时，消费者的反应又将发生什么变化，对消费者信息搜寻行为又将产生怎样的影响，后续研究可以继续挖掘。同时，后续研究还可以对多个平行圈子之间的信息进行比较分析，深入挖掘消费者如何平衡和选择圈子以进行信息搜寻。

## 第二节　移动社会化网络圈子内部关系强度对用户信息搜寻行为的影响机制研究

在互联网时代，信息的爆炸式增长拓宽了用户的视野，给用户带来了更多、更优的选择，但是庞大的信息量也分散了用户的注意力，加大了用户信息搜寻的难度。与此同时，移动社交网络应用中出现了群聊、社群、社区等一个个网络圈子，成了用户分享信息、交流经验、联系感情的主要阵地。网络圈子具有一定的关系黏性，已逐渐成为用户进行信息搜寻的重要信息源。圈子在人们社会生活的方方面面发挥了重要作用。从用户个体层面而言，迅速有效地识别可靠的信息源并获取有效的信息是用户的主要诉求。从网络圈子组织层面而言，利用圈内关系和信息的影响将成员紧密地联系起来进行有效管理是提高组织效率的有效方法。从互联网企业层面而言，酒香也怕巷子深，只有信息传播到位才能实现企业的精准营销，在竞争激烈的环境中占有一席之地。

中国互联网络信息中心（CNNIC）发布的《2016 年中国社交应用用户行为研究报告》显示，国内的社交应用类型主要分为即时通信工具、综合社交应用、图片/视频社交应用、社区社交应用、婚恋/交友社交应用和职场社交应用六大类。在众多的社交应用中，微信、QQ 的使用率最高，分别占到了 85.8%、

67.5%，新浪微博的使用率为 37.1%，排在第三位。用户使用移动社交应用一方面是为了解新闻资讯、兴趣信息和热点事件，另一方面是希望通过分享个人生活来促进朋友间的互动，增进彼此感情（CNNIC，2017）。《2016 年中国网民搜索行为调查报告》显示，截至 2016 年 12 月，我国综合搜索引擎的用户规模达 6.02 亿，使用率为 82.4%。根据最新发布的《2019 年中国网民搜索引擎使用情况研究报告》，微信自 2017 年 5 月发布"搜一搜"功能以来，其与产品和服务的连接能力日渐增强，目前已经成为用户在手机端搜索信息的重要工具。相关数据显示（CNNIC，2019），已有 43.0% 的搜索引擎用户在微信上搜索过商品或服务（CNNIC，2019）。

结合官方报告不难看出，移动社交应用已成为人们了解信息、获取信息的重要窗口。这是因为移动社交应用具有开放、便捷、精准、迅速等特点，能够使用户可以依据自己的兴趣、爱好寻找并加入各种虚拟网络圈，如微信"朋友圈"和"群聊"、QQ 的"QQ 群"、新浪微博的"微群"、豆瓣网的"小组"等。这些网络圈子不仅使用户在网络世界里构建起了一张张紧密而又关联的关系网络，而且还对现实社会的关系网络产生了深刻影响。圈子冲破了地域、阶层、种族、国家等限制，成为一种真实和虚拟交互的文化。这一个个虚拟网络圈不仅是网民社交的场所，其承载的巨量信息也成为搜寻信息的重要来源，与此同时，网络圈子的存在也带来了很多干扰，网络圈子的相对界限化、巨量多样的产品信息、多元化的网络评论无疑分散了用户的注意力，使用户在网络圈子进行信息搜寻过程中遇到了很多的阻碍。那么，在移动社会化网络中的圈子中会发生怎样的信息搜寻行为呢？

在现实生活中，移动社会化网络里的虚拟社交圈和现实网络圈互相融合，碰撞出了不一样的火花，网络圈子作为现实圈子的延续和拓展，具有用户黏性强、参与度高等特点。在移动社交网络圈子中，用户不仅可以分享讨论圈内热点或共同关注、感兴趣的话题，还可以随时随地利用各种网络圈查找自己所需要的信息。用户偏向于从网络圈子中搜寻信息，不单是因为这可以帮助他们减少决策时间，提高效率，为其行为决策提供依据和支持；更重要的是用户可以通过圈中的信息搜寻行为增强人际关系，获得圈子的支持、认同和接纳。与此同时，用户还会对发布出来的信息做出关注、比较、评价、接受等行为，这些行为会有意识或无意识地受到来自网络圈中个人或群体的影响（社会影响理论），即用户对信息的判断、认知、态度和行为将不可避免地受到社群效应的影响，因而圈子成员之间的关系很可能会对用户的信息搜寻行为产生重要影响。故本书基于社会影响理论，探讨移动社交网络情境下圈子内部关系强度对信息搜寻行为的影响具有重要的现实意义。

通过查阅文献发现，有关圈子的研究大多集中在圈子的内涵（Luo and Cheng，2015；Gao et al.，2010；费孝通，1998；罗家德，2012；赵立兵和杨宝珠，2013）和作用效果（Avenarius and Zhao，2012；Tracey and Rohlfing，2010；朱天和张诚，2014；李智超和罗家德，2011）的理论研究上，鲜有学者将圈子作为信息源来深入探讨移动社会化网络圈子内部发生的信息搜寻行为，并对此进行实证检验。实际上，Google、百度等搜索引擎可被视为正式信息源，Twitter、Facebook、微信、微博等社会化媒体可被视为非正式信息源。然而研究发现，相较于搜索引擎这类正式信息源，80%的被调查对象更偏爱使用移动社会化媒体来搜寻所需信息（Whiting and Williams，2013），这证明移动社会化媒体对用户信息搜寻有着重要影响。然而，目前关于信息搜寻行为的研究大多集中在搜索引擎上，关于社会化媒体中产生的信息搜寻行为的研究较为匮乏，故本节探讨移动社会化网络中圈子内部关系强度对信息搜寻行为的影响机制具有重要的理论意义。

信息经由圈子传播，被圈中成员搜寻并采纳，在这一过程中圈子内部关系强度会影响用户的信息搜寻行为，进而影响信息传播的有效性和企业精准营销的实施效果。那么，移动社会化网络中的圈子内部关系强度如何影响用户的信息搜寻行为？移动社会化网络中的圈子内部关系强度对信息搜寻行为影响的作用机制是什么？为有效解释这些疑问，本节从具有中国特色的"圈子"和"面子"文化出发，基于社会影响理论，探究网络圈子内部关系强度对用户信息搜寻行为的影响，并进一步解释关系强度影响信息搜寻行为的作用机理，即参照组影响与面子需求倾向在这一路径中的中介作用，这对于企业充分理解移动社会化网络营销情境、提高网络营销效果具有一定的启示意义。本节研究目标具体表述如下：

探究移动社会化网络中的圈子内部关系强度对消费者信息搜寻行为的影响。

通过社会影响理论，尝试解释参照组影响（信息性社会影响、规范性社会影响）和面子需求（争面子需求倾向、护面子需求倾向）在网络圈子内部关系强度和信息搜寻行为之间的中介效应。

本节通过问卷星平台在网上对442名移动社交网络用户进行调查，得到415份有效数据，用SPSS软件对数据进行分析，得到如下结论：

第一，移动社会化网络圈子内部关系强度对信息搜寻行为的影响。通过回归分析得出，移动社会化网络圈子内部关系强度对信息搜寻行为具有正向影响，即圈子成员之间的关系越强，用户越倾向于从此圈子中搜寻信息；反之，当圈子成员之间表现为弱关系时，用户的信息搜寻行为明显减少。这一研究结论说明，圈子作为用户信息搜寻的信息源，其内部关系对用户的信息搜寻行为有显著影响。

第二，面子需求在移动社会化网络圈子内部关系强度与信息搜寻行为影响之间的中介作用。参照以往学者对面子需求倾向的维度划分，将面子需求划分为争面子需求倾向和护面子需求倾向，并分别探讨争面子需求倾向和护面子需求倾向对用户信息搜寻行为的影响。通过 Bootstrap 方法检验了面子需求在移动社会化网络圈子内部关系强度与信息搜寻行为影响之间的中介作用，发现争面子需求倾向和护面子需求倾向在移动社会化网络圈子内部关系强度与信息搜寻行为影响之间都具有中介作用。研究结论表明，网络圈子内部关系强度越强，其对用户的争面子需求影响越大，用户为了提升自我尊严和社会地位越容易在圈中进行信息搜寻。同时，关系强度越强，用户越容易出于护面子需求，即为了保住其在圈中的自我尊严和地位而进行更多的信息搜寻。

第三，参照组影响在移动社会化网络圈子内部关系强度与信息搜寻行为影响之间的中介作用。根据前人研究，将参照组影响细分为规范性影响和信息性影响。用 Bootstrap 方法检验了参照组影响在移动社会化网络圈子内部关系强度与信息搜寻行为影响之间的中介作用，发现信息性影响是移动社会化网络圈子内部关系强度影响信息搜寻行为路径的中介变量，而规范性影响在移动社会化网络圈子内部关系强度与信息搜寻行为影响之间的中介作用不显著。研究结论表明，移动社会化网络圈子内部关系越强，用户感知到的信息性影响越大，从而越愿意进一步进行信息搜寻行为。不过圈子的规范性影响不会对用户信息搜寻行为产生影响，这可能是由于信息搜寻行为具有自发性和一定的隐蔽性，而规范性影响对表征行为影响更大。在强关系型圈子中，成员之间因为熟悉故而对成员行为有较大的包容性，所以规范性影响的中介作用不显著。

综上，移动社会化网络圈子内部关系强度对信息搜寻行为的影响存在差异。不同参照组影响、面子需求在社会化网络圈子内部关系强度和信息搜寻行为之间发挥的中介作用也存在差异。在移动社会化网络中，强关系对用户在圈中的信息搜寻行为具有巨大作用。此结论深化了圈子内部关系、面子需求、参照组影响与信息搜寻行为之间关系的理解，揭示了社会化网络圈子内部关系强度对信息搜寻行为的影响机制。本节还为企业如何传播信息、实施精准营销提供了重要的理论参考。

## 一、研究模型与假设

*（一）研究模型*

本节将从具有中国特色的"圈子"和"面子"文化出发，基于社会影响理论，从实证的角度探讨了移动社会化网络圈子内部关系强度对消费者信息搜寻行为的影响，并进一步提出了面子需求（争面子需求倾向、护面子需求倾向）在移动社会化网络圈子内部关系强度和消费者信息搜寻行为之间的中介作用，以及参照组影响（信息性影响、规范性影响）在移动社会化网络圈子内部关系强度和消费者信息搜寻行为之间的中介作用。通过文献梳理，提出研究模型，如图5-5所示。

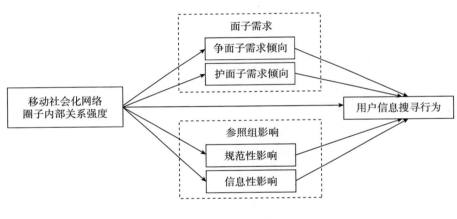

**图 5-5 研究模型**

*（二）研究假设*

1. 移动社会化网络圈子内部关系强度对信息搜寻行为的影响

Granovetter（1973）首次提出了"强关系"和"弱关系"的概念，他认为这是社会网络中人际关系的两个维度。强关系指的是人与人之间的关系十分亲密，常常需要付出时间、情感等因素来维系。趋同性是强关系具有的特征，具体表现为互相交往的人彼此之间感兴趣的事物、从事的工作、掌握的信息都是相似的，一般认为，家人、亲戚、好朋友之间的关系是强关系。有学者进一步将强关系的特征扩展为长期性、稳定性、中介性和高信用度四个特征（魏春梅和盛小平，2014）。弱关系是指与之联系不多的人，他们可能来自各行各业，所以获得的信息也是较为多面的，人与人之间没有付出很多感情和精力来维系，故而关系并不亲密，具有广泛性、异质性和中介性三个特征（魏春梅和盛小平，2014）。

已有研究表明，关系强度对个体信息传递和人际关系有重要影响。然而学术上出现了两种不同的观点，一种观点认为，强关系相较于弱关系，对个体行为的影响更大。这种观点认为，强关系是维系群体或组织内部成员之间关系的重要手段（Bian and Ang，1997），强关系可以带来成员之间的信任、包容和理解（Nelson，1989），是管理组织和团体业务的社会基础之一，对组织和团体的形成和发展具有重要影响（Kavanaugh et al.，2005）。在求职方面，虽然可以通过弱关系获得很多招聘信息，但有效求职渠道主要是通过强关系建立的，尤其是在有关工作机会的信息难以获得时，强关系发挥的作用更大。在移动社会化网络中，拼多多等社交电商的火爆充分证明了强关系在信息分享和采纳方面发挥的巨大作用。

另一种观点认为，相较于强关系，弱关系对个体行为的影响更大，这是因为弱关系作为一种重要资源，可以促进信息的流动，通过弱关系可以创造更快、更短、更多的路径来使人们获得他们先前缺乏的知识或者不知道的信息，相较于强关系，新信息大多通过弱关系流向个体（Granovetter，1973）。由于弱关系对群体的网络约束力较差，所以它有利于新群体和新团队的形成（Kavanaugh et al.，2005），虚拟网络环境中产生的弱关系能够促进信息的传递、分享和使用，还可以加强实际生活中的人际交往（Hampton and Wellman，2003）。移动社会化网络中的各种热点事件充分证明了弱关系在信息传播方面发挥的巨大作用。通过弱关系来传播信息不仅成本低，而且传递速度快、传播效率高。

由于关系强度不同，人们对信息的分享意愿存在显著差异。强关系下，更容易出现知识共享、口碑分享等深度交互行为（Zhang et al.，2014）；弱关系下，更适合传播和流通求职、技术咨询等新信息、新机会。群体成员之间若表现出弱关系，则证明他们联系较少，对彼此之间的情感相对淡薄；而强关系的存在则证明彼此之间联系密切，有健康良好的感情基础。弱关系的本质是人与人之间的利益交换，其原则是理性选择，在情感表达上较弱（高红艳，2008）。在中国社会情境下，人际交往一般会比较注重人情，弱关系在很多时候表现出一定的排他性，具体表现为个体不愿花费时间和精力去帮助弱关系成员，甚至出于自利动机将有价值的知识和信息保留下来。在强关系网络中更容易形成信任机制，使用户在信息搜寻过程中识别有用信息、获取有价值信息和转化知识，而弱关系的存在可能抑制了用户信息搜寻的深度。多数研究表明，强关系通常能获取较准确且丰富的信息资源，一旦具备这种资源，其对他人的影响力和控制力就会显著增强，进而加深他人对自己的依赖（Burt，2001）。因此，本部分提出以下假设。

H24：移动社会化网络圈子内部关系强度正向影响信息搜寻行为。

2. 面子需求倾向的中介作用

中国情境下，社会影响的具体表现方式之一就是面子，面子是一个颇具儒家文化的特色概念，许多学者将"面子"作为剖析中国人社会行为的重要工具（Chou，1996；陈之昭，2006）。国内外学者从不同角度对面子进行了定义。Goffman（1955）指出，面子是个体对本身所拥有的社会声誉、地位、赞许的一种意象，个人通过别人对自身行为的肯定来获取正面的社会价值，并存在于某一特定的社会关系网络中。他将西方情景下的面子看作是一种积极的社会价值，即面子是借由他人认可所产生的一种社会印象。有学者从心理学的角度出发，将面子定义为具有人际意义或社会意义的自我心像，是在个体认知到对个体有重要价值的他人对这一属性的评价后所形成的自我心像（陈之昭，2006）。在中国情境下，面子概念的构念更为复杂，其内涵更深，外延更广，西方情境下的面子更多是在寻求社会性支持。杜建刚和范秀成（2007）将面子的定义分为心理建构和社会建构两大类，心理建构重点强调的是个体在他人面前展露的自我形象（Spencer-Oatey，2000，2002；周美玲和何友晖，2006）；社会建构重点强调社会赋予个体的地位、声誉和赞许（Goffman，1955）。

国内学者普遍认为，国人的面子较为复杂，包含道德性面子和社会性面子，这两个面子相辅相成（金耀基，2006）。道德性面子与个人赢得他人尊重和个体本身道德品质相关，与"罪"这个概念联系紧密；社会性面子与"羞耻"的概念相近，反映了人们在人际关系网络中的他律性规范（陈昊等，2016）。Brown和Levinson（1987）根据自我形象需求的不同，将面子划分为积极面子和消极面子。Chou（1996）从动机角度出发，提出为了防止丢面子，个体产生了护面子需求倾向；为了赢得脸面，个体产生了争面子需求倾向，他指出这是因为个体对面子的需求不同。争面子是为了通过各种措施来增加个体的声誉，拥有积极健康的自我形象，获得群体的社会支持和认可，表现为主动通过行为表现来获取面子；护面子指的是不想过多地进行自我曝光，或者得到他人消极负面的评价，倾向于采取保守行为或不作为获得安全感，避免受到他人的指点。争面子和护面子两种倾向对个体行为的影响是不同的。当面子受到威胁时，争取有面子的需求和避免丢面子的需求成为一种强大的社会动机，由此产生的自我压力和社会劝诫激励促使人们实施恰当的行为，使得在某些情况下面子的作用效果比强制性的规范、制度、政策更为有效（赵卓嘉，2012）。中国人对面子的需求是一种相对稳定的个人特质（陈之昭，2006）。

在我国的社会文化情境下，面子是人际关系的基本法则（陈之昭，2006）。在移动社会化网络中，国人特有的心理特征之一就是面子需求，它对人际行为发挥着十分重要的作用。面子需求具体表现为争面子和护面子两种不同的需求倾向。争面子需求倾向是指人们为了维护或建立自我积极的公众形象，通过一些主动行为去获取他人的尊重和追捧，以获得他人及群体的认可，追求社会赞许、乐于炫耀等行为是争面子需求倾向高的人所具备的特点；护面子需求倾向则是指人们为了避免遭受圈中成员的负面评价，出于对自我形象的保护而低调或消极从事。对负面评价很敏感、避免出风头是护面子需求倾向高的个体的行为特点（Chou，1996）。在社会标准不清晰的情境中，社会比较理论认为，人们一般会参考他人的行为来确定自己的行动，社会比较在不同文化情境下是不同的（Guimond et al.，2007）。当消费者感知到这种社会比较使其颜面受损时，个体的情感反应或负面的情绪会随之到来（朱瑞玲，2006）。消费者想要保全面子的需要会促使他们做出某种行为，以维系人际关系的稳定与和谐。护面子需求倾向是消费者冲动购买的动机之一（张正林和庄贵军，2008）。

基于面子的激励性，人们为了从他人的认可与尊重中强化自我价值认知，往往会表现出符合甚至超出社会期望的行为，从而使知识共享意愿增强。Huang 等（2008）、李平（2015）的研究均表明，争面子需求与知识共享正相关。Arkin（1981）基于自我显示理论，研究发现应该呈现积极形象的期望和避免展示消极形象的期望两者存在显著差异，应该区别对待。Norem 和 Canter（1986）研究发现，当人们感知到风险时，保护性的悲观主义和乐观主义策略这两种认知保护方法都可以降低对自尊的威胁。在本节情境中，移动社会化网络圈子成员之间的关系强度会影响其面子需求倾向。具体表现为，圈中成员关系强度越强，成员想获得圈中成员的赞许、支持的争面子动机就越强烈；另外，他们也越害怕遭受他人的负面评价，损失自我形象，使自己在圈中丢了面子。面子需求动机更易使用户在移动社会网络圈子里进行积极信息搜寻。由此，本节提出如下假设：

H25：面子需求是移动社会化网络圈子内部关系强度和信息搜寻行为的中介变量。

H25a：争面子需求倾向是移动社会化网络圈子内部关系强度和信息搜寻行

移动社会化网络中消费者圈子意识与信息搜寻行为研究

为之间的中介变量。

H25b：护面子需求倾向是移动社会化网络圈子内部关系强度和信息搜寻行为之间的中介变量。

3. 参照组影响的中介作用

参照组是指在群体中，对个体的态度、认知、判断和行为有重要影响的群体成员或群体（White and Dahl，2006）。在消费者行为研究中，Escalas 和 Bettman（2005）将参照组影响定义为消费者通过参考群体内部其他成员对产品或服务的态度、看法和评价而做出的自我决策。目前，对参照组影响维度的划分受到学者广泛认可的是 Deutsch 和 Gerard（1955）的研究，他们把参照组影响划分为信息性影响（Informational Influence）和规范性影响（Normative Influence），这是从社会心理学角度对参照组影响进行的划分。信息性影响指的是在个体对某事物的认知与社会其他成员观点不一致时或对某事物的态度不确定时，个体参照他人的观点或行为获取信息，以作为自己对该事物判断的依据；当大部分群体成员观点一致时，个体通常会采用和群体一致的行为来规避风险（Katona et al.，2011）。规范性影响是指个体出于满足他人对自己的希冀和盼望，获得参照群体中他人的认可和喜爱，而表现出的一种行为顺从和价值认同（Iyengar et al.，2015）。从上述定义可知，信息内容、信息源、信息接收者等与信息相关的要素，均是信息性影响的重要来源；规范性影响是基于参照群体中其他个体的观点和看法产生的。

已有研究（杨海娟，2017）证实了参照组影响在个体意图、态度、情感、行为等方面发挥了显著影响，信息性影响和规范性影响的作用大小与方向存在差异。研究发现，信息性影响和规范性影响会对消费者的评价、情感产生不同的作用，两者对意图都显示出了积极的影响（Kuan et al.，2014）。还有研究探讨了参照组影响对消费者冲动性购买的作用，发现参照组影响在一般情况下会促使消费者进行冲动性购买（Lin and Chen，2012）。学者的进一步研究发现，规范性影响会促进消费者的冲动购买，而信息性影响则会抑制消费者的冲动性购买（张正林和庄贵军，2008）。学者还发现，相较于参照组的规范性影响，时间压力越高，信息性影响越容易使消费者产生冲动性购买行为；反之，时间压力越低，消费者越容易受到参照组的规范性影响发生冲动性购买行为（周元元等，2017）。

在移动社会化网络中，消费者所处的圈子不同，便会受到不同的社会影响，因而对信息搜寻行为会产生不同的影响。参照组影响分为规范性影响和信息性影响两大类（戴维·迈尔斯，2006）。社会规范强调被影响者和影响者之间的一致

· 144 ·

性，高权威性的群体对被影响者产生的规范性影响会更强，这种影响也会因产品的不同产生差异（Van den Bulte and Stremersch，2004）。在强关系型圈子中，成员之间大多彼此熟悉，可以逐渐形成一个长期稳定的、持续的、紧密的网络结构，圈子内部会严格执行强有力的互惠规范（马庆钰，2002）。为了留住关系而遵守规范是应对未知的、充满不确定性的决策的有效战略（Luo，Yeh，2012）。消费者可以通过和他人无意识的谈论或行为观察，掌握更多产品相关的信息。信息性影响强调消费者把他人当作一种信息来源，而不是对权威人士的一种顺从（Iyengar et al.，2015）。信息性影响主要表现在以下两个方面：第一，消费者对产品或服务的深层次认知；第二，即使消费者获取的不是最新或已知信息，但是过程中产生的信息性影响能够让消费者确认已有信息的合理性，减少消费决策的不确定性（Du and Kamakura，2011）。Ma 等（2015）认为，快速、准确、真实、可信赖的信息能够影响消费者的购买行为，信息的时效性、详细性和全面性能让消费者准确了解自己购买的产品，提高消费者对信息的信任，时效性高、详细而全面的信息将会被作为引导消费者购买的有力依据。

成员之间的感情越近，为获得群体的认可，消费者越愿意参与购买（Dholakia et al.，2004）。在同伴陪同下进行的购物，由于个体可以依赖同伴给予的信息去客观、全面地了解商品，此时，信息性影响会大于规范性影响（Burnkrant et al.，1974）。由此可推断，圈子中的成员关系不仅会受到信息性影响，还会受到规范性影响。此外，同伴带来的规范性影响和信息性影响会对消费者的购买评价和信息搜寻产生影响（Midgley et al.，1989）。Ryan（1982）验证了规范性影响在信息和信息行为之间的中介作用。由此，本节提出如下假设：

H26：参照组影响是移动社会化网络圈子内部关系强度和信息搜寻行为之间的中介变量。

H26a：信息性影响是移动社会化网络圈子内部关系强度和信息搜寻行为之间的中介变量。

H26b：规范性影响是移动社会化网络圈子内部关系强度和信息搜寻行为之间的中介变量。

## 二、调查方法与数据收集

### （一）调查研究与分析方法

本节结合了质化研究与量化研究两种研究方法，采用的具体方法主要有文献法、访谈法和实证研究法等。

1. 文献法

对圈子和信息搜寻行为的相关资料和文献进行广泛搜集、整理和归纳，明确变量之间的关系。在此基础上，通过文献研究、深度访谈、专家访问和案例分析的方法，结合社会影响理论，搜索国内外有关移动社会化网络圈子和信息搜寻行为等领域的相关文献，进一步探究移动社会化网络圈子内部关系强度对信息搜寻行为影响的作用机制，提出参照组影响和面子需求倾向的中介效用，并对此进行理论推导。

2. 访谈法

通过访谈经常在移动社会化网络中进行信息搜寻的用户，收集影响用户在移动社会化网络圈子里搜寻信息的关键因素，同时了解移动社会化网络用户在圈子中进行信息搜寻的具体行为表现，为构建模型提供事实依据。

3. 实证研究法

目前，关于圈子的研究大多以描述性研究为主，本书在定性分析的基础上构建了研究模型，并通过实证研究进行了检验。为检验移动社会化网络圈子内部关系强度对信息搜寻行为影响机制模型与假设的科学性，本节通过设计问卷，将收集到的经常在移动社会化网络圈子中进行信息搜寻用户的数据进行实证分析。

（二）变量及测量方法

本节主要涉及四个方面的变量，即移动社会化网络圈子内部关系强度、面子需求（包括争面子需求倾向和护面子需求倾向两个维度）、参照组影响（包括规范性影响和信息性影响两个维度）、用户信息搜寻行为。首先，阅读国内外大量的移动社会化网络、圈子、关系强度、面子需求、参照组影响和信息搜寻行为的相关文献，对研究内容进行梳理，进而确立研究框架，寻找相关变量的成熟量表，初步确定问项的基本内容。其次，从较为成熟的量表中筛选出适合本节研究且信效度较高的测量问项，根据研究的具体情境设计问卷和测量问项，同时，设计问卷表头和用户基本信息调查问项，完成问卷初稿。再次，从面子需求、参照组影响的测量维度多次查找文献进行确立，与导师和学术团队就问卷的条目进行交流修改，消除测量问项中表述不当和容易产生歧义之处，并且对问卷的设计和结构进行一定的调整。最后，进行问卷预调研并定稿。预调研选取了100位同学和朋友对问卷进行填写，询问其在填写问卷时影响其填写的问题。根据被试的反馈情况，对问卷进行订正并确定问卷终稿。本次问卷采用李克特7级量表对变量的测量问项进行打分，"1"表示"非常不同意"，"2"表示"不同意"，"3"表示"较不同意"，"4"表示"一般"，"5"表示"较为同意"，"6"表示"同意"，"7"表示"非常同意"。

本问卷共32题，其中，用户基本信息8题，变量测量题24项。各变量的具体测量问项如表5-7所示。

表5-7　测量问项汇总

| 维度 | 测量题项 | 测量编项 | 理论依据 |
|---|---|---|---|
| 移动社会化网络圈子内部关系强度 | 我跟他们交往频繁、密切 | GQ1 | Sun（2011） |
|  | 他们本人对我来说很重要 | GQ2 |  |
|  | 我们之间的关系很亲近 | GQ3 |  |
| 争面子需求倾向 | 我希望出人头地，有所成就 | ZM1 | Chou（1996） |
|  | 成为有成就的人对我来说是值得追求的 | ZM2 |  |
|  | 我希望成为大家拥戴的人物 | ZM3 |  |
|  | 我通常愿意去争取成为团队的领导人物或上层人物 | ZM4 |  |
|  | 成为有成就的人对我来说是值得追求的 | ZM5 |  |
|  | 我很留意社交技巧或人际交往的问题 | ZM6 |  |
| 护面子需求倾向 | 我做事常小心谨慎，避免犯错 | HM1 |  |
|  | 我特别留意自己的缺点，并希望加以改正 | HM2 |  |
|  | 我喜欢采取稳妥的方式获得成功 | HM3 |  |
|  | 做事时，我会留意避免失误 | HM4 |  |
| 规范性影响 | 圈子成员能够喜欢的产品对我来说很重要 | GY1 | Bearden 等（1989） |
|  | 买产品时，我一般会买圈中成员认可的品牌 | GY2 |  |
|  | 我经常会购买他们所期望我购买的品牌 | GY3 |  |
|  | 我通过购买与圈中人员相同的品牌来获得归属感 | GY4 |  |
| 信息性影响 | 为了确保我购买正确的品牌，我经常观察圈里人购买和使用的品牌 | XY1 |  |
|  | 如果我对产品不了解，我会向圈中人员询问 | XY2 |  |
|  | 我经常咨询圈中人员，以帮我获得最佳选择 | XY3 |  |
|  | 在我买产品前，我经常会先从圈中收集产品的意见 | XY4 |  |
| 信息搜寻行为 | 我会通过微信、微博、QQ、抖音等移动社交应用来搜寻相关信息 | XS1 | Jaafar 等（2017） |
|  | 与产品相关的评论、反馈、二手信息对我来说很重要 | XS2 |  |
|  | 我觉得可以通过信息搜寻购买到最好的产品 | XS3 |  |

（三）数据收集与人口统计学特征

本节主要以移动社交应用的用户为研究对象对其进行问卷调查。对这些用户来说，他们在网络购物前常常会利用社交应用搜寻大量的产品信息，因此，在信息搜寻方面，这些用户具有较丰富的经验。由于青年是主要的移动社交应用的用户，故本次问卷调查主要针对大学生群体发放问卷，同时结合问卷星平台收发问卷。问卷发放时间为一周，共发放问卷464份，剔除无效问卷，共回收442份，问卷回收率为95.26%，显然，有效问卷的数量达到了实证分析所要求的样本量。

从整理的问卷数据来看，调查对象的年龄主要集中在30岁以下，其中，男生占总人数的37.33%，女生占总人数的62.67%，主要学历为本科，经常使用的移动社交应用有微信、QQ、微博、抖音、知乎，每天花费在移动社交应用上的时间在3~5小时的人数最多，占38.69%。用户偏爱从微博、知乎、小红书等平台的博主、意见达人和朋友群中获得信息，分别占到了47.06%和33.93%。数据如表5-8所示。

表5-8　样本描述性统计

| 分类 | | 频度（n=442） | 百分比（%） |
|---|---|---|---|
| 性别 | 男 | 165 | 37.33 |
| | 女 | 277 | 62.67 |
| 年龄 | 20岁及以下 | 217 | 49.10 |
| | 21~30岁 | 219 | 49.55 |
| | 31~40岁 | 2 | 0.45 |
| | 41~50岁 | 2 | 0.45 |
| | 50岁以上 | 2 | 0.45 |
| 学历 | 初中 | 7 | 1.59 |
| | 高中 | 33 | 7.47 |
| | 本科 | 348 | 78.73 |
| | 硕士研究生 | 52 | 11.76 |
| | 博士研究生 | 2 | 0.45 |
| 经常使用的移动社交应用 | 微信 | 431 | 97.95 |
| | 微博 | 250 | 56.56 |
| | QQ | 387 | 87.56 |
| | 抖音 | 217 | 49.10 |
| | 快手 | 45 | 10.18 |

续表

| 分类 | | 频度（n=442） | 百分比（%） |
|---|---|---|---|
| 经常使用的<br>移动社交应用 | 知乎 | 154 | 34.84 |
| | 小红书 | 86 | 19.46 |
| | 其他 | 25 | 5.66 |
| 移动社交应用的<br>使用时间（单位：天） | 1 小时以下 | 15 | 3.39 |
| | 1～3 小时 | 117 | 26.47 |
| | 3～5 小时 | 171 | 38.69 |
| | 5～7 小时 | 72 | 16.29 |
| | 7～9 小时 | 32 | 7.24 |
| | 9 小时以上 | 35 | 7.92 |
| 获取信息的圈子类型 | 家人群 | 25 | 5.66 |
| | 亲戚群 | 5 | 1.13 |
| | 朋友群 | 150 | 33.93 |
| | 微博、知乎、小红书等<br>平台的博主、意见达人 | 208 | 47.06 |
| | 其他 | 54 | 12.22 |

## 三、研究分析与假设验证

### （一）信度分析

本节首先采用 Cronbach's $\alpha$ 系数对各问项进行信度分析，以确认问项间的内在一贯性。一般来说，Cronbach's $\alpha$ 系数值大于 0.8，即被认为是各研究概念的测量问项具有较高的内在一贯性。在本节，各问项均显示出良好的单一维度性，分析结果如表 5-9 所示，所有问项概念的 Cronbach's $\alpha$ 系数均大于 0.8，表明各研究概念的测量问项稳定性好，其信度得到确认。

表 5-9　测量量表的信度分析结果

| 变量 | 测量编项 | CITC | $\alpha$ if item deleted | Cronbach's $\alpha$ |
|---|---|---|---|---|
| 移动社会化网络圈子<br>内部关系强度 | GQ1 | 0.865 | 0.961 | 0.954 |
| | GQ2 | 0.920 | 0.920 | |
| | GQ3 | 0.928 | 0.914 | |

| 变量 | 测量编项 | CITC | α if item deleted | Cronbach's α |
|---|---|---|---|---|
| 争面子<br>需求倾向 | ZM1 | 0.716 | 0.889 | 0.903 |
| | ZM2 | 0.737 | 0.886 | |
| | ZM3 | 0.772 | 0.881 | |
| | ZM4 | 0.757 | 0.883 | |
| | ZM5 | 0.727 | 0.888 | |
| | ZM6 | 0.704 | 0.891 | |
| 护面子<br>需求倾向 | HM1 | 0.684 | 0.828 | 0.858 |
| | HM2 | 0.733 | 0.806 | |
| | HM3 | 0.674 | 0.831 | |
| | HM4 | 0.724 | 0.811 | |
| 规范性影响 | GY1 | 0.699 | 0.779 | 0.836 |
| | GY2 | 0.628 | 0.810 | |
| | GY3 | 0.718 | 0.771 | |
| | GY4 | 0.632 | 0.812 | |
| 信息性影响 | XY1 | 0.621 | 0.861 | 0.863 |
| | XY2 | 0.760 | 0.805 | |
| | XY3 | 0.772 | 0.799 | |
| | XY4 | 0.693 | 0.832 | |
| 信息搜寻行为 | XS1 | 0.670 | 0.733 | 0.812 |
| | XS2 | 0.704 | 0.697 | |
| | XS3 | 0.614 | 0.790 | |

（二）效度分析

通过 SPSS 21.0 软件分析得出，测量量表的 KMO 值为 0.906，大于 0.9，说明各测量问项间的关系良好；Bartlett 球形检验的显著性概率为 0.000，小于 0.05 的显著性水平，因此，球形假设被拒绝，故本节收集的样本数据适合进一步做因子分析。主成分分析结果如表 5-10 所示。

（三）相关分析

在相关性分析中，没有前置变量和结果变量的区分，所有变量之间的关系是对等的。因此，变量之间是否存在相关关系可以用相关性分析进行初步判定，从而判断模型构建和假设演绎的合理性。本研究使用 SPSS 24.0 对所有变量进行 Person

表 5-10　主成分分析结果

| 变量 | 测量编项 | 因子载荷值 |
|---|---|---|
| 移动社会化网络圈子内部关系强度 | GQ1 | 0.890 |
| | GQ2 | 0.915 |
| | GQ3 | 0.934 |
| 争面子需求倾向 | ZM1 | 0.692 |
| | ZM2 | 0.704 |
| | ZM3 | 0.832 |
| | ZM4 | 0.839 |
| | ZM5 | 0.805 |
| | ZM6 | 0.758 |
| 护面子需求倾向 | HM1 | 0.746 |
| | HM2 | 0.761 |
| | HM3 | 0.735 |
| | HM4 | 0.754 |
| 规范性影响 | GY1 | 0.711 |
| | GY2 | 0.601 |
| | GY3 | 0.797 |
| | GY4 | 0.792 |
| 信息性影响 | XY1 | 0.629 |
| | XY2 | 0.805 |
| | XY3 | 0.833 |
| | XY4 | 0.737 |
| 信息搜寻行为 | XS1 | 0.754 |
| | XS2 | 0.773 |
| | XS3 | 0.704 |

相关性检验结果（见表 5-11）可以看出，移动社会化网络圈子内部关系强度、规范性影响、信息性影响、争面子需求倾向、护面子需求倾向和信息搜寻行为之间存在显著的相关关系，因此，本节提出的假设和模型设置较为合理。变量之间不存在多重共线性问题，因为各变量之间的相关系数的绝对值都在 0.8 以下。不过相关性分析只能说明移动社会化网络圈子内部关系强度、规范性影响、信息性影响、正面需求倾向、护面子需求倾向和信息搜寻行为之间存在相关性，并不能

指出变量间存在的因果关系，也无法验证因果关系的强弱，故本节接下来通过回归分析验证移动社会化网络圈子内部关系强度和信息搜寻行为之间的因果关系。

表 5-11　相关性检验结果

| | GQ | GY | XY | HM | ZM | XS |
|---|---|---|---|---|---|---|
| GQ | 1 | — | — | — | — | — |
| GY | 0.411 ** | 1 | — | — | — | — |
| XY | 0.423 ** | 0.523 ** | 1 | — | — | — |
| HM | 0.294 ** | 0.439 ** | 0.492 ** | 1 | — | — |
| ZM | 0.200 ** | 0.318 ** | 0.390 ** | 0.513 ** | 1 | — |
| XS | 0.204 ** | 0.372 ** | 0.492 ** | 0.539 ** | 0.471 ** | 1 |

注：** 表示 p 在 0.01 水平（双侧）上显著。

（四）模型评价与假设检验

1. 主效应检验

为验证移动社会化网络圈子内部关系强度对信息搜寻行为的影响，本节采用 SPSS 软件的线性回归功能构建回归方程，选择逐步回归方法，排除可能存在的共线性关系，结果如表 5-12、表 5-13、表 5-14 所示。移动社会化网络圈子内部关系强度对信息搜寻行为的影响显著（p=0.000），H24 得到验证。

表 5-12　模型汇总[a]

| 模型 | R | $R^2$ | 调整 $R^2$ | 标准估计的误差 | Durbin-Watson |
|---|---|---|---|---|---|
| 1 | 0.204[b] | 0.042 | 0.039 | 0.94772 | 2.008 |

注：a 代表因变量为 XS。b 代表预测变量（常量）为 GQ。

表 5-13　方差分析[a]

| 模型 | | 平方和 | df | 均方 | F | Sig. |
|---|---|---|---|---|---|---|
| 1 | 回归 | 16.054 | 1 | 16.054 | 17.874 | 0.000[b] |
| | 残差 | 370.045 | 412 | 0.898 | — | — |
| | 总计 | 386.099 | 413 | — | — | — |

注：a 代表因变量为 XS。b 代表预测变量（常量）为 GQ。

表 5-14 系数[a]

| 模型 | | 非标准化系数 | | 标准系数 | t | Sig. | B 的 95%置信区间 | |
|---|---|---|---|---|---|---|---|---|
| | | B | 标准误差 | 试用版 | | | 下限 | 上限 |
| 1 | （常量） | 4.767 | 0.134 | — | 35.673 | 0.000 | 4.504 | 5.029 |
| | GQ | 0.119 | 0.028 | 0.204 | 4.228 | 0.000 | 0.064 | 0.175 |

注：a 代表因变量为 XS。

2. 中介效应检验

本部分参照 Preacher 和 Hayes（2004）提出的 Bootstrap 方法进行并列中介作用检验，选择模型 4，样本量设定为 5000。在 95%置信区间内检验结果（见图 5-6）显示：信息性影响（LLCI=0.0320，ULCI=0.0976，不包含 0）、护面子倾向（LLCI=0.0246，ULCI=0.0837，不包含 0）和争面子倾向（LLCI=0.0090，ULCI=0.0485，不包含 0）在移动社会化网络圈子内部关系强度对信息搜寻行为的影响中均发挥了中介作用，信息性影响、护面子倾向和争面子倾向的中介效应分别为 0.0169、0.0152 和 0.0096。此外，当控制中介变量后，自变量移动社会化网络圈子内部关系强度对因变量信息搜寻行为的影响不再显著（LLCI=−0.0856，ULCI=0.0154，包含 0），如图 5-6 所示。因此，信息性影响、护面子倾向和争面子倾向在移动社会化网络圈子内部关系强度对信息搜寻行为的影响中发挥了完全中介作用，H25a、H25b 和 H26a 成立。

H26b：规范性影响在移动社会化网络圈子内部关系强度对信息搜寻行为的影响中所发挥的中介作用没有得到有效验证。这可能是因为在移动社会化网络中，有些人际关系是虚拟的，人与人的交往不需要面对面，即便用户不遵守规则也不会被察觉，更不会因此受到处罚，所以很多时候圈子内部的规范不像现实圈子那么强，对用户行为的约束性也比较弱。另外，圈子的规范对显性行为的约束力更强，信息搜寻行为具有较强的自主性，往往是用户自发进行的，具有一定的隐蔽性，不易被圈子成员发现，故用户在移动社会化网络圈子中进行信息搜寻时，不会受到圈子的规范性影响。

3. 假设检验结果

基于以上描述性统计、相关分析、回归分析、主效应分析以及中介效应分析结果，假设的验证结果如表 5-15 所示。

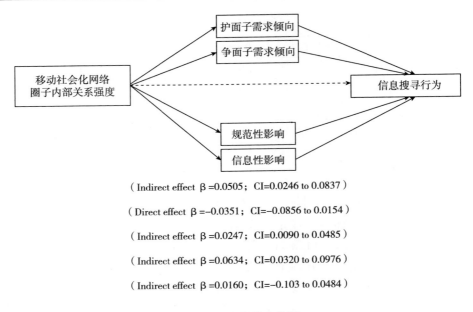

（Indirect effect β =0.0505；CI=0.0246 to 0.0837）

（Direct effect β =-0.0351；CI=-0.0856 to 0.0154）

（Indirect effect β =0.0247；CI=0.0090 to 0.0485）

（Indirect effect β =0.0634；CI=0.0320 to 0.0976）

（Indirect effect β =0.0160；CI=-0.103 to 0.0484）

**图 5-6　中介效应分析**

**表 5-15　假设验证结果汇总**

| 假设 | 假设内容 | 结果 |
|---|---|---|
| H24 | 移动社会化网络圈子内部关系强度正向影响信息搜寻行为 | 支持 |
| H25a | 争面子需求倾向是移动社会化网络圈子内部关系强度和信息搜寻行为的中介变量 | 支持 |
| H25b | 护面子需求倾向是移动社会化网络圈子内部关系强度和信息搜寻行为的中介变量 | 支持 |
| H26a | 信息性影响是移动社会化网络圈子内部关系强度和信息搜寻行为的中介变量 | 支持 |
| H26b | 规范性影响是移动社会化网络圈子内部关系强度和信息搜寻行为的中介变量 | 不支持 |

## 四、研究结论与启示

（一）研究结论

本节基于社会影响理论探索了移动社会化网络圈子内部关系强度对信息搜寻行为的影响及其内在机制。研究结果显示，在移动社会化网络中，圈子内部关系强度会对用户信息搜寻行为产生影响，圈子内部关系强度越强，用户在圈子里的信息搜寻行为就越强。在这个信息爆炸式增长的网络时代，用户在接收巨量信息的同时也面临着巨大的挑战，面对如此大体量的信息，用户需要花费大量的时间和精力对信息进行搜索、查询、挑选，急需一些方法来帮其快速查找所需信息并锁定信息，此时，强关系作为一种可靠的信息源成为个体的优选。用户依靠强关系来搜寻信息是因为经强关系过滤过的二手信息、评论信息等具有较大的可靠性和说服力，这为用户大大缩短了搜寻时间，提高了搜寻效率。另外，个体偏向于从强关系型圈子内部获取信息是因为人具有社会属性，圈子可以给个体带来安全感和归属感，所以移动社会化网络圈子内部强关系的存在对用户信息搜寻行为的影响十分显著。

同时，本节还解释了移动社会化网络圈子内部关系强度对用户信息搜寻行为的内在机制。研究结果证实了信息性影响在移动社会化网络圈子内部关系强度对信息搜寻行为的影响中发挥了中介作用。根据社会影响理论，个人的态度和行为常常会被群体影响，甚至同化。用户在移动社会化网络圈子中依靠强关系进行信息搜寻时，会受到圈子成员的影响。具体而言，在移动社会化网络圈子里，用户之间的关系越强，越会受到参照组成员的信息性影响，这种信息性影响会促进用户进一步进行信息搜寻，而规范性影响对用户的信息搜寻行为没有显著的促进作用。因此，信息性影响在一定程度上解释了为什么用户偏好依靠移动社会化网络圈子中的强关系来搜寻信息这一现象，同时也证明了规范性影响在圈子里的正向效应并不是绝对的。

研究结果还表明，信息性影响、护面子倾向和争面子倾向在移动社会化网络圈子内部关系强度对信息搜寻行为的影响中发挥了完全中介作用。在强关系中，用户碍于面子，其信息搜寻行为会产生变化。在移动社会化网络圈子中，用户之间的关系就越强，其争面子需求倾向就越强，用户为了赢得面子会在圈中进行更多的信息搜寻。同时，用户在强关系网络中护面子需求倾向也很明显，用户会出于防止丢了面子的动机进一步进行信息搜寻。

（二）研究意义

"圈子"和"面子"作为中国人际交往的准则，一直以来受到广大国内外学者的关注。圈子作为用户信息搜寻行为的信息源，其内部关系强度发挥了至关重要的作用。用户不仅依靠移动社会化网络圈子的强关系来进行信息搜寻，其信息搜寻行为还会受到参照组影响和面子需求倾向的综合影响，所以，基于社会影响理论，综合考虑参照组影响和面子需求倾向在移动社会化网络圈子内部关系强度对信息搜寻行为影响中的中介作用更具有理论与现实意义。

1. 理论意义

从研究视角来看，目前关于圈子的研究大多集中在圈子内涵、外延、作用机理等相关理论研究方面，关于圈子的实证研究较为匮乏。同时，信息搜寻行为的研究主要针对正式信息源，而移动社会化网络圈子作为非正式信息源对信息搜寻行为的重要影响尚未有学者进行深入挖掘，故本节立足于人际网络中特有的"圈子"文化和"面子"文化，探析了移动社会化网络圈子内部关系强度对信息搜寻行为的影响及其解释机制，研究角度新颖，具有一定的理论价值。

从研究内容来看，本节首先探析了移动社会化网络圈子内部关系强度与信息搜寻行为之间的关系，证实了移动社会化网络圈子内部关系强度对信息搜寻行为有正向影响。本节研究指出，圈子作为用户信息搜寻的重要信息源，对信息搜寻行为有重要价值，补充了信息搜寻行为在此方面的研究空白，进一步丰富了移动社会化网络圈子的内涵和外延。另外，本节研究基于社会影响理论，验证了参照组影响和面子需求倾向在移动社会化网络圈子内部关系强度与信息搜寻行为之间存在中介效应，结果显示，信息性影响、护面子倾向和争面子倾向在移动社交网络圈子内部关系强度对信息搜寻行为的影响中共同发挥了完全中介作用。本节研究对社会影响理论、参照组影响、面子需求等相关研究进行了一定补充。

2. 实践意义

在移动互联网中，如果企业不能有效地获取用户资源，快速将产品信息传播出去，企业将难以生存。企业在进行网络营销时，应充分了解信息传播的圈子内部的关系强度，将圈子内部处于中心位置的成员作为信息源，激励其利用强关系将产品或品牌在圈子内部进行传播，这样会加大信息被圈中成员搜寻的可能性，增强企业精准营销的效果。

企业制定信息传播策略时，可以从参照组影响的角度出发，通过加强信息的信息性影响来使圈中成员接受企业传播的信息，这是增强圈子用户黏性的不二选择。从面子角度出发激发用户面子需求的动机，对于具有争面子需求倾向的用户，用鼓舞其成功的语句或表达方式激励其依靠强关系进行信息传播；针对具有护面子需求倾向的用户，用可能威胁到用户面子的语句或者表达方式刺激其在移动社交网络圈子中依靠强关系进行信息传播。

（三）研究局限与研究展望

本节通过实证研究的方法证明了移动社会化网络圈子内部关系强度对信息搜寻行为的影响，研究内容存在一定的局限，未来将从以下几方面进行探索：

第一，依托问卷星平台，主要对微信、QQ、微博、抖音等移动社交应用的用户进行网络调研，由于时间和资源等方面存在限制，并没有对社区社交应用、婚恋/交友社交应用和职场社交应用等移动社交应用的用户进行研究。另外，本节研究仅在网上发放问卷，问卷的可靠性和准确性可能会存在问题，尽管本节研究剔除了一些重复、缺失、前后矛盾的问卷数据，但对于一些质量较差的问卷存在剔除困难，这些可能会降低数据的质量，未来可使用多种调研方式，结合多种类型的移动社交应用对其用户进行调研。

第二，本节讨论了移动社会化网络圈子内部关系强度对信息搜寻行为的影响。圈子作为一种社会网络的具体形式，具有规模性、中心性等特征。本节研究验证了移动社会化网络圈子内部关系强度对用户信息搜寻行为有正向影响，但该圈子的其他特征对用户信息搜寻行为的影响也有很大的研究意义，值得验证。后续研究可以考虑将圈子规模、中心性等特征纳入模型，比较不同圈子特征对用户信息搜寻行为的影响，并进一步探究导致差别的具体原因。

第三，由于精力有限，本节研究未探索移动社会化网络圈子内部关系强度对信息搜寻行为影响的边界条件，后续研究可以继续挖掘用户依靠强关系进行信息搜寻的边界条件，如年龄、性别、调节定向等个体特征。个体特征的不同也会导致移动社会化网络圈子内部关系强度对信息搜寻行为的影响发生变化。

第四，本节研究获取的样本数量有限，无法很好地保证所选取的调查者的代表性，这也在一定程度上限制了研究结论的普适性。后续研究将进一步扩大样本范围，使研究结论更具普适性。

# 第六章 网络圈子意识对消费者在信息搜寻的利用阶段的影响机制研究

信息利用的本质是搜寻者使用自身搜寻到的或者通过信息交流共享的信息来解决问题的过程，它是检验信息效用性和可信性的关键实践行为。高信誉度同伴推荐的信息会使消费者实现极高的信息采纳与利用价值。Taylor 和 Wolburg（1998）研究发现，找出不同群体信息搜寻行为和信息利用行为的差异性和相似性是理解用户信息利用的关键。供应商应利用先进的数据库技术收集客户信息，并利用该信息与客户建立关系。

Wilson 模型重点强调信息的反馈及利用。该模型指出，如果消费者对搜寻结果的评价较高，那么就会实施采纳行为。搜寻者若在使用中对搜寻到的信息不满意，往往会重复搜寻过程。另外，移动社会化网络的分享性使消费者接收获取到的信息后，还能够按照自己的信息组织及处理方式对信息再加工，并实时快速分享。这种社会化分享促进了消费者信息搜寻的有效性，加快了消费者从信息搜寻到比较再到利用决策的一系列行动进程。信息搜寻完成后，可对用户的反馈信息及使用信息进行再挖掘，利用数据挖掘技术来分析用户的初次信息搜寻行为，为企业制定市场决策提供支持。

## 第一节 移动社交网络营销的顾客参与行为及其对口碑传播的影响研究

微信是国内最具代表性的手机移动社交网络应用。截至 2013 年 11 月，它的注册用户量已经突破 6 亿人次，其中，海外用户超过 1 亿，国内用户超过 4 亿，成为继谷歌地图、移动版 Facebook、YouTube 和 Google+ 移动应用之后全球最受欢迎的第五大手机应用（人民网，2013）。微信营销是一种新兴的宣传与营销方式，无论是企业界还是学术界，对于它的研究尚处于起步阶段，微信点对点传播的特殊性更强调顾客的参与及互动，而该主题的相关研究更是极少。不同于其他基于 PC 的虚拟社区，微信主要以一对一的方式在朋友圈及好友间传番（CNNIC，2015）。因此，顾客的参与在企业的微信宣传中显得尤为重要，企业需要不断地激励顾客参与微信的在线活动，以增强大众对自身宣传内容的认知，使相互间的互动体验更为快捷、精准。现在，越来越多的企业也意识到了顾客参与微信的重要性，开始通过微信平台推送宣传内容等方式，尽可能地吸引顾客参与其中。例如，央视推出了微信二维码，星巴克等企业也纷纷推出自己的微信平台。微信轻松的参与过程极大提升了大众对它的兴趣，不但增强了微信宣传的效果，而且提升了用户对企业与政府机构的认知与亲切度。

然而，微信是通过即时推送来完成信息传达的，企业推送的信息会毫无遗漏地传达给受众。高度的信息及时到达率虽然能够形成极高的宣传价值，但如果使用不当，如信息推送过多、过快或更新不及时等，便会给人带来厌恶的感觉（Goldsmith，2002），从而降低顾客参与的兴趣。可见，相较于其他一般虚拟社会网络社区，微信类社区给企业带来的正面或负面影响的口碑传播速度更为快捷，对顾客参与的积极性要求更高。那么企业与政府部门该如何采取合适的手段吸引更多的顾客参与到自己的微信宣传中来呢？本节试图通过构建微信宣传中顾客参与行为的影响因素及其对口碑传播影响的研究框架，在理论上深刻认识用户参与微信宣传的规律，并为企业开发微信宣传平台上的用户参与战略提供实践启示。

## 一、研究模型与假设

### （一）研究模型

基于前述理论背景，本节提出微信宣传平台的顾客参与行为及其对口碑传播影响的研究模型。如图 6-1 所示，消费者的微信参与行为（信息共享行为、信息搜寻行为）受到信息娱乐性因素、信息即时性因素和信息互动性因素等前置因素的驱动，同时还会对大众的口碑传播产生影响。

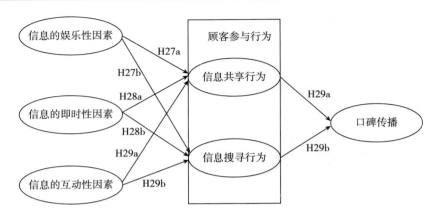

图 6-1　研究模型

（二）研究假设

1. 影响微信宣传中顾客参与行为的因素

本节基于微信类移动即时通信应用的特点，认为影响用户参与行为的因素主要包括推送信息的娱乐性、即时性、用户的线上互动频率等。

（1）学者们认为，娱乐性是影响用户参与的主要因素（Bagozzi and Dholakia，2006；Jung et al.，2007）。微信类移动社交网络服务中的信息与传统媒体有很大差别，它能够快速、即时地通过多媒体功能为消费者带来趣味感，并为企业的宣传增加附加价值。同样的信息，不同的娱乐性渲染与表达会导致信息的传达力与效果产生很大差别（Wolin et al.，2002）。Moon 和 Kim（2001）认为，娱乐性是用户接收信息系统的关键因素。Dholakia 等（2004）指出，推送信息所具有的娱乐性越强，吸引人们参与的动力就会越大。对于微信来说，企业可通过提高信息趣味性或提供的"漂流瓶""红包"等功能为用户带来较强的娱乐感知，从而吸引更多顾客参与。由此，本节提出如下假设：

H27：移动互联网时代，微信宣传中信息的娱乐性因素对顾客参与行为具有积极影响。

H27a：移动互联网时代，微信宣传中信息的娱乐性因素对顾客参与行为中的信息共享具有积极影响。

H27b：移动互联网时代，微信宣传中信息的娱乐性因素对顾客参与行为中的信息搜寻具有积极影响。

（2）Varnali 和 Toker（2010）认为，消费者对移动信息的采纳受到信息传递时间与频率的影响。顾客在网上购物时，能否及时获取商品信息是用户做出购买决策的关键依据（卢云帆等，2014）。微信是通过即时推送来完成信息传达的，企业推送的信息会毫无遗漏地到达受众对象的手中，因此，即时的信息到达率能够对消费者产生极高的宣传价值。在当前数字化时代，企业需要适当、即时地推送信息来激励顾客不断地参与在线活动，从而增强大众对企业自身宣传内容的认知，增强企业运用微信进行宣传营销的战略效果。因此，本节预测，企业推送信息的即时性程度将会促进顾客更多地参与到企业的微信宣传中来。由此，本节提出如下假设：

H28：移动互联网时代，微信宣传中信息的即时性因素对顾客参与行为具有积极影响。

H28a：移动互联网时代，微信宣传中信息的即时性因素对顾客参与行为中的信息共享具有积极影响。

H28b：移动互联网时代，微信宣传中信息的即时性因素对顾客参与行为中的信息搜寻具有积极影响。

（3）曾静（2019）认为，在虚拟网络环境下，互动程度越强，顾客越倾向于购买其所推荐的产品。在微信的作用下，社会信息的传播方式正从传统的"单向传播"向"双向互动"转变。受众感知角色的类社会互动关系越强，对角色所在的媒体越忠诚，越倾向于从角色处获取更多的信息（Baliantine，2005）。在互动的过程中，可以形成用户与信息推送方的相互关系，提高用户参与，实现微信宣传的目的。消费者通过信息和情感的双向交流与沟通，不仅能够合理预期品牌提供的产品和服务，积极的互动过程还能给顾客带来愉悦的体验，并使顾客对品牌产生归属感和情感的依恋（张明立、唐塞丽和王伟，2014）。这种互动互依关系会对消费者的决策产生影响（Simpson et al.，2012）。Yagil（2001）的研究证明，顾客在服务互动中的行为和态度能够影响其服务体验感知。由此，本节提出如下假设：

H29：移动互联网时代，微信宣传中信息的互动性因素对顾客参与行为具有积极影响。

H29a：移动互联网时代，微信宣传中信息的互动性因素对顾客参与行为中的信息共享具有积极影响。

H29b：移动互联网时代，微信宣传中信息的互动性因素对顾客参与行为中的信息搜寻具有积极影响。

2. 微信宣传中的顾客参与对口碑传播的影响研究

微信作为一个新兴的宣传平台，不仅可以提供即时、高效的宣传内容，还可以为品牌商家代运营，它的触角已经伸向政府部门、学校、医院。如前文所述，顾客参与不仅是一种体验，它所产生的影响会随着体验的增加而增加，参与并获得非凡体验的消费者，会加强对该品牌的认同（Schouten et al.，2007）。Gremler 和 Gwinner（2000）的研究指出，参与行为能够加强用户的口碑传播。顾客和品牌作为操作性资源，构成了积极的品牌价值共同创造者，而价值共创是在双方的互动过程中产生的（Gronroos，2011）。在社会化电子商务环境下，人们可以根据自己的兴趣爱好选择参加不同的社区或者组织，搜寻和发布相似的信息资源。在信息传递过程中，拥有共同兴趣、目标和愿景的成员可以更容易理解他人分享信息的含义（左文明等，2014）。因为共同的价值观，人们会更愿意选择相信彼此发布的口碑信息的真实性（Lin and Lu，2011），这些信息来自微信朋友圈，更值得信赖，提高了口碑传播的速度与水平。顾客与社交网络上的朋友相互分享商品体验，搜寻比较商品和价格，讨论网站品牌等口碑信息（Chen et al.，2011）。顾客积极参与企业活动会对其向好友、亲人推荐该服务有一定的影响。因此，基于已有的经典口碑传播研究并结合微信的传播方式，本节提出如下假设：

H30：移动互联网时代，微信宣传中的顾客参与行为对口碑传播具有积极影响。

H30a：移动互联网时代，微信宣传中顾客参与的信息共享行为对口碑传播具有积极影响。

H30b：移动互联网时代，微信宣传中顾客参与的信息搜寻行为对口碑传播具有积极影响。

## 二、研究方法

（一）调查研究与分析方法

本节研究的目的是从消费者的角度来探究企业如何利用移动互联网环境下微信宣传中的顾客参与行为来开展企业宣传活动，研究的对象是移动社会网络的使用者，也就是使用微信的个体用户。因此，本节的样本选取和数据获取等方法都是基于消费者微观个体提出的。

本节采用质化研究与量化研究相结合的方式展开研究。通过消费者访谈（包括深度访谈与焦点小组座谈相结合）收集本次研究相关变量的定性数据资料，明确相关变量的概念、变量之间的关系及具体的研究假设，并对初步提出的理论模型做进一步的修正。然后，设计调查问卷，确定问卷调查方式，设计相关变量的测量工具，并实证检验变量之间的关系。

为保证开发量表的质量和各测项的鉴别力，通过预测试对初始量表的测量问项进行信度和效度分析，以保证开发量表的结构效度。在正式调查前，随机选择60位使用微信的用户进行问卷预调查，通过分析对初始量表的各个测量问项进行调整检查，测量问项均予保留。

（二）变量及测量方法

本节主要涉及三个方面的变量，顾客参与（包括信息共享与信息搜寻两个维度）、顾客参与行为的前置影响因素（包括信息的娱乐性因素、信息的即时性因素、信息的互动性因素）、大众口碑传播。变量之间的具体假设根据相关理论及文献回顾和分析得出：信息的娱乐性因素变量参考 Jung 等（2007）与 Banczyk 等（2008）的概念及问项修改，具体由五个测量问项构成；信息的即时性因素变量参考 Varnali 和 Toker（2010）的概念及问项修改，具体由三个测量问项构成；信息的互动性因素变量参考 Song、Baliantine（2005）的概念及问项修改，具体由四个测量问项构成；顾客参与行为变量参考 Schouten 等（2007）与 Claycomb 和 Lengnick-Hall（2001）的概念及问项修改，其中，信息共享由五个测量问项构成，信息搜寻由两个测量问项构成；口碑传播变量参考 Kozinets 等（2010）与 Trusov 等（2009）的概念及问项修改，具体由四个测量问项构成。为了验证以上研究假设，本节结合先行研究成果设计了测量各研究变量的具体问项，使用李克特 7 级量表的七个选项（从"完全不同意"到"完全同意"）来确保调查结果的精确性。根据研究内容，问卷调查采用随机抽样的方式选择样本，样本以使用微信的普通用户为主，为确保问卷调查的信度及回答的准确性，本节只选择参与企业微信宣传的消费者为研究对象进行问卷调查。

（三）数据收集与人口统计学特征

本节主要采用走访问卷和微信问卷两种方式展开随机抽样调查，共发放问卷500 份，有效回收问卷 451 份，有效回收率为 90%。其中，49 份无效问卷被剔除，剩余 402 份有效问卷用于实证分析。

问卷应答者的年龄主要分布于 18~30 岁，其中，男性占比 51%，女性占比49%。被调查对象大多数具有本科及以上学历，以学生、公务员、企业职员为主；被调查对象的月收入主要在 1000~5000 元，具有一定的经济基础。具体内容如表6-1所示。

表6-1 问卷应答者的人口统计学特征

| 分类 | | 频度（n=402） | 百分比（%） |
|---|---|---|---|
| 性别 | 男 | 205 | 51.0 |
| | 女 | 197 | 49.0 |
| 年龄 | 18 岁以下 | 2 | 0.5 |
| | 18~30 岁 | 267 | 66.4 |
| | 31~40 岁 | 111 | 27.6 |
| | 41~50 岁 | 22 | 5.5 |
| | 51 岁及以上 | 0 | 0 |
| 学历 | 高中毕业（含中专）以下 | 2 | 0.5 |
| | 高中毕业（含中专） | 10 | 2.5 |
| | 大专 | 34 | 8.5 |
| | 本科 | 308 | 76.6 |
| | 研究生及以上 | 48 | 11.9 |
| 职业 | 学生 | 204 | 50.7 |
| | 企业职员 | 86 | 21.4 |
| | 公务员 | 2 | 0.5 |
| | 事业单位 | 74 | 18.4 |
| | 个体户 | 34 | 8.5 |
| | 其他 | 2 | 0.5 |
| 月收入 | 1000 元及以下 | 63 | 15.7 |
| | 1001~3000 元 | 175 | 43.5 |
| | 3001~5000 元 | 93 | 23.1 |
| | 5001~6000 元 | 41 | 10.2 |
| | 6001~8000 元 | 18 | 4.5 |
| | 8001 元及以上 | 12 | 3.0 |

## 三、研究分析与假设验证

（一）信度分析

本节首先采用Cronbach's α系数对各问项进行信度分析，以确认问项间的内在一贯性。Cronbach's $\alpha$ 系数值大于 0.8，即被认为是各研究概念的测量问项具有较高的内在一贯性。在本节各问项中，除了顾客参与行为中的信息搜寻的 1 个问项出现交叉被删除，其余问项均显示出良好的单一维度性。分析结果如表 6-2 所示，所有问项的 Cronbach's $\alpha$ 系数均大于 0.8，介于 0.879~0.889，表明各研究概念的测量问项稳定性好，具有较高的内在一贯性，其信度得到确认。

表 6-2　量表信度分析结果

| 变量 | 问项数 | Cronbach's $\alpha$ |
|---|---|---|
| 信息的娱乐性因素 | 5 | 0.881 |
| 信息的即时性因素 | 3 | 0.879 |
| 信息的互动性因素 | 4 | 0.879 |
| 顾客参与行为—信息共享 | 5 | 0.880 |
| 顾客参与行为—信息搜寻 | 2 | 0.884 |
| 口碑传播 | 4 | 0.889 |

（二）效度分析

1. 探索性因子分子（Exploratory Factor Analysis）

为检验各个构成因子的单一维度性，本节采用主成分分析方法，使用 Varimax 回转法，对测量问项进行探索性因子分析。通过 Bartlett 球形检验（p = 0.000；<0.05）测量各个变量间的相关关系，结果显示，各变量间的相关关系矩阵具有统计学意义，这表明因子分析模型是合理的，如表 6-3 所示，构成因子在 0.5 负荷值基准上没有出现构念交叉，显示出良好的判别效度。所有构成因子的单一维度性和因子判别性得到确认，即所有问项均显示出良好的收敛效度。

表 6-3　信度分析和主成分分析结果

| 构成因子 | 编项 | 因子载荷值 |
|---|---|---|
| 信息的娱乐性因素 | ENT1 | 0.699 |
| | ENT2 | 0.531 |
| | ENT3 | 0.624 |
| | ENT4 | 0.706 |
| | ENT5 | 0.571 |

续表

| 构成因子 | 编项 | 因子载荷值 |
|---|---|---|
| 信息的即时性因素 | INS1 | 0.784 |
| | INS2 | 0.832 |
| | INS3 | 0.799 |
| 信息的互动性因素 | INT1 | 0.744 |
| | INT2 | 0.722 |
| | INT3 | 0.707 |
| | INT4 | 0.689 |
| 顾客参与行为—信息共享 | PSH1 | 0.742 |
| | PSH2 | 0.774 |
| | PSH3 | 0.724 |
| | PSH4 | 0.786 |
| | PSH5 | 0.687 |
| 顾客参与行为—信息搜寻 | PSE1 | 0.732 |
| | PSE2 | 0.605 |
| 口碑传播 | WOM1 | 0.739 |
| | WOM2 | 0.838 |
| | WOM3 | 0.824 |
| | WOM4 | 0.817 |

2. 验证性因子分子（Confirmatory Factor Analysis）

为确定各变量背后的各潜在属性因子的内涵结构关系，本节通过 AMOS 20.0 进行验证性因子分析（CFA），检验各维度测量模型的收敛效度，并通过整体测量模型检验判别效度。

收敛效度。一般情况下，标准化因子载荷值大于 0.5 即为收敛效度良好。本节进行的确认性因子分析（CFA）结果如表 6-4 所示，各问项因子的载荷值介于 0.515~0.942，显示出良好的集中效性；测量模型 $\chi^2 = 364.175$（df = 142，p = 0.000），GFI = 0.914，CFI = 0.926，TLI = 0.913，NFI = 0.877，RMSEA = 0.057，同样显示出令人满意的水平。结果表明，5 个构成因子在 0.5 负荷值基准上没有出现交叉装载，各问项均表现出显著的单一维度和优越的拟合度，收敛效度得到确认。

表6-4　验证性因子分析结果

| 构成因子 | 测项 | 因子载荷值 | 标准因子载荷值 | t-value |
|---|---|---|---|---|
| 信息的娱乐性 | ENT1 | 1.000 | 0.713 | — |
| | ENT2 | 0.856 | 0.599 | 10.642 |
| | ENT3 | 0.789 | 0.515 | 9.220 |
| | ENT4 | 0.931 | 0.709 | 12.369 |
| | ENT5 | 0.726 | 0.610 | 10.821 |
| 信息的即时性 | INS1 | 1.000 | 0.729 | — |
| | INS2 | 1.301 | 0.942 | 16.562 |
| | INS3 | 1.025 | 0.757 | 14.855 |
| 信息的互动性 | INT1 | 1.000 | 0.706 | — |
| | INT2 | 1.197 | 0.796 | 14.105 |
| | INT3 | 1.235 | 0.799 | 14.148 |
| | INT4 | 0.990 | 0.596 | 10.858 |
| 顾客参与行为—信息共享 | PSH1 | 1.000 | 0.783 | — |
| | PSH2 | 1.064 | 0.767 | 15.417 |
| | PSH3 | 0.901 | 0.711 | 14.191 |
| | PSH4 | 0.955 | 0.727 | 14.540 |
| | PSH5 | 0.985 | 0.693 | 13.789 |
| 顾客参与行为—信息搜寻 | PSE1 | 1.000 | 0.591 | — |
| | PSE2 | 0.847 | 0.570 | 7.330 |
| 口碑传播 | WOM1 | 1.000 | 0.606 | — |
| | WOM2 | 1.236 | 0.771 | 11.326 |
| | WOM3 | 1.291 | 0.807 | 11.562 |
| | WOM4 | 1.181 | 0.747 | 11.132 |
| 模型拟合度 | $\chi^2 = 364.175$（df = 142，p = 0.000），GFI = 0.914，CFI = 0.926，TLI = 0.913，NFI = 0.877，RMSEA = 0.057 | | | |

判别效度。Anderson 和 Gerbing（1988）指出，95%置信区间内未出现1，即可认定为判别效度良好。计算结果如表6-5所示，所有构成概念中在95%的置信区间内未出现1，由此，判别效度得到确认。

表6-5　判别效度分析结果

| 潜在因子 | Estimate（A） | S. E.（B） | A+B×2 | A−B×2 |
|---|---|---|---|---|
| 娱乐性↔即时性 | 0.665 | 0.090 | 0.845 | 0.485 |
| 即时性↔互动性 | 0.550 | 0.073 | 0.696 | 0.404 |
| 娱乐性↔互动性 | 0.666 | 0.078 | 0.822 | 0.510 |
| 信息共享↔娱乐性 | 0.584 | 0.078 | 0.740 | 0.428 |
| 娱乐性↔口碑传播 | 0.014 | 0.029 | 0.072 | −0.044 |
| 娱乐性↔信息搜寻 | 0.496 | 0.080 | 0.656 | 0.336 |
| 信息共享↔即时性 | 0.512 | 0.076 | 0.664 | 0.360 |
| 即时性↔口碑传播 | 0.012 | 0.029 | 0.070 | −0.046 |
| 即时性↔信息搜寻 | 0.420 | 0.077 | 0.574 | 0.266 |
| 信息共享↔互动性 | 0.458 | 0.062 | 0.582 | 0.334 |
| 互动性↔口碑传播 | 0.014 | 0.023 | 0.060 | −0.032 |
| 互动性↔信息搜寻 | 0.382 | 0.063 | 0.508 | 0.256 |
| 信息共享↔口碑传播 | 0.008 | 0.027 | 0.062 | −0.046 |
| 信息共享↔信息搜寻 | 0.534 | 0.077 | 0.688 | 0.380 |
| 信息搜寻↔口碑传播 | 0.061 | 0.028 | 0.117 | −0.005 |

综合以上结果，本节所有测项的信度、收敛效度与判别效度均得到了确认。

（三）模型评价与假设检验

为检验研究模型的稳妥性，本节使用 AMOS 20.0 模型进行检验。各项评价指标为 $\chi^2$ 统计量（$\chi^2 = 502.143$，$df = 179$，$p = 0.00$），一般而言，当样本总数超过 200 的时候，卡方值会相应变大，会出现假设模型被拒的情况，因此，当样本规模较大的时候，需考虑通过其他适配度统计量再进行综合判断。本节的卡方值与自由度之比小于 3，表明该模型的整体拟合度良好。适配度指标显示：GFI = 0.89，NFI = 0.85，CFI = 0.90，NFI = 0.85，RMSEA = 0.072（<0.08），全部指标均为 0.8 以上，表明该研究模型具有良好的拟合度，并在统计学上具有合理性。

为验证各因果关系假设与概念化模型的合理性，本节通过 AMOS 20.0 软件对研究模型进行结构方程分析，结合最大似然法对研究模型涉及的相关参数展开统计测定。结果如表6-6所示，该假设模型表现出较好的拟合度。本节提出的研究假设均得到了验证与支持。

表 6-6　假设验证结果及路径系数

| 假设 | 路径 | β | t | p |
|------|------|------|------|------|
| H27a | 信息的娱乐性因素→信息共享行为 | 0.48 | 5.84 | 0.000 |
| H27b | 信息的娱乐性因素→信息搜寻行为 | 0.62 | 5.40 | 0.000 |
| H28a | 信息的即时性因素→信息共享行为 | 0.16 | 3.75 | 0.000 |
| H28b | 信息的即时性因素→信息搜寻行为 | 0.17 | 3.15 | 0.002 |
| H29a | 信息的互动性因素→信息共享行为 | 0.31 | 4.80 | 0.000 |
| H29b | 信息的互动性因素→信息搜寻行为 | 0.25 | 3.13 | 0.002 |
| H30a | 信息共享行为→口碑传播 | 0.07 | 2.12 | 0.034 |
| H30b | 信息搜寻行为→口碑传播 | 0.09 | 2.25 | 0.024 |

注：$p < 0.05$ 显著。

## 四、研究结论与启示

（一）研究结论

本节从我国消费者角度出发，对企业使用微信平台进行宣传时影响顾客参与行为的因素进行了探索，实证分析了这些因素对顾客参与行为的作用机制。具体得出如下结论：

第一，本节构建的微信平台顾客参与行为成因模型成立。微信宣传方式下的顾客参与行为与生产服务行业有所不同，其成因模型可以表述为，信息的娱乐性因素、信息的即时性因素和信息的互动性因素影响顾客的参与行为（包括顾客的信息共享行为、信息搜寻行为），并通过顾客参与行为形成大众口碑传播。本节结合我国消费者的实际情况，针对微信的一对一精准传播特点，开发设计了包括信息的娱乐性、即时性和互动性三个顾客参与行为前置因素的测量模型，总结出了微信宣传方式下影响顾客参与行为因素的作用机理，并验证了微信宣传平台中由顾客参与的信息共享行为和顾客参与的信息搜寻行为组成的二维位阶结构。本节通过实证分析顾客参与行为概念模型，揭示了移动互联网环境下微信宣传平台的顾客参与行为的内涵结构与测量维度。

第二，本节总结出微信宣传时顾客参与行为影响大众口碑传播的战略启示，并通过实证分析得出，顾客参与行为的构成维度对口碑传播具有不同程度的影响，其中，顾客参与的信息共享行为对大众口碑传播的影响力大于信息搜寻行为。这说明消费者在参与企业的微信营销时，相对于信息搜寻行为而言，基于信息共享的参与行为更容易形成参与者口碑的传播效应。

（二）研究启示

1. 管理启示

微信是基于移动互联网的即时通信工具，与其他互联网虚拟社区不同，它更加强调顾客参与的重要性，因此，企业应结合用户参与的战略特点对微信宣传方法进行选择与权衡，从而增强企业在移动互联网环境下的宣传能力。具体而言，企业在使用微信平台进行宣传与营销时，应该注重自身推送的信息是否具有娱乐性、趣味性，并在避免过量信息导致顾客反感的同时，为消费者适当、即时地推送企业的各种相关信息；切实提高企业与顾客互动的能力，在微信圈中形成有趣、即时、互动互助的信息推送意识，从而促使顾客更多地参与其中。本书还揭示了大众的口碑传播是顾客的信息共享和信息搜寻等参与行为得以构筑与加强的过程。为使顾客更多地在微信平台中共享信息、搜索信息，企业应该加强对平台信息投放量的适度性管理，增加信息设计方面的投入，并在微信平台上营造企业关心、帮助顾客的和谐互动氛围，以此提高消费者的口碑传播，从而达到企业的宣传效果与营销目的。同时，企业可以通过测量顾客的参与程度来评价其微信平台的营销活动效果与绩效。企业也需充分利用微信类社交媒体平台，扩大口碑传播途径，提高品牌忠诚度，以吸引更多的潜在顾客。

2. 学术展望

对于移动社会网络中微信的顾客参与行为可以从不同角度进行研究，本节仅考虑了其中三个重要的顾客参与行为影响因素，可能还有一些重要的影响变量未经检验与证实，将会在后续研究中进行探究。在我国移动互联网大环境下，不同行业的用户其参与行为也存在一定的差异，其量表开发与检测还有待进一步的探讨与分析。此外，本节开发的微信宣传平台的顾客参与模型主要对其线上因素进行分析，尚未考虑线下实体店宣传因素对顾客参与微信类应用平台的影响和作用，以及过量信息所产生的负面口碑。因此，在未来的研究中，将结合我国不同行业、不同圈子信任层的被调查人员的调节作用来进行比较研究，使研究更具有针对性及实用性；同时结合企业宣传活动的线下因素和微信的线上因素进行探究也是值得开展的研究课题。

## 第二节　网络圈子对消费者信息采纳行为的影响研究

中国互联网络信息中心（CNNIC）在京发布第 41 次《中国互联网络发展状况统计报告》显示，截至 2017 年 12 月，我国网民规模达 7.72 亿，普及率达到 55.8%，超过全球平均水平（51.7%）4.1 个百分点，超过亚洲平均水平（46.7%）9.1 个百分点，这表明我国互联网发展迅速，规模庞大。在互联网基础上发育而来、以即时通信工具为基础、基于社交关系进行信息传播的社交应用的发展极为迅猛。中国互联网络信息中心（CNNIC）发布的《2016 年中国社交应用用户行为研究报告》显示，微信朋友圈、QQ 空间的使用率分别为 85.8%、67.5%，人们倾向于通过分享个人生活信息来促进朋友间的互动，增进彼此的感情；新浪微博的使用率为 37.1%，用户的使用目的主要是了解新闻资讯和热点、感兴趣的信息。社交应用的广泛使用让用户的生活、学习、工作都能在网络平台上得以实现，使互联网更加开放、便捷、精准、迅速，用户可以依据自己的兴趣、爱好等进行寻找，并加入各种相关的虚拟网络圈。

虚拟社交网络中的圈子不同于现实环境网络下的圈子，网络圈子作为现实圈子的延续和拓展，具有用户黏性强、参与度高等特点。在社会网络的情境下，社交应用的属性决定了关系圈内分享的话题多是圈内热点或共同关注、感兴趣的话题。用户可以随时随地利用网络圈来查找自己所需要的信息，而用户对信息的认知、态度和行为将不可避免地受到社群效应的影响，即信息接收者会对发布出来的信息做出关注、比较、评价、接受等行为，并且用户对信息的行为会有意识或无意识地受到网络圈中个人或群体的影响。个体偏好从圈子中采纳信息不仅是因为这样可以减少决策时间、提高效率，还有一个重要的原因是个体可以通过圈中的信息采纳行为增强人际关系，获得圈子支持、认同和接纳。另外，网络圈子也带来了很多干扰：网络圈子的相对界限化、巨量的产品信息、多元化的网络评论等无疑分散了用户的注意力，使用户在进行信息采纳时遇到了更多的障碍。网络圈子对消费者信息采纳行为会产生什么样的影响，其内部机制是什么，这些问题尚未有学者进行深入探讨。

因此，本节基于中国情境，探究网络圈子对消费者信息采纳行为的影响，即主要探讨不同关系强度的网络圈子对消费者信息采纳行为的影响，并进一步分析感知风险和归属感在这一路径中所起的中介作用。

## 一、研究模型与假设

### （一）研究模型

本节基于社会影响理论，探讨不同关系强度的网络圈子对消费者信息采纳行为的影响，以及感知风险和归属感所起的中介作用。模型结构如图6-2所示。

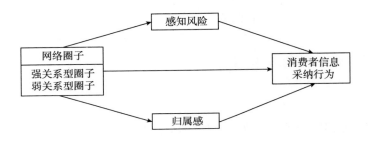

**图6-2　网络圈子对消费者信息采纳行为的影响模型**

### （二）研究假设

1. 网络圈子和消费者信息采纳行为

在社会化商务环境下，消费者为了在购物过程中获得最高的满足感，往往会从很多的信息源中选择出最符合自我需求的信息，消费者对商品、服务等信息的采纳会直接影响到消费者的购买意愿和购买决策的制定（李晶等，2015）。由于网络信息过剩，个体消费者往往会依赖群体提供的各种信息来减少信息搜寻时间，而圈子关系强度又影响着消费者对群体的信任。冯娇、姚忠（2015）研究发现，强度会影响用户的购买意愿，相较于弱关系，强关系能在更大程度上提高用户接收到的信息质量，缓解信息超载。对用户接收的信息质量影响最小的是商家推荐的产品、服务、企业等信息，有一定影响的是陌生人评价的相关信息，影响程度最大的是朋友之间分享的信息，即关系强度越强，信息越容易被采纳。Deutsch 和 Gerard（1955）提出，熟人社区是一个虚拟的社区圈子，人们在社区的频繁交往能提高圈子成员的亲密度，还可有效增强社区成员间的情感黏性与信任度。社会网络成员的忠诚度可以靠强关系维护，强关系可以加强成员之间的信任，从而对成员之间的行为产生影响。由此，本书提出如下假设：

H31：信息在强关系圈子比在弱关系圈子更易被消费者采纳。

2. 网络圈子、感知风险和消费者信息采纳行为

互联网消费者的信任和感知风险对他们的购买决策具有影响，其中，消费者的信任、声誉、隐私问题、安全问题、网站信息质量以及公司声誉对消费者的购买行为具有强烈的影响（Kim et al.，2008）。Pavlou（2011）验证了消费者对信息安全的感知会引起消费者感知的不确定性，这些不确定性会导致消费者感知到某些可能的损失。相较于陌生人，朋友之间是互相了解的，在职业、兴趣等方面具有同质性，朋友之间分享的产品、服务等信息更加可靠，更有参考意义和价值，可以对他们的购买决策产生影响（Kim and Lee，2011）。影响亲密朋友分享信息的关键因素有交流、利他及信任，朋友之间的良好交流、愿意考虑他人利益以及高信任度会降低消费者对信息的不确定性。Eagly 和 Chaiken（1975）发现，当信息来源的可信度比较低时，消费者会对信息的论证力度保持怀疑或观望的态度。由此，本节提出如下假设：

H32：感知风险是消费者在网络圈子里采纳信息的中介变量，即网络圈子的关系强度负向影响消费者的感知风险，感知风险负向影响消费者信息采纳行为。

3. 网络圈子、归属感和消费者信息采纳行为

归属感具体表现为情感上的认同、喜爱和依恋，本质上是种情感。强关系会产生更多的情感认同，弱关系则较少涉及情感问题，因为弱关系的本质是人们利益的交换，其原则是理性选择，在情感表达上较弱（高红艳，2003）。"弱关系"可以广泛地传播各种知识、信息等资源，而"强关系"可较多地传递出影响力、信任感、忠诚度等情感资源（陈昌凤和仇筠茜，2013）。Deutsch 和 Gerard（1955）通过研究虚拟的熟人社区发现，人们在社区的频繁交往能提高圈子成员的亲密度，还可有效增强社区成员间的情感黏性与信任度。这种熟人社区体现的就是强关系，代表了具有共同的兴趣爱好、情感认同及身份认同的亲密人际关系。消费者信息采纳行为的后期表现为，对信息的转发、分享。社区意识是消费者参与的驱动因素，他们出于各种原因组织和参与，利用这些场所分享知识和财产（Albinsson and Perera，2012）。赵越岷等（2010）提出了虚拟社区中信息共享的理论研究模型，证实了归属感是影响信息共享意愿的重要因素。周志民和吴群华（2013）认为，社群归属感和人际吸引力是在线品牌社群凝聚力的两个维度，证实了两者对社群参与度和社群忠诚度有显著正向影响。MSN 社区通过支持交流、创建身份、识别身份以及建立信任等过程可以得到较好的维护，这表明虚拟社区

的创建、用户的归属感和维护感十分重要（Blanchard and Markus，2002）。由此，本节提出如下假设：

H33：归属感是消费者在网络圈子里采纳信息的中介变量，即网络圈子的关系强度正向影响消费者的归属感，归属感正向影响消费者信息采纳行为。

## 二、研究方法及过程

### （一）研究背景与被试的选择

本节采用实验法考察被试在不同关系强度的网络圈子中用户信息采纳行为的变化，并通过感知风险和归属感这两个用户的内在心理机制来验证假设。

微信官方发布《2017 微信数据报告》显示，微信日登录用户（2017 年 9 月）9.02 亿，日发送消息次数 380 亿，微信运动日活跃用户 1.15 亿。微信通过手机通讯录把强关系的人群聚合起来，通过"附近的人""摇一摇"等把弱关系的人群聚合起来，该应用包含了强关系圈子类型和弱关系圈子类型，故比较适合作为本节的载体。

被试选择 18~23 岁的大学生。以大学生为研究对象有以下两方面原因：第一，年轻人是网络信息最大的浏览、传播人群，并且大多数年轻人有过采纳网上信息的行为，因此，选取有网络信息搜寻、采纳、传播经历的大学生作为被试者，具有较强的代表性和解释力。第二，大学生群体具有较高的同质性，一定程度上可以防止无关变量对实验结果的干扰，使本项研究具有比较高的信度和效度。

把手机这一电子产品作为研究载体，一方面是因为手机信息对于大学生而言十分熟悉，并且绝大多数大学生都有过阅读手机产品信息、服务信息及评论信息的经历；另一方面是因为移动社交媒体上的评论信息易于获得。

### （二）实验一

本实验采用情境模拟法，在微信群聊的情境下检验消费者所处的网络圈子的关系强度对消费者信息采纳行为的影响。将强关系圈子和弱关系圈子作为自变量，将消费者信息采纳行为作为因变量进行分析。参加实验的本科生 52 名，年龄在 18~23 岁，被试被随机分成两组，每组 26 人。

#### 1. 实验流程

具体方法是，请被试阅读某微信群里的一篇描述某款手机（现实中是不存在的）评论信息的短文。根据圈中人员与被试的关系来划分强关系圈子和弱关系圈子，即有亲密联系的亲朋好友群和关系不紧密、没什么感情的陌生人群，随后要求被试回答对该信息的采纳行为。

2. 实验结果与分析

采用 SPSS 20.0 对实验数据进行单因素方差分析，结果如表 6-7 和表 6-8 所示。网络圈子的关系强度对消费者信息采纳行为有显著影响（$F = 21.197$，$p < 0.01$），消费者在强关系圈子中的信息采纳行为（$M = 4.8942$，$SD = 1.41108$，$N = 26$）显著高于在弱关系圈子中的信息采纳行为（$M = 3.3654$，$SD = 0.93588$，$N = 26$），即网络圈子的关系强度正向影响消费者信息采纳行为，H31 得到验证。

表 6-7　实验一结果

| 变量 | 强关系型圈子 | | | 弱关系型圈子 | | |
|---|---|---|---|---|---|---|
| | M（平均值） | SD（标准差） | N（样本量） | M（平均值） | SD（标准差） | N（样本量） |
| 信息采纳行为 | 4.8942 | 1.41108 | 26 | 3.3654 | 0.93588 | 26 |

表 6-8　网络圈子对消费者信息采纳行为的影响

| | 平方和 | df | 均方 | F | 显著性 |
|---|---|---|---|---|---|
| 组间 | 30.386 | 1 | 30.386 | 21.197 | 0.000 |
| 组内 | 71.675 | 50 | 1.434 | — | — |
| 总数 | 102.061 | 51 | — | — | — |

（三）实验二

本实验采用情境模拟法，在微信群聊的情境下检验感知风险和归属感的中介作用。本次研究设计为 2 网络圈子（强关系 vs. 弱关系）×1 感知风险，2 网络圈子（强关系 vs. 弱关系）×1 归属感的两组因子设计，因变量为消费者采纳行为。参加实验的本科生共 104 名，年龄在 18~23 岁，被试被随机分成四组。

1. 实验流程

具体方法是，请被试阅读某微信群里的一篇描述某款手机（现实中不存在的）信息的短文。根据圈中人员与被试的关系来划分强关系圈子和弱关系圈子，即有亲密联系的亲朋好友群和关系不紧密、没什么感情的朋友或陌生人群，随后要求被试回答对该信息的感知风险和采纳行为。同样，另一组阅读同样的手机信息，如上划分强弱关系类型圈子，随后要求被试回答对该信息的归属感和采纳行为。

2. 相关变量量表

本节借鉴其他学者对感知风险、归属感和消费者信息搜寻行为的测量问项和研究结论，结合本节的主题设计了如下测量问项（所有测量均使用李克特 5 级量表），具体如表 6-9 所示。

表 6-9　相关变量的测量问项

| 变量 | 测量问项 | 来源 |
|---|---|---|
| 感知风险 | 1. 我认为该信息不真实可靠<br>2. 我无法根据该产品信息判断产品品质<br>3. 购买该产品可能给我带来损失<br>4. 对该信息做出回应可能会泄露我的隐私 | Churchill（1979） |
| 归属感 | 1. 我感觉自己是该群体里的一分子<br>2. 我与该群体的关系亲密<br>3. 我希望能与该群体成员进行沟通交流<br>4. 我在意该群体中的成员对我的看法 | Grzeskowiak 和 Sirgy（2007）<br>董子凡（2008） |
| 信息采纳行为 | 1. 我在日常生活中频繁地采纳网络圈中的信息<br>2. 在将来我愿意继续采纳和利用网络圈中的信息<br>3. 我愿意把网络圈中的信息转发给别人<br>4. 我会参照网络圈中的信息做出购买决策 | Parthasarathy 和<br>Bhattacherjee（1998） |

3. 实验结果与分析

采用 SPSS 20.0 对实验数据进行分析和处理，参照 Preacher 和 Hayes（2008）提出的多个并列中介效应检验方法，使用 Bootstrap 中介效应检验，样本量为 5000，置信区间为 95%。结果显示，在两个路径中感知风险的中介作用不显著（LLCI = -0.0309，ULCI = 0.1987，包含 0），作用大小为 0.0413；归属感（LLCI = 0.0434，ULCI = 0.4495，不包含 0）的中介作用显著，作用大小为 0.2326。自变量网络圈子对因变量消费者信息采纳行为的作用不显著（LLCI = 0.0944，ULCI = 0.6967，包含 0），由此可见，归属感中介了网络圈子对消费者信息采纳行为的影响，如图 6-3 所示。

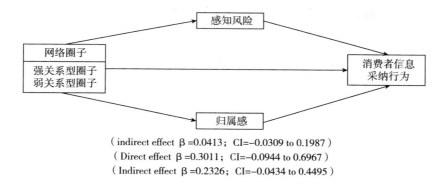

（indirect effect β=0.0413；CI=−0.0309 to 0.1987）
（Direct effect β=0.3011；CI=−0.0944 to 0.6967）
（Indirect effect β=0.2326；CI=−0.0434 to 0.4495）

**图6-3　感知风险和归属感的中介作用**

## 三、研究结论

实验结果显示，网络圈子的关系强度越强，信息越容易被采纳，即强关系圈子中的消费者信息采纳行为比弱关系圈子中的消费者信息采纳行为更强；感知风险在网络圈子对消费者信息采纳行为的影响中不起中介作用，归属感是网络圈子对消费者信息采纳行为产生影响的中介变量。

# 第七章 研究管理启示与展望

## 第一节 管 理 启 示

第一，移动社会化网络中消费者圈子意识结构维度及其量表开发。本书探究并完善了圈子理论的结构内涵，将圈子意识概念化为共享信念、互惠交换、角色定位和社会结构四维度位阶结构，这四个维度代表了构建圈子意识的四类核心要素。其中，情感归属、共享价值观和需求满足共同构成了圈子意识的共享信念；资源意识、交互获取、思维取向共同构成了圈子意识的互惠交换；责任意识、自愿意识和学习意识共同构成了圈子意识的角色定位；阶层划分、内隐规范和关系强弱共同构成了圈子意识的社会结构。这 12 个要素共同构成了圈子意识的识别要素，反映出了个体对圈子的理解，以及他们与圈子之间的情感联系、物质联系。

第二，网络圈子意识对消费者在信息搜寻的需求阶段的影响研究。信息需求是用户搜寻信息的最直接动力。从移动互联网角度出发对消费者信息搜寻行为的影响因素进行探索，移动网络圈子中的信任、感知风险的互惠交换意识对消费者信息搜寻努力程度有正向影响，搜寻动机在移动互联网信任、感知风险与消费者信息搜寻努力程度之间发挥了中介作用；移动互联网涉入对信息搜寻能力有正向影响；而知觉易用性与搜寻能力、搜寻能力与信息搜寻努力程度之间不存在显著关系。用户的信息需求会随着用户对所需信息的认知不断加深，基于网络圈子中的角色定位意识，将移动社交网络中消费者特征归纳为归属性、感知风险、价格敏感性因素，影响消费者在移动社交网络中的信息搜寻行为，归属性、感知风险、价格敏感性因素对消费者的信息搜寻行为具有积极影响，归属性因素通过顾客参与对信息搜寻行为产生正向影响。

第三，网络圈子意识对消费者在信息搜寻的搜索阶段的影响研究。信息搜寻是消费者网上决策过程的重要阶段。本书基于移动社交网络视角，首次将网络圈子与消费者信息搜寻行为相结合，并深入探究了两者间的关系及作用机制，即矛盾态度的中介作用，将网络圈子类型嵌入信息不一致对信息搜寻行为的主体研究框架中，重点分析其对两者的调节作用。研究结果证实，网络圈子类型发挥了显著的调节作用，为主效应确立了清晰的边界条件。基于社会影响理论，本书解释了移动社会化网络圈子内部关系强度对用户信息搜寻行为的内在机制。信息性影响在移动社交网络圈子内部关系强度对信息搜寻行为的影响中发挥了中介作用。根据社会影响理论，个人的态度和行为常常会被群体影响，甚至同化。用户在移动社会化网络圈子中依靠强关系进行信息搜寻时，会受到圈子成员的影响。在虚拟社区中，产品互动和人机互动对信息搜寻行为有显著的直接影响，人际互动对信息搜寻行为没有显著影响。信任在虚拟社区互动对信息搜寻行为的影响中发挥了中介作用，且发挥的都是部分中介作用。

第四，网络圈子意识对消费者在信息搜寻的搜索阶段的影响研究。信息利用的本质是搜寻者利用自身搜寻到的或者通过信息交流共享的信息来解决问题的过程，它是检验信息效用性和可信性的关键实践行为。基于网络圈子的共享信念意识，消费者在微信宣传中参与的动机包括信息的娱乐性因素、即时性因素和互动性因素，其对微信宣传的顾客信息利用行为（包括信息共享和信息搜寻）具有显著的正向影响，顾客利用信息行为对大众口碑传播产生正向影响。本书从社会影响理论出发，探究了移动社交网络中的网络圈子关系强度对消费者信息采纳行为的影响，强关系型圈子中的信息比弱关系型圈子中的信息更易被采纳，采用实验法验证了归属感在网络圈子对消费者信息采纳行为影响中的中介作用。基于网络圈子的共享信念意识，用户参与"晒"行为的动机包括信息动机、社交动机与娱乐动机，其影响由大到小依次为娱乐动机、信息动机、社交动机。隐私关注在动机和用户参与"晒"行为之间不具有调节作用。

# 第二节　研究展望

　　本书虽取得了一定的科学研究成果，但在研究设计与研究过程中仍存在一定的局限性。首先，本书在扎根访谈的过程中受访者数量较少，尤其是对圈子领域了解的专家数量较少，而且受访者对圈子的理解往往有着自己的主观认识和体验，这可能会影响访谈的质量。其次，问卷调查主要以大学生为研究对象，样本特征较为受限，调查样本在性别分布上不是十分均衡，女性受访对象的人数远远超过男性受访对象，调查对象的性别也可能会对信息搜寻行为造成影响，从而导致研究结论的普适性在一定程度上受到影响。因此，后续研究可以继续扩大调查样本范围，进一步研究消费者个人特征（如年龄、学历、性别等）对消费者信息搜寻行为的影响及其作用机制。

　　随着移动互联网的快速发展，网络呈现出更加开放、更具社会性等特征，消费者更加容易进入各种不同的朋友圈、兴趣圈。本书从社会影响理论视角探究了移动社会化网络中消费者圈子的产生路径及圈子意识的结构维度，并对圈子意识和消费者信息搜寻行为进行了系统研究，初步形成了圈子意识与信息搜寻行为的理论体系。但我们发现，有关圈子意识的研究还有巨大的研究空间，还有许多科学问题亟待解决，如消费者在多个平行圈子中的信息搜寻选择，圈子意识中的量化自我行为，这些都是未来富有成果的研究领域。

# 参考文献

［1］ Ajzeh I. The Theory of Planned Behavior ［J］. Organizational Behavior and Human Decision Processes, 1991, 50 （2）: 179-211.

［2］ Alba J, Lynch J, Weitz B, Janiszewski C, Lytz R, Sawyer A, Wood S. Interactive Home Shopping: Consumer, Retailer, and Manufacturer Incentives to Participate in Electronic Marketplace ［J］. Journal of Marketing, 1997, 61 （3）: 38-53.

［3］ Albinsson P A, Perera B Y. Alternative Marketplace in the 21st Century: Building Community through Sharing Events ［J］. Journal of Consumer Behavior, 2012, 11 （4）: 303-315.

［4］ Alraimi K M, Zo H, Ciganek A P. Understanding the MOOCs Continuance: The Role of Openness and Reputation ［J］. Computers & Education, 2015, 80 （JAN.）: 28-38.

［5］ Althebyan Q, Yaseen Q, Jararweh Y, et al. Cloud Support for Large Scale E-Healthcare Systems ［J］. Annals of Telecommuns, 2016, 71 （9-10）: 503-515.

［6］ Andersen P H. Relationship Marketing and Brand Involvement of Profession-als through We-benhanced Brand Communities: The Case of Coloplast ［J］. Industrial Marketing Management, 2005, 34 （1）: 39-51.

［7］ Anderson E W, Sullivan M W. The Antecedents and Consequences of Costu-mer Satisfaction for Firms ［J］. Marketing Science, 1992, 12 （2）: 125-143.

［8］ Arkin R. M. Self-Presentation Styles ［M］ //Tedeschi J. T. （Eds.） Em-pression Management Theory and Social Psychological Research. New York: Academic Press, 1981.

［9］ Armstrong A, Hagel J. The Real Value of On-line Communities ［J］. Har-vard Business Review, 1996, 74 （3）: 134-141.

［10］ Armstrong N, Nugent C, Moore G, et al. Using Smartphones to Address the Needs of Persons with Alzheime's Disease ［J］. Annals of Telecommunications – Annales Des Télécommunications, 2010, 65 (9–10): 485–495.

［11］ Arnold M. J, Reynolds K E. Hedonic Shopping Motivations ［J］. Journal of Retailing, 2003, 79 (2): 77–95.

［12］ Avenarius C B, Zhao X D. To Bribe or Not to Bribe: Comparing Perceptions about Justice, Morality, and Inequality Among Rural and Urban Chinese ［J］. Urban Anthropology, 2012, 41 (2/3/4): 247–291.

［13］ Awasthy D, Banerjee A, Banerjee B. Understanding the Role of Prior Product Knowledge to Information Search: An Application of Process Theory to the Indian Market ［J］. Asia Pacific Journal of Marketing and Logistics, 2012, 24 (2): 257–287.

［14］ Ba S L. Establishing Online Trust through a Community Responsibility System ［J］. Decision Support Systems, 2001, 31 (3): 323–336.

［15］ Baek K, Holton A, Harp D, et al. The Links that Bind: Uncovering Novel Motivations for Linking on Facebook ［J］. Computers in Human Behavior, 2011, 27 (6): 2243–2248.

［16］ Bagozzi R P, Dholakia U M. Antecedents and Purchase Consequences of Customer Participation in Small Group Brand Communities ［J］. International Journal of Research in Marketing, 2006, 23 (1): 45–61.

［17］ Baliantine P. Forming Para Social Relationships in Online Communities ［J］. Advances in Consumer Research, 2005, 32 (1): 197–201.

［18］ Banczyk B, Kramer N C, Senokozlieva M. The Wurst Meets "Fatless" in MySpace: The Relationship between Personality, Nationality and Self–Presentation in an Online Community ［C］. Montreal: Conference of the International Communication Association, 2008.

［19］ Basak E, Calisir F. An Empirical Study on Factors Affecting Continuance Intention of Using Facebook ［J］. Computers in Human Behavior, 2015, 48: 181–198.

［20］ Bauer R A. Consumer Behavior as Risk Taking: Dynamic Marketing for a Changing World ［C］. Proceedings of the 43rd Conference of the American Marketing

Association, 1960.

［21］Bearden W O, Netemeyer R G, Teel J E. Measurement of Consumer Susceptibility to Interpersonal Influence ［J］. Journal of Consumer Research, 1989, 15 (4): 473-481.

［22］Beatty S E, Smith S M. External Search Effort: An Investigation Across Several Product Categories ［J］. Journal of Consumer Research, 1987, 14 (1): 83-95.

［23］Bee C. C. Mixed Emotions: What if I Feel Good and Bad? ［D］. University of Oregon, 2005.

［24］Belkin N. J. Information Concerts of Information Science ［J］. Journal of Documentation, 1978 (7): 34-81.

［25］Bellman J R, Park C W. Effects of Prior Knowledge and Experience and Phase of the Choice Process on Consumer Decision Processes: A Protocol Analysis ［J］. Journal of Consumer Research, 1980, 7 (3): 234-248.

［26］Bellman S, Lohse G L, Johnson E. Predictors of Online Buying Behavior ［J］. Communications of the ACM, 1999, 42 (12): 32-38.

［27］Bergman O, Yanai N. Personal Information Retrieval: Smartphones vs. Computers, Emails vs. Fles ［J］. Personal and Ubiquitous Computing, 2018, 22 (4): 621-632.

［28］Bernard H. R. , Wutich A. , Ryan G. Introduction to Text: Qualitative Data Analysis ［J］. Analyzing Qualitative Data, 2017, 17 (5): 477-481.

［29］Berthon P R, Pitt L F, Plangger K, et al. Marketing Meets Web 2.0, Social Media, and Creative Consumers: Implications for International Marketing Strategy ［J］. Business Horizons, 2012, 55 (3): 261-271.

［30］Bian Y, Ang S. Guanxi Networks and Job Mobility in China and Singapore ［J］. Social Forces, 1997, 75 (3): 981-1005.

［31］Bickart B. , Schindler R. M. Internet Forums as Influential Sources of Consumer Information ［J］. Journal of Interactive Marketing, 2001, 15 (3): 31-40.

［32］Birtchnell J. The Interpersonal Circle and the Interpersonal Octagon: A Confluence of Ideas ［J］. Clinical Psychology and Psychotherapy, 2012, 21 (1): 62-72.

［33］ Birtchnell J. The Interpersonal Circle and the Interpersonal Octagon： A Confluence of Ideas ［J］. Clinical Psychology and Psychotherapy, 2014, 21 （1）: 62-72.

［34］ Blackwell R D, Miniard P W, Engel J F. Consumer Behavior ［M］. New York: CBS College Publishing, 1986.

［35］ Blanchard A L, Markus M L. Sense of Virtual Community-Maintaining the Experience of Belonging ［J］. Proceedings of the 35th Annual Hawaii International Conference on System Sciences-IEEE, 2022: 3566-3575.

［36］ Blodgett J., Hill D. An Exploratory Study Comparing Amount-of-Search Measures to Consumers' Reliance on Each Source of Information ［J］. Advances in Consumer Research, 1991, （181）: 773-779.

［37］ Bollen K A, Hoyle R. H. Perceived Cohesion: A Conceptual and Empirical Examination ［J］. Social Forces, 1990, 69 （2）: 479-504.

［38］ Brodie R J, Hollebeek L D, Juric B, et al. Customer Engagement: Conceptual Domain, Fundamental Propositions, and Implications for Research ［J］. Journal of Service Research, 2011, 17 （3）: 1-20.

［39］ Brown J J, Reingen P H. Social Ties and Word-of-Mouth Referral Behavior ［J］. Journal of Consumer Research, 1987, 14 （3）: 350-362.

［40］ Brown P. B, Levinson S C. Politeness: Some Universals in Language Usage ［M］. Cambridgeshire: Cambridge University Press, 1987.

［41］ Brucks M. The Effects of Product Class Knowledge on Information Search Behavior ［J］. Journal of Consumer Research, 1985, 12 （1）: 1-16.

［42］ Burghardt M, Heckner M, Wolff C. The Many Ways of Searching the Web Together: A Comparison of Social Search Engines ［M］. Bingley: Emerald Group Publishing Limited, 2012: 19-46.

［43］ Burnkrant R. E. and Cousineau A. The Role of Social Influence in Buyer Behavior ［J］. Advances in Consumer Research, 1974, 186 （2）: 545-546.

［44］ Burt R S. Attachment, Decay and Social Network ［J］. Journal of Organizational Behavior, 2001, （22）: 619-643.

［45］ Cacioppo J T, Gardner W L, Berntson G G. Beyond Bipolar Conceptualizations and Measures: The Case of Attitudes and Evaluative Space ［J］. Personality and

Social Psychology Review, 1997, 1 (1): 3-25.

[46] Casalo L V, Flavian C, Cuinaliu M. Promoting Consumer's Participation in Online Brand Communities: A New Paradigm in Branding Strategy [J] . Journal of Marketing Communications, 2008, 14 (1): 19-36.

[47] Chabridon S, Laborde R, Desprats T, et al. A Survey on Addressing Privacy Together with Quality of Context for Context Management in the Internet of Things [J] . Annals of Telecommun, 2014, 69 (1-2): 47-62.

[48] Chabridon S, Laborde R, Desprats T, Ogiaza A, Marie P, Marquez S M. A Survey on Addressing Privacy Together with Quality of Context for Context Management in the Internet of Things [J] . Annals of Telecommunications, 2014, 69 (1-2): 47-62.

[49] Chen H T, Kim Y. Problematic Use of Social Network Sites: The Interactive Relationship between Gratifications Sought and Privacy Concerns [J] . Cyberpsychology, Behavior, and Social Networking, 2013, 16 (11): 806-812.

[50] Chen Y B, Fay S, Wang Q. The Role of Marketing in Social Media: How Online Consumer Reviews Evolve [J] . Journal of Interactive Marketing, 2011, 25 (2), 85-94.

[51] Chen Y C, Shang R A, Kao C Y. The Effects of Information Overload on Consumers' Subjective State Towards Buying Decision in the Internet Shopping Environment [J] . Electronic Commerce Research and Applications, 2009, 8 (1): 48-58.

[52] Chen Z. Social Acceptance and Word of Mouth: How the Motive to Belong Leads to Divergent WOM with Strangers and Friends [J] . Journal of Consumer Research, 2017, 44 (3): 613-632.

[53] Chi E H. Information Searching Can be Social [J] . Computer, 2008, 42 (3): 42-46.

[54] Choi H, Varian H. Predicting the Present with Google Trends [J] . The Economic Record (Special Issue), 2012, 88 (6): 2-9.

[55] Choo B. Closing the Cognitive Gaps: How People Process Information [C] . Financial Times of London, 1999.

[56] Chou ML. Protective and Acquisitive Face Orientations: A Person by Situa-

tion Approach to Face Dynamics in Social Interaction ［D］. Hong Kong：The University of Hong Kong，1996.

［57］Chung N，Koo C. The Use of Social Media in Travel Information Search ［J］. Telematics & Informatics，2015，32（2）：215-229.

［58］Churchill Jr G A. A Paradigm for Developing Better Measures of Marketing Constructs ［J］. Journal of Marketing Research，1979，16（1）：64-73.

［59］Close A G，Kukar-Kinney M. Beyond Buying：Motivations behind Consumers' Online Shopping Cart Use ［J］. Journal of Business Research，2010，63（9-10）：986-992.

［60］Croft W B，Metzler D，Strohman T. Search Engines Informan Retrieval in Practice ［M］. Boston：Addison Wesley，2010.

［61］Dervin B. Sense-Making Theory an Practice：An Overview of User Interests in Knowledge Seeking and Use ［J］. Journal of Knowledge Management，1998，2（2）：36-46.

［62］Desouza K C，Awazu Y，Wan Y. Factors Governing the Consumption of Explicit Knowledge ［J］. Journal of the American Society for Information Science and Technology，2006，57（1）：36-43.

［63］Deutsch M，Gerard H B. A Study of Normative and Informational Social Influences upon Individual Judgement ［J］. Journal of Abnormal & Social Psychology，1955，51（1）：629-636.

［64］Dholakia R R，Dholakia N. Mobility and Markets：Emerging Outlines of M-Commerce ［J］. Journal of Business Research，2004，57（12）：1391-1396.

［65］Dholakia U M，Bagozzi R P，Pearo L K. A Social Influence Model of Consumer Participation in Network - and Small - Group - Based Virtual Communities ［J］. International Journal of Research in Marketing，2004，21（3）：241-263.

［66］Du R Y，Kamakura W A. Measuring Contagion in the Diffusion of Consumer Packaged Goods ［J］. Journal of Marketing Research，2011，48（1）：28-47.

［67］Duncan C P，Olshavasky R W. External Search：The Role of Consumer Beliefs ［J］. Journal of Marketing Research，1982，19（1）：32-43.

［68］Eagly A H，Chaiken S. An Attribution Analysis of the Effect of Communicator Characteristics on Opinion Change：The Case of Communicator Attractiveness

[J]. Journal of Personality and Social Psychology, 1975, 32 (1): 136.

[69] Efron M. Information Search and Retrieval in Microblogs [J]. Journal of A-merican Society for Information Science & Technology, 2011, 62 (6): 996-1008.

[70] Ellison N B, Steinfield C, Lampe C. The Benefits of Facebook "Friends": Social Capital and College Students Use of Online Social Network Sites [J]. Journal of Computer-Mediated Communication, 2007, 12 (4): 1143-1168.

[71] Engel J F, Miniard P W, Blackwell R D. Consumer Behavior [M]. New York: Dryden Press, 1995.

[72] Ennew C T, Binks M R. Impact of Participative Service Relationships on Quality, Satisfaction and Retention: An Exploratory Study [J]. Journal of Business Research, 1999, 46 (2): 121-132.

[73] Erkan I, Evans C. The Influence of eWOM in Social Media on Consumers's Purchase Intertions: An Extended Approach to Information Adoption [J]. Computers in Human Behavior, 2016, 61: 47-55.

[74] Escalas J E, Bettman J R. Self-Construal, Reference Groups, and Brand Meaning [J]. Journal of Consumer Research, 2005, 32 (3): 378-389.

[75] Evans B M, Chi E H. An Elaborated Model of Social Search [J]. Information Processing and Management, 2010, 46 (9): 656-678.

[76] Fayyad U. M. Knowledge Discovery in Databases: An Overview [M]. Boerlin: Springer-Verlag, 2001: 28-47.

[77] Ferrell O C, Gresham L G. A Contingency Framework for Understanding Ethical Decision Making in Marketing [J]. Journal of Marketing, 1985, 49 (3): 87-96.

[78] Fingerman K L, Hoy E L, Birditt K S. The Best of Ties, the Worst of Ties: Close, Problematic, and Ambivalent Social Relationship [J]. Journal of Marriage and Family, 2004, 66 (3): 792-808.

[79] Fisk M. Causes and Remedies for Social Acceptance of Network Insecurity [C]. Workshop on Economics and Internet Insecurity, 2002: 1-4.

[80] Foster M, Francescucci A, West B. Why Users Participate in Online Social Networks [J]. International Journal of Business Management, 2010, 4 (1): 3-19.

[81] Francese P. How to Manage Consumer Information, the Insider's Guide to

Demographic Know How [M]. USA: American Demographics Press, 1990.

[82] Freyne J, Smyth B. An Experiment in Social Search [C] //International Conference on Adaptive Hybermedia and Adaptive Web-Based Systems. Springer: Berlin, Heidelberg, 2004: 95-103.

[83] Gallaugher J. Challenging the New Conventional Wisdom of Net Commerce Strategies [J]. Communication of the ACM, 1999, 42: 27-29.

[84] Gao H Z, Ballanty ne D, Knight J G. Paradoxes and Guanxi Dilemmas in Emerging Chinese-Western Intercultural Relationships [J]. Industrial Marketing Management, 2010, 39 (2): 264-272.

[85] Garbarino E, Johnson M S. The Different Roles of Satisfaction, Trust, and Commitment in Customer Relationships [J]. Journal of Marketing, 1999, 63 (2): 70-85.

[86] Garretson J A, Burton S. Effects of Nutrition Facts Panel Values, Nutrition Claims, and Health Claims on Consumer Attitudes, Perceptions of Disease-Related Risks, and Trust [J]. Journal of Public Policy and Marketing, 2000, 19 (2): 213-227.

[87] Goffman E. On Face-Work: An Analysis of Ritual Elements in Social Interaction [J]. Psychiatry, 1955, 18 (8): 213-231.

[88] Goldsmith R E, Kim D, Flynn L R, et al. Price Sensitivity and Innovativeness for Fashion among Korean Consumers [J]. The Journal of Social Psychology, 2005, 145 (5): 501-508.

[89] Goldsmith R. Viral Marketing: Get Your Audience to Do Your Marketing for You [M]. New Jersey: Prentice Hall, 2002.

[90] Gray R, Ellison N B, Vitak J, Lampe C. Who Wants to know? Question Asking and Answering Practices among Facebook Users [C]. Proceedings of the 2013 Conference on Computer Supported Cooperative Work, San Antonio, Texas, USA: ACM, 2013: 1213-1224.

[91] Gremler D D, Gwinner K. Customer-Employee Rapport in Service Relationships [J]. Journal of Service Research, 2000, 3 (1): 82-104.

[92] Gronroos C. A Service Perspective on Business Relationships: The Value Creation, Interaction and Marketing Interface [J]. Industrial Marketing Management,

2011, 40 (2): 240-247.

[93] Grzeskowiak S, Sirgy M J. Consumer Well-Being (CWB): The Effects of Self-Image congruence, Brand-Community Belongingness, Brand Loyalty and Consumption Recency [J]. Applied Research in Quality of Life, 2007, 2 (4): 289-304.

[94] Guimond S, Branscombe N R, Brunot S, et al. Culture, Gender, and the Self: Variations and Impact of social Comparison Processes [J]. Journal of Personality and Social Psycnology, 2007, 92 (6): 1118-1134.

[95] Guo C. A Review on Consumer External Search: Amount and Determinants [J]. Journal of Business and Psychology, 2001, 15 (3): 505-519.

[96] Gupta B B, Akhtar T. A Survey on Smart Power Grid: Frameworks, Tools, Security Issues, and Solutions [J]. Annals of Telecommunications, 2017, 72 (9-10): 517-549.

[97] Hallam C, Zanella G. Online Self-Disclosure: The Privacy Paradox Explained as a Temporally Discounted Balance Between Concerns and Rewards [J]. Computers in Human Behavior, 2017 (68): 217-227.

[98] Hampton K N, Wellman B. Neighboring in Netville: How the Internet Supports Community and Social Capital in a Wired Suburb [J]. City & Community, 2003, 2 (4): 277-311.

[99] Harrison M D, Choudhurg V, Kacmer C. Developing and Validating Trust Measures for E-Commerce: An Integrative Typology [J]. Information Systems Research, 2002, 13 (3): 334-349.

[100] Hartmann J, Sutoliffe A G, De Angeli A. Towards a Theory of User Judgment of Aesthetics and User Interface Quality [J]. ACM Transactions on Computer-Human Interaction, 2008, 15 (4): 1-30.

[101] Hawkins D I, Best R, Coney K A. Consumer Behavior: Implications for Marketing Strategy [M]. Chicago: Irwin, 1995.

[102] He W, Wei K K. What Drives Continued Knowledge Sharing? An Investigation of Knowledge-contribution and -Seeking Beliefs [J]. Decision Support Systems, 2009, 46 (4): 826-838.

[103] Heckler S E, Childers T L. The Role of Expectancy and Relevancy in

Memory for Verbal and Visual Information: What is Incongruency? [J] . Journal of Consumer Research, 1992, 18 (4): 475-492.

[104] Heinz W, Jan K. Determinants of Pro-Environmental Consumption: The Role of Reference Groups and Routine Behavior [J] . Ecological Economics, 2009, 69 (15): 166-176.

[105] Hodson G, Maio G R, Esses V M. The Role of Attitudinal Ambivalence in Susceptibility to Consensus Information [J] . Basic and Applied Social Psychology, 2001, 23 (3): 197-205.

[106] Hoffman D L, Novak T P. Marketing in Hypermedia Computer-Mediated Environments: Conceptual Foundations [J] . Journal of Marketing, 1996, 60 (3): 50-68.

[107] Hoffman D. L. The Impact Preferences of Consumer Access to Information in Online Shopping Environments [J] . Advances in Consumer Research, 2004, 31 (1): 530-534.

[108] Hohman Z, Crano W, Niedbala E. Attitude Ambivalence, Social Norms, and Behavioral Intentions: Developing Effective Antitobacco Persuasive Communications [J] . Psychology of Addictive Behaviors, 2016, 30 (2): 209-219.

[109] Hoque A Y, Lohse G L. An Information Search Cost Perspective for Designing Interfaces for Electronic Commerce [J] . Journal of Marketing Research, 1999, 36 (3): 387-394.

[110] Hsu C. L, Lin C C. Acceptance of Blog Usage: The Roles of Technology Acceptance, Social Influence and Knowledge Sharing Motivation [J] . Information and Management, 2008, 45 (1): 65-74.

[111] Huang K Y, Nambisan P, Uzuner Ö. Informational Support or Emotional Support: Premilinary Study of an Automated Approach to Analyze Online Support Community Contents [C] . ICIS 2010 Proceedings, 2010.

[112] Huang Q, Davisow R M, Gu J B. Impact of Personal and Cultural Factors on Knowledge Sharing in China [J] . Asia Pacific Journal of Management, 2008, 25 (3): 451-471.

[113] Huvila I. Distrust, Mistrust, Untrust and Information Practices [J/OL] . Information Research, 2017, 22 (1) . https: //informationr. net/ir/22 - 1/isic/

isic1617. html.

［114］ Hwang K K. Face and Favor: The Chinese Power Game ［J］. American Journal of Sociology, 1987, 92 (4): 944-974.

［115］ Iyengar R, Van den Bulte C, Lee Y J. Social Contagion in New Product Trial and Repeat ［J］. Marketing Science, 2015, 34 (3): 408-429.

［116］ Jaafar N I, Ainin S, Yeong M W. Why Bother about Health? A Study on the Factors that Influence Health Information Seeking Behaviour among Malaysian Healthcare Consumers ［J］. International Journal of Medical Informatics, 2017, 104: 38-44.

［117］ Jin H, Park S T, Li G. Factors Influencing Customer Participation in Mobile SNS: Focusing on Wechat in China ［J］. Indian Journal of Science and Technology, 2015, 8 (26): 1-8.

［118］ Jin X L, Cheung C M K, Lee M K O, et al. How to Keep Members Using the Information in a Computer-Supported Social Network ［J］. Computers in Human Behavior, 2009, 25 (5): 1172-1181.

［119］ Jonas K, Diehl M, Bromer P. Effects of Attitudinal Ambivalence on Information Processing and Attitude-Intention Consistency ［J］. Journal of Experimental Social Psychology, 1997, 33 (2): 190-210.

［120］ Jung T, Youn H, McClung S. Motivations and Self-Presentation Strategies on Korean-Based "Cyworld" Weblog Format Personal Homepages ［J］. CyberPsychology and Behavior, 2007, 10 (1): 24-31.

［121］ Kamvar M, Baluja S. A Large Scale Study of Wireless Search Behavior: Google Mobile Search ［C］. Sigchi Conference on Human Factors in Computing Systems ACM, 2006.

［122］ Kankanhalli A, Kankanhalli A, Tan B C Y, et al. Understanding Seeking from Electronic Knowledge Repositories: An Empirical Study ［J］. Journal of the American Society for Information Science and Technology, 2010, 56 (11): 1156-1166.

［123］ Karakaya F, Barnes N G. Impact of Online Reviews of Customer Care Experience on Brand or Company Selection ［J］. Journal of Consumer Marketing, 2010, 27 (5): 447-457.

［124］Karmarkar U R, Tormala Z L. Believe Me, I Have No Idea What I'm Talking about: The Effects of Source Certainty on Consumer Involvement and Persuasion［J］. Journal of Consumer Research, 2010, 36 (6): 1033-1049.

［125］Karsenty S. Facebook and Information Trust［J］. International Journal of Cancer, 2013, 83 (5): 606-609.

［126］Katona Z, Zubcsek P P, Sarvary M. Network Effects and Personal Influences: The Diffusion of An Online Social Network［J］. Journal of Marketing Research, 2011, 48 (3): 425-443.

［127］Katona Z, Zubcsek P P, Sarvary M. Network Effects and Personal Influences: The Diffusion of an Online Social Network［J］. Journal of Marketing Research, 2011, 48 (3): 425-443.

［128］Kavanaugh A L, Reese D D, Carroll J M, et al. Weak Ties in Networked Communities［J］. The Information Society, 2005, 21 (2): 119-131.

［129］Kerlinger F N. Foundations of Behavioral Research［M］. New York: Holt, Rinehart and Mnston, 1986.

［130］Kiesler D J. Interpersonal Circle Inventories: Pantheoretical Applications to Psychotherapy Research and Practice［J］. Journal of Psychotherapy Integration, 1992, 2 (2): 77-99.

［131］Kilduff M, Tsai W. Social Networks and Organizations［M］. London: Sage Publications Ltd, 2003.

［132］Kim D J, Ferrin D L, Raghav Rao H. A Trust-Based Consumer Decision-Making Model in Electronic Commerce: The Role of Trust, Perceived Risk, and Their Antecedents［J］. Decision Support Systems, 2008, 44 (2): 544-564.

［133］Kim J, Lee J R. The Facebook Paths to Happiness: Effects of the Number of Facebook Friends and Self-Presentation on Subjective Well-being［J］. Behaviors and Social Networking, 2011, (14): 359-364.

［134］Kim K S, Sim S J, Tsai T. Individual Differences in Social Media Use for Information Seeking［J］. The Journal of Academic Librarianship, 2014, 40 (2): 171-178.

［135］Kim K S, Sin S J. Use and Evaluation of Information from Social Media in the Academic Context: Analysis of Gap between Students and Librarians［J］. The

Journal of Academic Librarianship, 2016, 42 (1): 74-82.

[136] Kim K S. Effects of Emotion Control and Task on Web Searching Behavior [J]. Information Processing and Management, 2008, 44 (1): 373-385.

[137] Kim M S. Cross-Cultural Comparisons of the Perceived Importance of Conversational Constraints [J]. Human Communication Research, 2006, 21 (1): 128-151.

[138] Konstantin A, Podstawski M, Siliverstovs B, Bürgi C R S. Google Searches as a Means of Improving the Now Casts of Key Macroeconomic Variables [J]. Discussion Papers of Diw Berlin, 2009.

[139] Kozinets R V, de Valck K, Wojnicki A C, et al. Networked Narratives: Understanding Word-of-Mouth Marketing in online Communities [J]. Journal of Marketing, 2010, 74 (2): 71-89.

[140] Krackhardt D. The Strength of Strong Ties: The Importance of Philos in Organizations [M]. Boston: Harvard Business School Press, 1992.

[141] Krikelas J. Information-Seeking Behavior: Patterns and Concepts [J]. Drexel Library Quarterly, 1983, 19 (2): 5-20.

[142] Kuan K K Y, Zhong Y Q, Chau P Y K. Informational and Normative Social Influence in Group - Buying: Evidence from Self - Reported and EEG Data [J]. Journal of Management Information Systems, 2014, 30 (4): 151-178.

[143] Kuhlthan C C. Inside the Search Process: Information Seeking from the User's Perspective [J]. Journal of the American Society for Information Science, 1991, 42 (5): 361-371.

[144] Kuhlthau C C. Accommodating the User's Information Search Process: Challenges for Information Retrieval System Designers [J]. Bulletin of American Society for Information Science and Technology, 1999, 25 (3): 12-16.

[145] Kulkarni R, Haynes K E, Stough R R, et al. Forecasting Housing Prices with Google Econometrics [J]. GMU School of Public Policy Research Paper, 2009 (2009-2010).

[146] Kuman N, Long K R, Peng Q. Consumer Search Behavior in Online Shopping Environments [J]. E-Service Journal, 2005, 3 (3): 87-102.

[147] Kwon S J, Park E, Kim K J. What Drives Successful Social Networking Services? A Comparative Analysis of User Acceptance of Facebook and Twitter [J].

The Social Science Journal, 2014, 51 (4): 534-544.

[148] Lachowska M. Expenditure, Confidence, and Uncertainty: Identifying Shocks to Consumer Confidence Using Daily Data [R] . Working Paper, 2013: 13-197.

[149] Lai A Y. Organizational Collaborative Capacity in Fighting Pandemic Cvises: A Literature Review from the Public Management Perspective [J] . Asia-Pacific Journal of Public Health, 2012, 24 (1): 7-20.

[150] Lai L S L, Turban E. Groups Formation and Operations in the Web 2.0 Environment and Social Networks [J] . Group Decision and Negotiation, 2008, 17 (5): 387-402.

[151] Lampe C. , Ellison N. B. , Steinfield C. A Facebook in the Crand: Social Searching VS. Social Browsing [C] //Proceedings of the 2006 20th Anniversary Conference on Computer Supported Cooperative Work. New York: Acm, 2006: 167-170.

[152] Laumann E O, Galaskiewicz J, Marsden P V. Community Structure as Inter-Organizational linkages [J] . Annual Review of Sociology, 1978, 4 (3): 455-484.

[153] Lechner C. Task Contingencies in the Curvilinear Relationships between Intergroup Networks and Initiative Performance [J] . Academy of Management Journal, 2010, 53 (4): 865-889.

[154] Li J Z, Li Q, Liu T Y, et al. Data Mining: Modeling, Algorithms, Applications and Systems [J] . Advanced Materials Research, 2014, 926-930: 2786-2789.

[155] Li J, Li Q, Lin C, Khan S U, Gham N. Community-Based Collaborative Information System for Emergency Management [J] . Computers and Operations Research, 2014, 42 (2): 116-124.

[156] Liang Z, Wei Z. Interface Design and Research Based on Android Technology [J] . Computer Knowledge and Technology, 2009, 29 (5): 8183-8185.

[157] Libai B, Bolton B, Bugel M S, et al. Customer-to-Customer Interactions: Broadening the Scope of Word of Mouth Research [J] . Journal of Service Research, 2010, 13 (3): 267-282.

[158] Lightner N J. What Users Want in E-commerce Design: Effects of Age,

Education and Income [J] . Ergonomics, 2003, 46: 153-168.

[159] Likert R A. Technique for the Measurement of Attitudes [J] . Archives of Psychology, 1932, 22: 1-55.

[160] Lim S, Kwon N. Gender Differences in Information Behavior Concerning Wikipedia, an Unorthodox Information Source [J] . Library & Information Science Research, 2010, 32 (3): 212-220.

[161] Lin K Y, Lu H P. Why People Use Social Networking Sites: An Empirical Study Integrating Network Externalities and Motivation Theory [J] . Computers in Human Behavior, 2011, 27 (3): 1152-1161.

[162] Lin Y H, Chen C Y. Adolescents' Impulse Buying: Susceptibility to Interpersonal Influence and Fear of Negative Evaluation [J] . Social Behavior and Personality: An International Journal, 2012, 40 (3): 353-358.

[163] Liu L, Mei S. How Can an Indigenous Concept Enter the International Academic Circle: The Case of Guanxi [J] . Scientometrics, 2015, 105 (1): 645-663.

[164] Liu Z, Jansen B J. Almighty Twitter, What Are People Asking for? [J] . Proceedings of the American Society for Information Science and Technology, 2013, 49 (1): 1-10.

[165] Lloyd A E. The Role of Culture on Customer Participation in Service [D] . Hong Kong: Hong Kong Polytechnic University, 2003.

[166] Luo J D, Yeh Y C. Neither Collectivism no Individualism: Trust in the Chinese Guanxi Circle [J] . Journal of Trust Research, 2012, 2 (1): 53-70.

[167] Luo J, Cheng M. Guanxi Circles' Effect on Organizational Trust [J] . American Behavioral Scientist, 2015, 59 (8): 1024-1037.

[168] Maio G R, Bell D W, Esses V M. Ambivalence in Persuasion: The Processing of Messages about Immigrant Groups [J] . Journal of Experimental Social Psychology, 1996, 32 (6): 513-536.

[169] Malhotra N K, Kim S S, Agarwal J. Internet Users' Information Privacy Concerns (IUIP): The Construct, the Scale, and a Causal Model [J] . Information Systems Research, 2004, 15 (4): 336-355.

[170] Marchionini G. Information Seeking in Electronic Environments [M] . Cambridgeshire: Cambridge University Press, 1995.

[171] Marchionini G. Information-Seeking Strategies of Novices Using A Full-Text Electronic Encyclopedia [J] . Journal of the American Society for Information Science, 1989, 40 (1): 54-66.

[172] Maurice L. The Interpersonal Circle as a Heuristic Model for Interpersonal Research [J] . Journal of Personality Assessment, 1996, 66 (2): 234-239.

[173] McDonnell M, Shiri A. A Social Search: A Taxonony of , and a User-Centred Approach to, Social Web Search [J] . Program, 2011, 45 (1): 6-28.

[174] Mehra A, Smith B R, Dixon A L, et al. Distributed leadership in Teams: The Network of Leadership Perceptions and Team Performance [J] . Leadership Quarterly, 2006, 17 (3): 232-245.

[175] Memon I, Hussain I, Akhtar R, Chen G. Enhanced Privacy and Authentication: An Efficient and Secure Anonymous Communication for Location Based Service Using Asymmetric Cryptography Scheme [J] . Wireless Personal Communications , 2015, 84 (2): 1487-1508.

[176] Midgley D F, Dowling G R, Morrison P D . Consumer Types, Social Influence, Information Search and Choice [J] . Advances in Consumer Research, 1989, 16 (1): 137-143.

[177] Mittal V, Kamakura W A. Satisfaction, Repurchase Intention and Repurchase Behavior: Investigating the Moderating Effects of Customer Characteristics [J] . Journal of Marketing Research, 2001, 22: 131-142.

[178] Moon J, Kim Y. Extending the TAM for a World-Wide-Web Context [J] . Information and Management, 2001, 38 (4): 217.

[179] Moon Y C, Lim M Y. Simulation Analysis of Prefetching Image Content for Social Networking Service Framework [J] . Multimedia Tools and Applications, 2019, 78: 28435-28452.

[180] Moorman C. , Luce M F, Bettman J R. Change, Change, Change: Evolving Health Guidelines, Preventive Health Behaviors, and Interventions to Mitigate Harm [J] . ACR North American Advances, 2009.

[181] Moorthy S, Ratchford B T, Talukdar D. Consumer Information Search Revisited: Theory and Empirical Analysis [J] . Journal of Consumer Research, 1997, 23 (4): 263-277.

[182] Morris M R, Teevan J, Panovich K. What do People Ask Their Social Networks and Why? A Survey Study of Status Message Q & A Behavior [C] //Proceedings of SIGCHI Conference on Human Factors in Computing Systems. New York: ACM, 2010: 1739-1748.

[183] Muralidharan A. Gyongyi Z, Chi E. Social Snnotations in Web Search [C] //Proceedings of the SIGCHI Conference on Human Factors in Computing Systems. New York: ACM, 2012: 1085-1094.

[184] Murray K B, Schlacter J L. The Impact of Services Versus Goods on Consumers' Assessment of Perceived Risk and Variability [J]. Journal of the Academy of Marketing Science, 1990, 18 (1): 51-65.

[185] Nambisan P, Watt J H. Managing Customer Experience in online Produce Communities [J]. Journal of Business Research, 2011, 64 (8): 889-895.

[186] Nambisan S, Baron R A. Virtual Customer Environments: Testing A Model of Voluntary Participation in Value Co-Creation Activities [J]. Journal of Product Innovation Management, 2009, 26 (4): 388-406.

[187] Nelson R E. The Strength of Strong Ties: Social Networks and Intergroup Conflict in Organizations [J]. The Academy of Management Journal, 1989, 32 (2): 377-401.

[188] Newby-Clark I, Mcgregor I, Zanna M. Thinking and Caring about Cognitive Inconsistency: When and for whom does Attitudinal Ambivalence Feel Uncomfortable? [J]. Journal of Personality and Social Psychology, 2002, 82 (2): 157-166.

[189] Nogueira B, Maciel P, Tavares E, et al. Multi-Objective Optimization of Multimedia Embedded Systems Using Genetic Algorithms and Stochastic Simulation [J]. Soft Computing, 2017, 21 (14): 4141-4158.

[190] Norberg P A, Horne D R, Horne D A The Privacy Paradox: Personal Information Disclosure Intentions Versus Behaviors [J]. Journal of Consumer Affairs, 2007, 41 (1): 100-126.

[191] Norem J K, Canter N. Anticipatory and Post Hoc Cushioning Strategies: Optimism and Defensive Pessimism in "Risky" Situations [J]. Cognitive Therapy and Research, 1986, 10 (3): 347-362.

[192] Oliver J D, Rosen D E. Applying the Environmental Propensity Frame-

work: A Segmented Approach to Hybrid Electricvehicle Marketing Strategies [J] . Journal of Marketing Theory and Practice, 2010, 18 (4): 377-393.

[193] Otnes C, Lowrey T M, Shrum L J. Toward an Understanding of Consumer Ambivalence [J] . Journal of Consumer Research, 1997, 24 (1): 80-93.

[194] Pan B, Chenguang W D, Song H. Forecasting Hotel Room Demand Using Search Engine Data [J] . Journal of Hospitality & Tourism Technology, 2012, 3 (3): 196-210.

[195] Pan L Y, Chiou J S. How Much Can You Trust Online Information? Cues for Perceived Trustworthiness of Consumer-Generated Online Information [J] . Journal of Interactive Marketing, 2011, 25 (2): 67-74.

[196] Pandit N R. The Creation of Theory: A Recent Application of the Grounded Theory Method [J] . The Qualitative Report, 1996, 2 (4): 1-15.

[197] Park J H, Gu B, Leung A C M, et al. An Investigation of Information Sharing and Seeking Behaviors in Online Investment Communities [J] . Computers in Human Behavior, 2014, 31 (2): 1-12.

[198] Park S T, Kim Y R, Jeong S P, et al. A Case Study on Effective Technique of Distributed Data Storage for Big Data Processing in the Wireless Internet Environment [J] . Wireless Personal Communications Journal, 2016, 86 (1): 239-253.

[199] Parthasarathy M, Bhattacherjee A. Understanding Post-Adoption Behavior in the Context of Online Services [J] . Information Systems Research, 1998, 9 (4): 362-379.

[200] Pavlou P A. State of the Information Privacy Literature: Where are We and Where Should We Go? [J] . MIS Quarterly, 2011, 35 (4): 977-988.

[201] Penna N D, Huang H. Constructing a Consumer Confidence Index for the US Using Web Search Volume [R] . Working Paper, 2009.

[202] Peterson A R, Merino C M. Consumer Information Search Behavior and the Internet [J] . Psychology and Marketing, 2003, 20 (2): 99-114.

[203] Petty R E, Tormala Z L, Brinol P, et al. Implicit Ambivalence from Attitude Change: An Exploration of the PAST Model [J] . Journal of Personality and Social Psychology, 2006, 90 (1): 21-41.

[204] Phelpd J E, D'souza, Nowak G J. Antecedents and Consequences of

Consumer Privacy Concerns: An Empirical Investigation [J]. Journal of Interactive Marketing, 2001, 15 (4): 2-17.

[205] Preacher K J, Hayes A F. SPSS and SAS Procedures for Estimating Indirect Effects in Simple Mediation Models [J]. Behavior Research Methods, Instruments, and Computers, 2004, 36 (4): 717-731.

[206] Preece J. Online Communities: Designing Usability, Supporting Sociability [J]. Industrial Management & Data Systems, 2000, 100 (9): 459-460.

[207] Preece J. Sociability and Usability in Online Communities: Determining and Measuring Success [J]. Behavior & Information Technology, 2001, 20 (5): 347-356.

[208] Priester J R, Petty R E. Extending the Bases of Subjective Attitudinal Ambivalence: Interpersonal and Intrapersonal Antecedents of Evaluative Tension [J]. Journal of Personality and Social Psychology, 2011, 80 (1): 19-34.

[209] Priester J R, Petty R E. The Gradual Threshold Model of Ambivalence: Relating the Positive and Negative Bases of Attitudes to Subjective Ambivalence [J]. Journal of Personality and Social Psychology, 1996, 71 (3): 431-449.

[210] Priester J R, Petty R E, Park K. Whence Univalent Ambivalence? From the Anticipation of Conflicting Reactions [J]. Journal of Consumer Research, 2007, 34 (1): 11-21.

[211] Pterson R A, Merino M C. Consumer Information Search Behavior and the Internet [J]. Psychology & Marketing, 2003, 20 (2): 99-121.

[212] Punj G N, Staelin R A. Model of Consumer Information Search Behavior for New Automobiles [J]. Journal of Consumer Research, 1983, 9 (3): 366-380.

[213] Raza M. A New Level of Social Search: Discovering the User's Opinion before He can Make One [R]. Cambridge: Microsoft Research Cambridge, 2011.

[214] Reingen P H, Kernan J B. Analysis of Referral Networks in Marketing: Methods and Illustration [J]. Journal of Marketing Research, 1986, 23 (11): 370-378.

[215] Rha J Y. Consumers in the Internet Era: Essays on the Impact of Electronic Commerce from a Consumer Perspective [D]. Columbus: The Ohio State University, 2002.

［216］Ridings C, Gefen D, Arinze B. Psychological Barriers: Lurker and Poster Motivation and Behavior in Online Communities ［J］. Communications of the Association for Information Systems, 2006, 18 (16): 329-354.

［217］Romero A J, Roberts R E. Perception of Discrimination and Ethnocultural Variables in a Diverse Group of Adolescents ［J］. Journal of Adolescence, 1998, 21 (6): 641-656.

［218］Rosa Del Aguila-Obra A, Padilla-Melendez A, Al-dweeri R M O O. The Influence of Electronic Service Quality on Loyalty in Postal Services: The Mediating Role of Satisfaction ［J］. Total Quality Management & Business Excellence, 2013, 24 (9-10): 1111-1123.

［219］Rucker D D, Tormala Z L, Petty R E, et al. Consumer Conviction and Commitment: An Appraisal-Based Framework for Attitude Certainty ［J］. Journal of Consumer Psychology, 2014, 24 (1): 119-136.

［220］Ryan M J. Behavioral Intention Formation: The Inter-Dependency of Attitudinal and Social Influence Variables ［J］. Journal of Consumer Research, 1982, 9 (3): 263-278.

［221］Ryan R M, Scott Rigby C, Przybylski A. The Motivational Pull of Video Games: A Self-Determination Theory Approach ［J］. Motivation and Emotion, 2006, 30 (4): 344-360.

［222］Saracevic T. The Stratified Model of Information Retrieval Interaction: Extension and Applications ［J］. Proceedings of the American Society for Information Science and Technology, 1997, 34 (3): 313-327.

［223］Schmidt J B, Spreng R A. A Proposed Model of External Consumer Information Search ［J］. Journal of The Academy of Marketing Science, 1996, 24 (3): 246-256.

［224］Schouten J W, McAlexander J H, Koenig H F. Transcendent Customer Experience and Brand Community ［J］. Journal of the Academic Marketing Science, 2007, 35 (3): 357-368.

［225］Simonson I. Determinants of Customers' Responses to Customized Offers: Conceptual Framework and Research Propositions ［J］. Journal of Marketing, 2005, 69 (1): 32-45.

［226］Simpson J A, Griskevicius V, Rothman A J. Consumer Decisions in Relationships ［J］. Journal of Consumer Psychology, 2012, 22 （3）: 304-314.

［227］Siu N Y M, Cheng M M S. A Study of the Expected Adoption of Online Shopping-The Case of Hong Kong ［J］. Journal of International Consumer Marketing, 2001, 13 （3）: 87-106.

［228］Smith D, Menon S, Sivakumar K. Online Peer and Editorial Recommendations, Trust, and Choice in Virtual Markets ［J］. Journal of Interactive Marketing, 2005, 19 （3）: 15-37.

［229］Solomon M R. Consumer Behavior: Buying, Having, and Being ［M］. New Jersey: Prentice Hall, 2014.

［230］Song. Social Network Analysis ［J］. Encyclopedia of Social Network Analysis & Mining, 2008, 22 （1）: 109-127.

［231］Spencer-Datey H. Managing Rapport in Talk: Using Rapport Sensitive Incidents to Explore the Motivational Concerns Underlying the Management of Relations ［J］. Journal of Pragmatics, 2002, 34 （5）: 529-545.

［232］Spencer - Datey H. Rapport Management: A Framework for Analysis ［J］. Culturally Speaking: Managing Rapport through Talk Across Cultures, 2000: 11-46.

［233］Srinivasan N, Ratchford B T. An Empirical Test of a Model of External Search for Automobiles ［J］. Journal of Consumer Research, 1991, 18 （2）: 233-442.

［234］Stanko M A, Bonner J M, Calantone R J. Building Commitment in Buyer-Seller Relationships: A Tie Strength Perspective ［J］. Industrial Marketing Management, 2007, 36 （8）: 1094-1103.

［235］Sun M. Disclosing Multiple Product Attributes ［J］. Journal of Economics and Management Strategy, 2011, 20 （1）: 195-224.

［236］Sun M. How Does the Variance of Product Ratings Matter? ［J］. Management Science, 2012, 58 （4）: 696-707.

［237］Sundaram D S, Taylor R D. An Investigation of External Information Search Effect: Replication in In-Home Shopping Situations ［J］. ACR North American Advances, 1998, 25 （1）: 440-445.

［238］Sung Y J, Kim Y, Kwon O, et al. An Explorative Study of Korean Individual Participation in Virtual Brand Communities in Social Network Sites ［J］. Journal of Global Marketing, 2010, 23（5）: 430-445.

［239］Teo T S, Pian Y. A Contingency Perspective on Internet Adoption and Competitive Advantage ［J］. European Journal of Information Systems, 2003, 12（2）: 78-92.

［240］Thompson M M, Zanna M P. The Conflicted Individual: Personality - Based and Domain Specific Antecedents of Ambivalent Social Attitudes ［J］. Journal of Personality, 1995, 63（2）: 259-288.

［241］Thurstone L L. A Mental Unit of Measurement ［J］. Psychological Review, 1927, 34（6）: 415-423.

［242］Tracey T J G, Rohlfing J E. Variations in the Understanding of Interpersonal Behavior: Adherence to the Interpersonal Circle as a Moderator of the Rigidity - Psychological Well - Being Relation ［J］. Journal of Personality, 2010, 78（2）: 711-746.

［243］Tracey T J G. An Examination of the Complementarity of Interpersonal Behavior ［J］. Journal of Personality and Social Psychology, 1994, 67（5）: 864-878.

［244］Tran V D, Hluchy L, Habala O. Data Mining and Integration for Environmental Scenarios ［C］. Proceedings of the 2010 Symposium on Information and Communication Technology, 2010: 55-58.

［245］Trusov M, Bucklin R E, Pauwels K. Effects of Word-of-Mouth Versus Traditional Marketing: Findings from an Internet Social Networking Site ［J］. Journal of Marketing, 2009, 73（5）: 90-102.

［246］Urbany J E, Dickson P R, Kalapurakal R. Price Search in the Retail Grocery Market ［J］. Journal of Marketing, 1996, 60（2）: 91-104.

［247］Urbany J E, Rosemany K, Dickson P R. Price Search in the Retail Grocery Market ［J］. Journal of Marketing, 1996, 60（2）: 91-101.

［248］Vallerand R J. Toward A Hierarchical Model of Intrinsic and Extrinsic Motivation ［J］. Advances in Experimental Social Psychology, 1997, 29（8）: 271-360.

［249］Van den Bulte C, Stremersch S. Social Contagion and Income Heterogeneity in New Product Diffusion: A Meta-Analytic Test [J] . Marketing Science, 2004, 23 (4): 530-544.

[250] Varnali K, Toker A E. Mobile Marketing Research: The state of the Art [J] . International Journal of Information Management, 2010, 30 (2): 144-151.

[251] Vasalou A, Joinson A N, Courvoisier D. Cultural Differences, Experience with Social Networks and the Nature of "True Commitment" in Facebook [J] . International Journal of Human-Computer Studies, 2010, 68 (10): 719-728.

[252] Venkatesh V, Morri M G, Davis G B, et al. User Acceptance of Information Technology: Toward a Unified View [J] . MIS Quarterly, 2003, 27 (3): 425-478.

[253] Vincent T. Leaving College: Rethinking the Causes and Cures of Student Attrition [M] . Chicago: Chicago University of Chicago Press, 1993.

[254] Wang C C, Yang H W. Passion for Online Shopping: The Influence of Personality and Compulsive Buying [J] . Social Behavior and Personality, 2008, 36 (5): 693-706.

[255] Wasko M L, Faraj S. Why Should I Share? Examining Social Capital and Knowledge Contribution in Electronic Networks of Practice [J] . MIS Quarterly, 2005, 29 (1): 35-57.

[256] Weiss A M, Lurie N H, Macinnis D J. Listening to Strangers: Whose Responses are Valuable, How Valuable are They, and Why [J] . Journal of Marketing Research, 2008, 45 (4): 425-436.

[257] Westbrook R, Fornell C. Patterns of Information Source Usage among Durable Goods Buyers [J] . Journal of Marketing Research, 1979, 16 (3): 303-312.

[258] White K, Dahl D W. To Be or Not Be? The Influence of Dissociative Reference Groups on Consumer Preferences [J] . Journal of Consumer Psychology, 2006, 16 (4): 404-414.

[259] Whiting A, Williams D L. Why People Use Social Media: A Uses and Gratifications Approach [J] . Qualitative Market Research, 2013, 16 (4): 362-369.

[260] Wilson T. Human Information Behavior [J] . Informing Science, 2002, 3 (2): 49-55.

［261］ Wilson T. Models in Information Behavior Research ［J］. Journal of Documentation, 1999, 55 (3): 249-270.

［262］ Wilson T. On User Studies and Information Needs ［J］. Journal of Documentation, 2006, 62 (6): 658-670.

［263］ Wise K, Alhabash S, Park H. Emotional Responses During Social Information Seeking on Facebook ［J］. Cyberpsychology, Behavior and Social Networking, 2010, 13 (5): 555-562.

［264］ Wong Y K, Hsu C J. A Confidence-Based Framework for Business to Consumer (B2C) Mobile Commerce Adoption ［J］. Personal and Ubiquitous Computing, 2008, 12 (1): 77-84.

［265］ Woolley A W, Bear J B, Chang J W, Decostanza A H. The Effects of Team Strategic Orientation on Team Process and Information Search ［J］. Organizational Behavior & Human Decision Processes, 2013, 122 (2): 114-126.

［266］ Xiang Z, Gretzel U. Role of Social Media in Online Travel Information Search ［J］. Tourism Management, 2010, 31 (2): 179-188.

［267］ Yao S, Liu D. Customer Participation under Crowdsourcing Mode, Customer Interaction and New Product Value ［J］. Collected Essays on Finance and Economics, 2016, 212 (10): 85-95.

［268］ Ye J X. and Huang W J. Soft Solution of Multimedia Player Solution Based on Android Operating System ［J］. Modern Electronic Technology, 2011, 34 (24): 74-76.

［269］ Ye Q, Law R, Gu B. The Impact of Online User Reviews on Hotel Room Sales ［J］. International Journal of Hospitality Management, 2009, 28 (1): 180-182.

［270］ Yuan Y J, Huang W, Wang X X, et al. Automated Accurate Registration Method Between UAV Image and Google Satellite Map ［J］. Multimedia Tools and Applications, 2020, 79 (11): 16573-16591.

［271］ Yun G W. Interactivity Concepts Examined: Response Time, Hypertext, Role Taking, and Multimodality ［J］. Media Psychology, 2007, 9 (3): 527-548.

［272］ Zha X J, Zhang J C, Yan Y L, et al. Does Affinity Matter? Slow Effects of Equality on Information Seeking in Virtual Communities ［J］. Library and Information Science Research, 2015, 37 (1): 68-76.

［273］Zhang Y L，Feick L，Mittal V. How Males and Females Differ in Their Likelihood of Transmitting Negative Word of Mouth ［J］. Social Science Electronic Publishing，2014，40（6）：1097-1108.

［274］Zhao S Y，Grasmuck S，Martin J. Identity Construction on Facebook：Digital Empowerment in Anchored Relationships ［J］. Computers in Human Behavior，2008，24（5）：1816-1836.

［275］199IT 数据社群. Bistro：人们究竟用手机做些什么 ［EB/OL］.［2013-04-16］. http：//www. 199it. com/archives/105716. html.

［276］2016 年中国社交应用用户行为研究报告 ［EB/OL］.［2017-12-27］. http：//www. cnnic. cn/hlwfzyj/hlwxzbg/sqbg/201712/t20171227_70118. htm.

［277］CNNIC. 2019 年中国网民搜索引擎使用情况研究报告 ［EB/OL］.［2019-10-25］. http：//www. cnnic. cn/hlwfzyj/hlwxzbg/ssbg/201910/t20191025_70843. htm.

［278］CNNIC. 第 35 次《中国互联网络发展状况统计报告》［EB/OL］.［2015-02-03］. http：//www. cnnic. net. cn/gywm/xwzx/rdxw/2015/201502/t20150203_51631. htm.

［279］CNNIC. 第 37 次《中国互联网络发展状况统计报告》［EB/OL］.［2016-01-22］，［280］www. cac. gov. cn/2016-01/22/c_1117860830. htm.

［281］CNNIC. 第 38 次《中国互联网络发展状况统计报告》［EB/OL］.［2016-08-03］，www. cac. gov. cn/2016-08/03/c_1119328043. htm.

［282］CNNIC. 第 40 次《中国互联网络发展状况统计报告》［EB/OL］.［2017-08-03］. http：//www. cnnic. cn/hlwfzyj/hlwxzbg/hlwtjbg/201708/t20170803_69444. htm.

［283］CNNIC. 第 42 次《中国互联网络发展状况统计报告》［EB/OL］.［2018-08-20］. https：//www. cnnic. net. cn/hlwfzyj/hlwxzbg/hlwtjbg/201808/t20180820_70488. htm.

［284］CNNIC. 第 43 次《中国互联网络发展状况统计报告》［EB/OL］.［2019-02-28］. http：//www. cnnic. cn/hlwfzyj/hlwxzbg/hlwtjbg/201902/t201902 28_70645. htm.

［285］Han J W，Kamber M，Pei J. 数据挖掘概念与技术 ［M］. 范明，孟小峰，译. 北京：机械工业出版社，2012.

［286］蔡宁伟．"圈子"研究——一个聚焦正式组织内部的文献综述和案例研究［J］．华东理工大学学报（社会科学版）2008（3）：63-67+80.

［287］查先进，张晋朝，严亚兰．微博环境下用户学术信息搜寻行为影响因素研究——信息质量和信源可信度双路径视角［J］．中国图书馆学报，2015，41（3）：71-86.

［288］陈昌凤，伍筠茜．微博传播："弱关系"与群体智慧的力量［J］．新闻爱好者，2013，（3）：18-20.

［289］陈之昭．面子心理的理论分析与实际研究［J］．中国社会心理学评论，2006（1）：107-160.

［290］陈志霞，陈剑峰．矛盾态度的概念、测量及其相关因素［J］．心理科学进展，2007（6）：962-967.

［291］晨风．嵌入式实时多任务软件开发基础［M］．北京：清华大学出版社，2004.

［292］程蕾，赵艳艳．人·圈子·社会：自媒体语境下的人际传播——基于对微博、微信使用情况的考察［J］．新闻世界，2015（5）：138-139.

［293］程业炳．SNS虚拟社区个体隐性知识共享研究［J］．情报科学，2013，31（4）：45-50.

［294］邓胜利，陈晓宇，付少雄．社会化问答社区用户信息需求对信息搜寻的影响研究——基于问答社区卷入度的中介作用分析［J］．情报科学，2017，35（7）：3-8+15.

［295］丁新民．基于Android嵌入式平台多媒体框架的研究与应用［J］．数字技术与应用，2016（8）：136-137.

［296］董子凡．虚拟社区的用户特征研究［D］．中国人民大学硕士，2008.

［297］菲利普·科特勒．市场营销原理（第9版）［M］．王霞，赵平，译．北京：清华大学出版社，2003.

［298］费孝通．乡土中国［M］．北京：北京大学出版社，1998.

［299］费孝通．乡土中国［M］．北京：北京大学出版社，2012.

［300］费孝通．乡土中国生育制度［M］．北京：北京大学出版社，2012.

［301］冯娇，姚思．基于强弱关系理论的社会化商务购买意愿影响因素研究［J］．管理评论，2015，27（12）：99-109.

［302］弗思．人文类型·乡土中国［M］．费孝通，译．沈阳：辽宁人民出

版社，2012.

［303］甘利人，岑咏华，李恒．基于三阶段过程的信息搜索影响因素分析［J］．图书情报工作，2007，No. 351（02）：59-62.

［304］高海霞，张敏．消费者矛盾态度研究综述与展望［J］．外国经济与管理，2016，38（2）：62-74.

［305］高红艳．关系、强—弱关系假设的方法论困境及实践的超越［J］．广东社会科学，2008（5）：172-176.

［306］高翔，罗家德，郑孟育．企业内部圈子对组织承诺的影响［J］．经济与管理研究，2014（7）：115-122.

［307］胡昌平，张晓唯．基于潜在需求的实制信息服务推进［J］．情报资料工作，2008（3）：90-93.

［308］胡昌平．信息服务与用户［M］．武汉：武汉大学出版社，2008.

［309］黄京华，金悦，张晶．企业微博如何提升消费者虔诚度——基于社会认同理论的实证研究［J］．南开管理评论，2016，19（4）：159-168.

［310］黄敏学，冯小亮，谢亭亭．消费者态度的新认知：二元化的矛盾态度［J］．心理科学进展，2010，18（6）：987-996.

［311］黄敏学，王殿文．从客户关系管理到客户圈子管理［J］．企业管理，2010，（6）：98-100.

［312］黄敏学，王艺婷，廖俊云，等．评论不一致性对消费者的双面影响：产品属性与调节定向的调节［J］．心理学报，2017，49（3）：370-382.

［313］黄敏学，谢亭亭，冯小亮．多元参照群体的不一致态度对消费者的影响研究——消费者自身矛盾态度的调节作用［C］．2009年JMS中国营销科学学术年会暨博士生论坛，2009.

［314］黄敏学，谢亭亭，冯小亮．矛盾的消费者是如何解读多元化口碑信息的？［J］．心理学报，2010，42（10）：998-1010.

［315］姜婷婷，高慧琴．探寻式搜索研究述评［J］．中国图书馆学报，2013，4：36-47.

［316］金虹，Park S T.基于移动社交网络营销的顾客参与行为及其对口碑传播的影响：以微信为例［J］．宏观经济研究，2016（8）：63-73+96.

［317］雷世文．中国现代报纸副刊的文人圈子［J］．新闻知识，2012，（3）：77-79.

［318］李东进．关于我国消费者搜寻信息努力的实证研究［J］．南开学报，2001（2）：30-35.

［319］李东进．消费者搜寻信息努力与影响因素的实证研究——以广告媒体为中心［J］．南开管理评论，2000（4）：52-59.

［320］李晶，漆贤军，陈明红．信息质量感知对信息获取与信息采纳的影响研究［J］．情报科学，2015，33（3）：123-129.

［321］李力，张晋朝．虚拟社区用户持续知识搜寻意愿影响因素研究［J］．情报杂志，2016，35（8）：199-203.

［322］李响．消费者移动互联网旅游信息搜寻行为及影响因素研究［D］．华南理工大学硕士学位论文，2011.

［323］李养胜，李俊．基于 Android 的多媒体应用开发［J］．现代电子技术，2015，38（2）：32-34+38.

［324］李智超，罗家德．透过社会网观点看本土管理理论［J］．管理学报，2011，8（12）：1737-1747.

［325］林南．社会资本：关于社会结构与行动的理论［M］．张磊译．上海：上海人民出版社，2005.

［326］刘阳．生成的空间——论互联网私人信息的传播系统［J］．现代传播（中国传媒大学学报），2015，37（3）：131-134.

［327］卢云帆，鲁耀斌，林家宝，等．社会化商务中顾客在线沟通研究：影响因素和作用规律［J］．管理评论，2014，26（4）：111-121.

［328］吕力．泛家族式组织的身份行为和身份结构［J］．科技创业月刊，2015，28（19）：51-52.

［329］罗家德，秦朗，周伶．中国风险投资产业的圈子现象［J］．管理学报，2014，11（4）：469-477.

［330］罗家德，周超文，郑孟育．组织中的圈子分析——组织内部关系结构比较研究［J］．现代财经（天津财经大学学报），2013，3（10）：4-16.

［331］罗家德．关系与圈子——中国人工作场域中的圈子现象［J］．管理学报，2012，9（2）：165-171+178.

［332］孟伟．新媒体语境下广播传受互动理念的建构［J］．现代传播（中国传媒大学学报），2012，34（7）：110-114.

［333］牟宇鹏，吉峰．微商推送信息行为对消费者授受意愿的影响［J］．

经济与管理，2017，31（6）：62-69.

［334］欧阳博，刘坤锋．移动虚拟社区用户持续信息搜寻意愿研究［J］．情报科学，2017，35（10）：152-159.

［335］裴孟东．跳出地勘单位圈子谋发展［J］．中国地质矿产经济，2003（8）：38-40+48.

［336］彭心安．打掉腐败分子的"圈子安全感"［J］．党建研究，2002，（4）：45.

［337］钱元，马庆玲．圈子与话题的"聚变"效能——校园社交媒体融入学风建设的思考［J］．安徽理工大学学报（社会科学版），2015，17（2）：102-104.

［338］人民网．微信跻身全球十大智能手机热门应用［EB/OL］．［2013-08-07］．http：//scitech.people.com.cn/n/.2013/0807/c1057-22470597.html.

［339］申云，贾晋．香烟社交、圈子文化与居民社会阶层认同［J］．经济学动态，2017（4）：53-63.

［340］盛宇．基于微博的学术信息交流机制研究——以新浪微博为例［J］．图书情报工作，2012，56（14）：62.

［341］时蓉华．社会心理学［M］．上海：上海人民出版社，2002.

［342］寿志钢，苏晨汀，周晨．商业圈子中的信任与机会主义行为［J］．经济管理，2007（11）：66-70.

［343］苏敬勤，张彩悦，单国栋．中国企业家圈子生成机理研究——基于情境视角［J］．科研管理，2017，38（12）：106-115.

［344］孙曙迎．我国消费者网上信息搜寻行为研究［D］．浙江大学博士学位论文，2009.

［345］孙晓宁，赵宇翔，朱庆华．社会化搜索行为的结构与过程研究：基于活动理论的视角［J］．中国图书馆学报，2018，44（2）：27-45.

［346］孙晓宁，朱庆华，赵宇翔，Jia Tina Du. 社会化搜索研究进展综述［J］．图书情报工作，2014，58（17）：5-13.

［347］田沛霖，宋雨荷，马力禹．基于社会影响理论的大学生炫耀性消费行为研究［J］．现代商业，2021（21）：27-31.

［348］王长征，何钐，王魁．网络口碑中追加评论的有用性感知研究［J］．管理科学，2015，28（3）：102-114.

［349］王大海，姚唐，姚飞．买还是不买——矛盾态度视角下的生态产品购买意向研究［J］．南开管理评论，2015，18（2）：136-146.

［350］王海燕．移动社交网络圈子内部信息不一致对信息搜寻行为的影响［D］．江西师范大学硕士学位论文，2019［351］王吉鹏．公司政治与企业生态［J］．企业管理，2013（8）：28-29.

［352］王爽，陆娟．信息一致性对消费者态度的影响——基于营养标签信息的实证研究［J］．经济经纬，2012（3）：126-130.

［353］王维奎．透视现代行政组织中的圈子现象［J］．云南行政学院学报，2003，（5）：15-17.

［354］王仙雅，毛文娟，李晋．信息质量、感知有用性与持续搜寻的关系——基于网络食品安全信息的调查［J］．情报杂志，2017，36（2）：159-164.

［355］王永贵，马双．虚拟品牌社区顾客互动的驱动因素及对顾客满意影响的实证研究［J］．管理学报，2013，10（9）：1375-1383.

［356］魏吉勇，李小琳，张莹．社交网络情境下社交圈子对圈外关注者的影响因素的实证研究［J］．南大商学评论，2013，10（3）：91-107.

［357］肖璇，王铁男，郝浩凡．社会影响理论视角的社交媒体持续使用研究［J］．管理科学学报，2017，20（11）：49-60.

［358］肖学周．中国人的"面子"［J］．中国社会导刊，2006（3）：58-59.

［359］熊茵，赵振宇．微信舆情的传播特征及风险探析［J］．现代传播（中国传媒大学学报），2016，38（2）：79-82.

［360］徐钝．论法治难行的"圈子文化"之源［J］．内蒙古社会科学（汉文版），2014，35（1）：70-75.

［361］徐展菲，席居哲．矛盾态度的成因与应对［J］．心理科学进展，2018，26（2）：331-343.

［362］许惠龙，梁钧平．探析组织内的"圈子"现象［J］．中国人力资源开发，2007（12）：36-39.

［363］许惠龙．领导—部署交换与上下属信任交互发展模型［J］．中国行政管理，2006（8）：104-107.

［364］闫薇．"互联网+"思维下的传媒机制分工［J］．西部广播电视，2015（9）：3.

［365］央广网．移动社交下一站：基于兴趣的活动社交［EB/OL］．
［2014-10-14］．http：//hn. cnr. cn/zyjjq/jjqshxt/201410/. t20141014_516592272. shtml.

［366］杨海娟．综合性问答网站用户采纳意愿影响因素实证研究——基于信息性社会影响和规范性社会影响的视角［J］．现代情报，2017，37（10）：42-48.

［367］杨建林，王丽雅．社会化信息搜寻认知过程模型的建构及验证研究［J］．图书馆学研究，2017（5）：64-73.

［368］殷国鹏，崔金红．社会性网络服务用户使用激励因素研究——基于U&G 理论的社会化视角［J］．中国图书馆学报，2013，39（1）：51-62.

［369］袁红，崔延．消费者社会化分享行为及其信息搜寻有效性研究［J］．情报杂志，2014，33（9）：187-193.

［370］袁红，王丽君．社会化媒体环境下消费者旅游信息搜寻行为模式［J］．情报科学，2015，33（1）：111-119.

［371］袁许娜．圈子新论［J］．网络财富，2010（14）：182+184.

［372］曾静．虚拟社区网络互动对消费者购买意愿的影响研究［J］．市场研究，2019（4）：14-17.

［373］张佰明．嵌套性：网络微博发展的根本逻辑［J］．国际新闻界，2010，32（6）：81-85.

［374］张鹏翼．在线社交网络中信息寻求行为的实证研究：以微博为例［J］．情报杂志，2013，32（7）：83-87.

［375］张田，罗家德．圈子中的组织公民行为［J］．管理学报，2015，12（10）：1442-1449.

［376］张正林，庄贵军．基于社会影响和面子视角的冲动购买研究［J］．管理科学，2008，21（6）：66-72.

［377］赵立兵，杨宝珠．传播学视域下的"圈子"——基于"差序格局"理论的思考［J］．重庆文理学院学报，2013，32（4）：107-110.

［378］赵喜梅．社会化媒体环境下用户信息搜寻行为影响因素研究——基于ATM 与 TFF 整合模型［J］．信息资源管理学报，2017，7（2）：50-58.

［379］赵越岷，李梦俊，陈华平．虚拟社区中消费者信息共享行为影响因素的实证研究［J］．管理学报，2010，7（10）：1490-1494.

［380］赵战花，李永凤．利器还是钝器：圈子视域下的微信营销［J］．科

学经济社会，2014，32（2）：155-159.

[381] 赵卓嘉. 面子理论研究述评 [J]. 重庆大学学报（社会科学版），2012，18（5）：128-137.

[382] 郑伯埙. 差序格局与华人组织行为 [J]. 本土心理学研究，1995（3）：142-219.

[383] 郑春东，邹孟. 网络消费者信息搜寻模式研究 [J]. 科技管理研究，2014，34（15）：177-181.

[384] 钟毅平，杨青松，周向华，等. 既爱又恨：节食者对高热量美食的矛盾态度 [J]. 中国临床心理学杂志，2013，21（6）：907-911.

[385] 周美伶，何友晖. 从跨文化的观点分析面子的内涵及其在社会交往中的动作 [J]. 中国社会心理学评论，2006（1）：186-216.

[386] 周涛，鲁耀斌. 基于社会资本理论的移动社区用户参与行为研究 [J]. 管理科学，2008，21（3）：43-50.

[387] 周元元，胡杨利，张琴，等. 时间压力下你想听什么？参照组影响对冲动购买的调节 [J]. 心理学报，2017，49（11）：1439-1448.

[388] 周志民，吴群华. 在线品牌社群凝聚力的前因与后效研究 [J]. 管理学报，2013，10（1）：117-124.

[389] 左文明，王旭，樊偿. 社会化电子商务环境下基于社会资本的网络口碑与购买意愿关系 [J]. 南开管理评论，2014，17（4）：140-150+160.

[390] 朱天，张诚，齐向楠. "圈子"概念下网络意见领袖的本土化致思——基于虚拟社区"百度贴吧"的实证分析 [J]. 西南民族大学学报（人文社科版），2018，39（3）：131-136.

[391] 朱天，张诚. 概念、形态、影响：当下中国互联网媒介平台上的圈子传播现象解析 [J]. 四川大学学报（哲学社会科学版），2014（6）：71-80.